유대인의 자녀교육 〈IQ는 아버지 EQ는 어머니 몫이다〉 총서 ④

현용수의
유대인을 모델로 한
**인성교육
노하우 ④**

- 세계화의 원리를 알아야 성공이 보인다 -

제4권: 제6부 제2장~제8부

IQ·EQ 박사 **현용수** 지음
2008년

성공 집단 유대인의 자녀교육 분석,
한국인과 유대인 자녀의 인성교육 비교,
현대 교육의 근본 문제와 그 해결 방안 제시

IQ·EQ 박사 현용수의 유대인의 자녀교육
《IQ는 아버지 EQ는 어머니 몫이다》 총서 ④ : 인성교육시리즈

현용수의 인성교육노하우 4

초판 1쇄(동아일보, 2008년 11월 3일)
초판 6쇄(동아일보, 2013년 4월 24일)
2판 1쇄(도서출판 쉐마, 2015년 8월 6일)

지은이	현용수
펴낸이	현용수
펴낸곳	도서출판 쉐마
등록	2004년 10월 27일
	제315-2006-000033호
주소	서울시 강서구 공항대로71길 54
	(염창동, 태진한솔아파트 상가동 3층)
전화	(02) 3662-6567
팩스	(02) 2659-6567
이메일	shemaiqeq@naver.com
홈페이지	http://www.shemaiqeq.com
총판	한국출판협동조합(일반) (070) 7116-1740
	소망사(기독교) (02) 392-4232

Copyright ⓒ 현용수(Yong Soo Hyun), 2008
본서에 실린 자료는 저자의 서면 허가 없이 복제를 금합니다.
Duplication of any forms can't be published without written permission.

ISBN 978-89-91663-69-5 04370
ISBN 978-89-91663-70-1 04370(세트)

값 22,000원

도서출판 쉐마는 무너진 교육을 세우기 위한 대안으로
인성교육과 쉐마교육의 원리와 실제를 연구하여 보급합니다.

▲ 바울도 2천 년 전 이런 형식을 갖춘 기도를 드렸다. 그리고 율법에 흠이 없었다. 그러나 그는 형식주의, 즉 율법주의에 매여 교육의 내용인 마음이 썩어 있었다. 그는 예수님을 만나 이면적 마음이 청결하게 되어 안밖이 나무랄 데 없는 양반 기독교인이 되었다.
사진은 이마와 팔에 쉐마의 경문을 매고 기도하는 유대인.

▲ 아담은 한 개의 율법도 지키지 못해 범죄를 저지르고 말았다. 율법은 그 수가 많고 적음보다는 얼마나 율법을 하나님의 말씀으로 여기고 기쁨으로 잘 지킬 수 있는지가 더 중요하다. 사진은 서기관 랍비가 '쉐마 교사대학'에서 양피지에 실제로 성경 말씀인 쉐마를 쓰고 있는 모습.

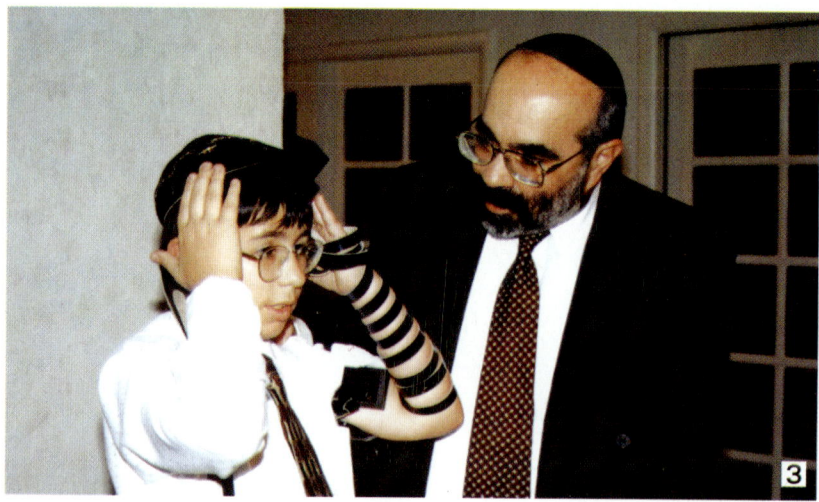

▲ 바울이 베드로보다 더 큰 사역을 할 수 있었던 것은 그가 베드로보다 유대주의 수직문화 교육과 율례와 법도교육을 더 체계적으로 잘 받아 그리스도의 좋은 군사가 되었기 때문이다.
사진은 정통파 유대인 소년이 성년식 전에 아버지에게 이마와 팔에 경문 상자 매는 법을 배우는 모습.

▲ 저자의 연구 논문에 의하면 미국 내 한국인 대학생에게 한국인의 전통문화 가치가 높을수록 바울과 같은 내재적 종교성이 현저히 높고, 영적 만족감도 현저히 높다. 반대로 미국 주류문화에 동화되면 동화될수록 바리세인과 같은 외재적 종교성이 현저히 높고, 영적 만족감은 현저히 낮다. 사진은 미국 뉴저지에 거주하는 유대인 랍비 솔로몬(《옷을 팔아 책을 사라》의 저자)이 자신의 베스트셀러 저서의 일본판을 한복 입은 저자에게 설명하는 모습(2001년 3월).

▲ 한국인이 세계화하는 데 어려움을 겪는 이유는 타민족과 그 문화를 수용하는 능력이 부족하기 때문이다. 이는 한국인이 한반도에서 이중문화 경험이 전혀 없는 환경에서 자란 것이 원인이다. 이 약점은 해외 한인 2세들을 껴안음으로써 해결할 수 있다. 사진은 유대인 랍비와 대화하는 저자의 아들.

▲ 세계화에는 내면적 세계화와 외면적 세계화가 있다. 한국인은 한국인의 내면적 가치와 함께 외면적 가치를 갖고 타인종과 함께 세계 인류를 위해 공헌해야 한다. 자기 것이 없으면 국제사회에서 불쌍한 정신적 고아가 될 수밖에 없다.
사진은 〈L.A. 타임스〉 특집 기사에 보도된 저자와 정통파 랍비 애들러 스테인 씨의 모습. 2000년 7월 13일.

▲ 유대인들은 내면적 정신세계는 유대인의 가치를 지키면서 자신이 사는 사회에 적극 동화되어 세계에 우뚝 선 인물들이 많고 세계 인류의 복지와 번영에도 공헌하고 있다.
사진은 20세기 세계 인류에 가장 많은 영향을 끼친 4인으로 뽑힌 2명의 유대인, 아인슈타인과 프로이트.

▲ 유대인은 나라없이 전 세계를 유랑하면서도 역사를 통해 타민족에게 동화되기를 거부했다. 늘 100% 자신의 내면적 정신세계를 지키며 100% 이방의 사회구조에 동화되는 삶을 살았다.
사진은 유대인의 신언서판 인성교육을 받은 어린이들이 수카(초막절) 절기를 준비하는 모습.

▲ 미국에 거주하는 한국인 동포들은 어떻게 자녀를 키워야 하는가? 내면적 정신세계는 100% 한국인의 정체성을 가지면서, 외형적으로는 100% 미국 사회구조에 동화된 자랑스러운 한국계 미국인으로 살도록 키워야 한다.
사진은 미국에서 유대인의 13세 성년식 파티에 참석하여 유대인과 함께 게임을 즐기는 저자의 아들(가운데).

▲ 대한민국 국민은 자신의 국가관·민족관·세계관을 정확하게 정리해야 분단 국가 상황에서 대북관계에 대처할 수 있다.
사진은 독일의 국수주의자 히틀러. 그는 잘못된 국가관·민족관·세계관 때문에 600만 명의 유대인을 학살했고 인접 국가 국민들에게도 커다란 상처를 주었다.

Modeling Orthodox Jews

The Essence and Principles of Character Development; Modeling Orthodox Jews Vol. IV

(Experience Success in Life by
Understanding the Principles of Globalization)

Vol. Four
Part 6 Chapter 2 ~ Parts 8

By
Dr. Yong Soo Hyun (Ph.D.)

**Presenting
Modern Educational Problems
and Their Solution**
2008 Edition

Shema Books
Seoul, Korea

차례

개정판 서문 인성교육 노하우 수정 증보판을 내며 · 12

저자 서문 인성교육 노하우 시리즈를 펴내면서
　　　　　– 무너진 교육을 세우는 혁명적 대안을 찾아서
- 잘못 가는 현대 교육: 왜 인성교육 없는 IQ교육은 독소인가 · 14
- 왜 수직문화는 인성교육의 본질과 원리인가 · 17
- 예수님 믿기 이전: 왜 인성교육은 Pre-Evangelism인가 · 18
- 왜 인성교육론이 'Know-Why'라면, 유대인 쉐마교육은 'Know-How'인가 · 23

추천의 말
- 이영덕(전 국무총리) · 28
- 김의환(전 총신대학교 총장) · 31
- 고용수(전 장로회신학대학교 총장) · 34
- 〈L.A. 타임스〉 현용수 교수 특집 보도 · 37
- 마빈 하이어(로스앤젤레스 예시바 대학교 학장) · 38

제6부 인성교육과 예절교육:
동양과 유대인 인성교육의 내용과 형식

제2장 추상적 언어와 구체적 언어의 차이

I. 기독교와 유대교의 언어 사용 차이 · 41

II. 인간이 지킬 수 있는 율법은 몇 개가 적당한가 · 46

III. 가정에서 한국인 남자와 유대인 남자의 차이 · 51

제3장 전인교육적 측면에서 본 바울 연구

I. 바울의 아픔, 유대교에서 기독교로 · 56

II. 이면과 표면, 마음의 할례와 육신의 할례: 바울의 예 · 63
1. 바울의 회심 전과 후의 이면(교육의 내용)과 표면(형식) · 63
2. 바울과 베드로의 이면(교육의 내용)과 표면(형식) 비교 · 69

III. 회심 이전 바울은 유대인 자녀교육을 잘못 받았나 · 72
[질문 1] 바울이 기독교인이 되기 전에 받았던 유대인 자녀교육은 잘못된 것이었나? · 72
[질문 2] 왜 바울은 다윗이나 예레미야처럼 되지 않고 표면적 유대인, 즉 율법주의자가 되었는가? · 74
[질문 3] 바울의 예로 보아 유대인 자녀교육이 실패한 방법 같기도 한데 정말 그런가? · 75
[질문 4] 저자의 저서 '성경적 유대인 자녀교육 IQ는 아버지 EQ는 어머니 몫이다'의 내용대로 가르친다면 예수님 믿기 전의 바울 같은 사람은 안 되는가? · 77

제7부 한국인의 세계관: 다문화 속의 인성교육(해외동포의 바른 자녀교육법)

제1장 문제 제기: 지구촌에서 더불어 살아야 하는 한국인

Ⅰ. 서론 · 83
   1. 왜 한국인은 세계화와 다문화권을 생각해야 하는가? · 83
   2. 한국의 전통문화는 종교성에 어떠한 영향을 주는가? · 86

Ⅱ. 연구를 위한 질문 · 90

제2장 다문화 속의 인성교육: 한국인의 세계화 원리와 다문화권에서 동화의 원리

Ⅰ. 세계화의 원리 1: 지구촌 발전과 한국인의 세계화 원리와 방안 · 95
   1. 보편적 세계화의 원리: 인류를 위한 지식의 세계화와 복지의 세계화 · 95
   2. 한국인의 세계화 원리 1: 내 것을 가꾸어 세계화하라 · 98
   3. 한국인의 세계화 원리 2: 남의 것도 내 것으로 승화시켜라 · 103
   4. 한국인의 세계화 원리 3: 언어학적 측면에서 본 세계화 (유대인은 자녀에게 몇 가지 언어를 가르치나) · 108
      A. 유대인의 언어 정책과 한국에서 한자 병용의 필요성 · 108
      B. 교육학적 측면에서 본 한자 병용의 필요성 · 113

5. 한국인의 세계화, 그 문제점과 해결책 · 120
6. 유대인은 민족 형성 과정부터 세계화에 유리하다 · 125

II. 세계화의 원리 2: 다문화권에서 동화의 원리
(유대인의 동화 모델) · 128

1. '사회구조에의 동화'와 '문화에의 동화' 원리 · 128
2. 유대인은 소화가 안 되는 민족이다 · 134
3. 미국 코리안 아메리칸의 이상적인 동화 모델(나는 미국에서 미국인으로 살아야 하는가, 한국인으로 살아야 하는가) · 137
4. 다문화 속에서 성경적 동화 모델(예수님과 바울의 예) · 145

제3장 코리안 디아스포라 2세의 인성교육

I. 코리안 디아스포라 2세가 부모 세대를 섬기게 하는 방법 · 150

1. 먼저 한국인으로 키워라: 문화는 신앙을 담는 그릇이다 · 150
2. 한국인 기독교인으로 키우려면 4단계 교육을 시켜라 · 156
3. 각 인종도 성숙한 기독교인으로 키우려면 4단계 교육을 시켜라 · 162
4. 적용 사례 · 165
   A. 적용 사례 1: 한국 기독교에도 유대인 같은 교육의 형식이 있었다 · 165
   B. 적용 사례 2: 서양의 위인보다 한국의 위인을 먼저 가르쳐라 · 168

II. 왜 부모는 자녀에게 족보를 가르쳐야 하는가 · 173

[질문 1] 인간에게 왜 족보교육이 필요한가?(왜 한국인 기독교인도 자녀에게 족보교육을 해야 하는가?) · 174

1. 윤리학적 답변
2. 종교심리학적 답변
3. 신학적 답변

[질문 2] 유대인은 아브라함의 조상으로 선민의 족보를 잘 가르칠 수 있지만 한국인은 기독교 역사가 짧아 위의 조상들이 모두 우상숭배자들이었는데 어떻게 그들의 족보를 가르칠 수 있는가? · 175

[질문 3] 자신의 족보가 다른 성씨보다 자랑스럽지 못해도 가르쳐야 하는가? · 176

[질문 4] 족보가 없는 사람은 어떻게 해야 하는가? · 176

[질문 5] 바울은 그리스도를 안 이후 자신의 자랑스러운 족보를 배설물처럼 여겼다고 말했다(빌 3:8). 그런데도 왜 족보교육이 필요한가? · 176

제4장 한국인 기독교인은 예수님을 안 믿는 동족보다 예수님을 믿는 타인종을 더 사랑해야 하는가

I. 문제 제기 · 181
1. 한인 1세들의 강한 민족주의 · 181
2. 한인 2세들의 약한 민족의식 · 182

II. 예수님의 동족, 유대인 사랑의 예 · 185

[질문] 예수님은 동족인 유대인과 이방인 중 누구를 더 사랑하셨는가? · 185

III. 정통파 유대인 바울의 동족 사랑의 예 · 190

[질문] 정통파 유대인이었던 바울은 비기독교인 유대인과 기독교인인 헬라인이나 로마인 중 누구를 더 사랑하였는가? · 190

제5장 대한민국 국민의 민족관과 국가관 그리고 세계화

Ⅰ. 사랑의 우선순위 · 199

Ⅱ. 국수주의의 위험성과 샐러드 볼 이론 · 204
    1. 기독교인과 비기독교인의 민족주의의 차이점 · 204
    2. 다문화 속에서 함께 사는 샐러드 볼 이론 · 207
    3. 한국인의 국제결혼 열풍, 세계화에 도움이 되는가? · 212
        A. 문제 제기: 한국에 급증하는 외국인 이주자들, 이대로 좋은가? · 212
        B. 이스라엘의 다문화 사회 대처 방법 · 215
        C. 한국의 급속한 다문화 사회, 어떻게 대처해야 하나? · 219
    4. 국수주의는 세계 평화의 적이다 · 228

Ⅲ. 대한민국 국민의 민족관과 국가관 · 234
    1. 올바른 국가관: 이웃과 이웃 사이, 국가와 국가 사이의 차이점(국가관의 시각에서 9·11 테러 후 미국의 대응은 어느 것이 옳은가)
    2. 한국인은 왜 미국 편에 서야 하는가 · 239

Ⅳ. 분단 상황에서 대한민국 국민의 국가관과 대북관계 · 244
    1. 왜 한국의 국가 정체성이 흔들리는가 · 244
    2. 성공한 대한민국의 건국과 정체성: 보수 한국인의 국가관이 옳은 이유 · 247
    3. 흔들리는 한국인의 국가관을 바로잡을 논리 · 249
        A. 한국은 '민족 사랑'과 '대한민국 국가를 지키는 것' 중 어느 것이 우선인가 · 250

B. 한국은 '남북통일'과 '대한민국 국가를 지키는 것' 중 어느 것이
　　　 우선인가 · 252
　　C. 통일은 언제 해야 하는가 · 254
　　D. 전후 한국에 50년간 평화과 유지된 것은 햇볕정책 때문인가 · 255
　4. 유대인의 시각에서 본 북한의 인권 · 258
　5. 역사의 심판은 반드시 온다 · 261

제6장 결론 · 266

제8부 4권의 인성교육을 마치며

Ⅰ. 인성교육, 어떻게 적용할까 · 272

　1. 유대인과 기독교인이 성경을 읽는 이유와 차이 · 272
　2. 내가 읽고 변하고 이렇게 실천하라 · 274

Ⅱ. 신학교육의 패러다임도 바뀌어야 · 279

Ⅲ. 미래 한국 민족교육을 위해 해야 할 일 285

에필로그 왜 인성교육에도 원리와 공식이 필요한가 · 295

부록 1 쉐마교육 체험기 및 실천기 · 296
부록 2 국악 찬양 · 325
참고자료 · 327

---- 현용수의 인성교육 노하우 1권의 내용 ----

제1부 서론

제1장 인성교육이란 무엇인가?
제2장 한국 자녀교육의 문제점과 유대인식 자녀교육의 필요성
제3장 유대인은 누구인가
제4장 유대인의 선민교육

제2부 인성교육의 본질과 원리: 수직문화와 수평문화

제1장 인성교육과 세대차이: 세대차이는 교육의 적이다
제2장 인성교육의 본질과 원리: 수직문화와 수평문화

---- 현용수의 인성교육 노하우 2권의 내용 ----

제2부 인성교육의 본질과 원리: 수직문화와 수평문화

제3장 대안 제시: 유대인이 수평문화를 차단하고 수직문화를 입력하는 방법
제4장 심리학적 측면에서 본 수직문화와 수평문화
제5장 수평문화를 이루는 4대 요소
제6장 한국인은 왜 세대차이가 많이 나는가

제3부 인성을 해치는 현대 교육: 현대 교육과 유대인 자녀교육의 차이점

제1장 현대 교육과 유대인 자녀교육 무엇이 다른가
　　　– 인성교육 측면
제2장 인성교육과 공교육: 무너진 한국 공교육의 원인 분석과 대안 제시

─ 현용수의 인성교육 노하우 3권의 내용 ─

제4부 인성교육과 EQ(감성지수): IQ보다 EQ가 더 중요하다

제1장 EQ(감성지수)란 무엇인가
제2장 EQ의 양을 늘리는 4가지 방법
제3장 한국인 EQ의 장단점 분석
제4장 결론

제5부 온전한 인간교육의 순서

제1장 왜 인성교육에 종교교육이 필요한가
제2장 인성의 기본은 사상: 인간은 빵만으로 살 수 없다
제3장 결론: 한국인의 바람직한 자녀교육

제6부 인성교육과 예절교육
동양과 유대인 인성교육의 내용과 형식

제1장 인성교육에 예절이 필요한 이유:
　　　인성교육에는 내용과 형식이 있다

개정판 서문

인성교육 노하우
수정 증보판을 내며

부족한 종이 '인성교육'이란 학문의 영역을 개척한다는 것은 꿈에도 생각하지 못했다. 그러나 하나님께서 주신 지혜로 박사학위 논문에서 '인성교육의 본질'에 관한 수직문화와 수평문화를 개발한 것이 그 단초가 되었다. 박사학위 논문은 이미 《문화와 종교교육》이라는 책으로 나왔다.

이 연구 결과를 바탕으로 계속 인성교육을 연구하게 되었다. 처음 1996년 《IQ는 아버지 EQ는 어머니 몫이다》(전2권)(국민일보)라는 책 1~2부에 발표했을 때 독자들의 폭발적인 관심에 놀랐다. 당시 1년에 17쇄를 찍을 정도였다. 그 뒤 1999년 조선일보에서 3권으로 수정·증보한 책이 나왔다. 다시 2005년에 대폭 수정·증보하여 《유대인의 인성교육 노하우》(쉐마)라는 제목으로 3권 분량의 책이 나오게 되었다.

'인성교육'이라는 제목으로 책이 나오자 더 많은 분들이 관심을 갖기 시작했다. 주로 교육계나 학계 및 목회자들이었다. 이때 한국이 얼마나 '인성교육'이라는 교육의 원리 그리고 인성교육의 내용과 방법에 목말라했는지 알게 되었다. 인성교육을 강조하지만 인성교육에 대한 학문적 논리가 빈곤했던 까닭이다.

저자는 이에 더욱 힘을 입어 각 학계의 질문들을 수집하고, 조언을 받아들여 이번에 드디어 다시 미진한 부분들을 대폭 수정·증보한 4권의 《현용수의 인성교육 노하우》를 집대성하게 되었다. 《문화와 종교교육》까지 합치면 총 5권이 된다.

부족한 종이 '인성교육'이란 새로운 학문적 영역을 개발하게 된 것은 결코 남보다 탁월해서가 아니라 온전히 하나님의 은혜로 된 것이다. 독자 여러분에게 도움이 된다면 온전히 살아계신 하나님 아버지에게 감사와 찬송과 영광을 돌린다.

또 늘 부족한 남편을 위해 쉼없이 기도하는 아내 현(황)복희와 승진, 재진, 상진, 호진 4형제에게도 감사한다. 아울러 이번에 특별히 이 책을 정성스럽게 일일이 읽고 조언과 함께 편집을 해 준 동아일보사 출판팀 여러분들께 감사를 드린다.

2008년 8월 18일 쉐마교육연구원에서
현용수

서문

인성교육 노하우 시리즈를 펴내면서
무너진 교육을 세우는 혁명적 대안을 찾아서

현용수의 인성교육 노하우(전 4권)

제1권 인성교육 노하우 I (부제: 인성의 원리를 알아야 교육의 성공이 보인다)
제2권 인성교육 노하우 II (부제: 한국·미국·유대인 교육의 차이를 알면 교육의 지혜를 얻는다)
제3권 인성교육 노하우 III (부제: EQ의 원리를 알아야 IQ교육을 살릴 수 있다)
제4권 인성교육 노하우 IV (부제: 세계화의 원리를 알아야 성공이 보인다)

잘못 가는 현대 교육: 왜 인성교육 없는 IQ교육은 독소인가

인성의 토양이 점점 더 황폐화되고 있습니다. 이런 토양 속에서는 훌륭한 민주 시민은 물론 훌륭한 학자도 경제인도 종교인도 기대하기 힘듭니다. 공교육이 무너진 지 오래입니다. 선생님이 더 이상 학생들을 지도하기 힘든 상태에 있습니다. 직업윤리를 생각하기보다는 돈이 되는 일이면 무엇이든지 하는 세상입니다. 여기에 주부들도 끼어들고 있습니다. 정말로 속수무책입니다. 더 이상 방관자일 수는 없습니다. 정말로 대안은 없을까요?

한국의 모 대학 인성교육 담당 주임 교수님의 초청으로 그 대학 강당에서 700여 명의 학생들에게 강연을 했습니다(2000년 5월). 강연이 끝나고 교수님이 식사를 하면서 제게 물었습니다.

"인성교육이 무엇입니까? 솔직히 저는 모르겠습니다."

"모르면서 어떻게 인성교육을 시킵니까?"

저자가 되물었습니다.

"그냥 이름 있는 분들을 초청하여 학생들에게 좋은 말씀을 듣게 해주죠."

그의 답이었습니다. 그 교수님은 아예 솔직하기라도 하지만 대부분은 그냥 넘깁니다. 미국을 방문한 한 초등학교 교장 선생님은 인성교육이 무엇이냐고 묻는 말에 '회초리'라고 대답했습니다. 회초리가 없어지면서 인성이 파괴되었답니다. 어느 초등학교 정문에 '깊은 생각, 바른 행동'이란 큰 표어가 있었습니다. 그런데도 대부분 학생들은 '얕은 생각, 제멋대로 행동'입니다.

실제로 한국은 유치원에서 대학까지 인성을 앞세우지 않는 학교가 없습니다. 그런데도 왜 인성이 점점 더 엉망이 되어 갑니까? 가장 큰 이유는 인성교육에 대해 말은 많이 하지만 인성교육의 원리는 물론 그 내용이 무엇인지, 그것을 어디에서 누가 어떻게 가르쳐야 하는지 모르기 때문입니다.

막연히 《명심보감》이나 성경 혹은 효도나 예절을 가르치면 되는 줄 알고 있습니다. 물론 이것도 중요합니다. 그러나 인성의 본질과 원리에 대한 논리적인 체계를 모르기 때문에 인성교육을 위한 균형 잡힌 커리큘럼을 만들 수가 없습니다. 이는 한국이나 미국이나 전 세계가 동일하게 겪고 있는 문제입니다.

학교에서는 아이들의 환심을 끌기 위해 컴퓨터를 이용한 영상교육만 점점 더 고급화시키고 있습니다. 그것이 왜, 얼마나 큰 독소인지도 모른 채 서로 경쟁하고 있습니다.

정통파 유대인 교실에는 아예 영상 기구가 없습니다. 그런데도 그들의 교육은 성공합니다. 열린 교육이 실패라고만 얘기하지 왜 잘못되었고, 그 보완책이 무엇인지 제시하지 못하고 있습니다.

대학 주위가 온통 타락하고 있습니다. 맹모삼천지교(孟母三遷之敎)란 고어가 이제 적용이 안 됩니다. 왜냐하면 대학 주변으로 이사를 가면 온통 술집에다 모텔촌이어서 자녀들의 교육에 해롭기 때문입니다.

국제사회에서 어떻게 경쟁력을 갖추면서도 인성교육에 성공할 수 있겠습니까? 한국만큼 교육에 열심이면서도 문제가 많은 나라도 드뭅니다. 왜 현대 교육은 점점 더 발달하는데 인간은 더 타락합니까?

저자는 이 명제를 풀기 위해 박사학위 과정에서 현대 교육의 근본 문제를 연구하던 차에 현대 교육의 철학적, 교육학적, 문화인류학적 그리고 신학적인 문제점을 발견하고 그 해결 방안을 유대인의 성경적 자녀교육에서 발견하였습니다. 유대인의 성공적인 천재교육(IQ)과 감성교육(EQ)의 비밀은 가정에서 가르치는 특수한 전통적인 인성교육의 내용과 방법, 그리고 성경과 탈무드의 가치에 기초한 삶에 있었습니다.

세속 사람들이 무조건 의존하는 학교에서 가르치는 현대 교육이나 현대 과학에 있지 않았습니다. 그리고 한국이 인성교육 없는 현대 학교교육(IQ)에만 투자하는 현실을 보면서 한국의 장래를 심히 걱정하지 않을 수 없습니다. 그래서 이번에 새롭게 인성교육론을 쓰기로 마음먹었습니다.

논문이 발표된지 14년, 성경적 유대인의 자녀교육 《IQ는 아버지 EQ는 어머니 몫이다》(국민일보, 1996; 조선일보, 1999)라는 책을 펴낸 지 8년만의 결실입니다.

왜 수직문화는 인성교육의 본질과 원리인가

왜 자녀교육이 1970년대 이전보다 힘듭니까? 왜 자녀들의 행동양식이 거칠어지며 기성세대와 다릅니까? 왜 부모와 자녀 사이에 코드(code)가 맞지 않아 대화가 안 됩니까? 그 원인은 무엇이고 대안은 무엇입니까? 유대인은 어떻게 수천 년 동안 자녀와 코드를 맞추는 교육에 성공했습니까?

한 걸음 더 나아가, 왜 각 민족의 행동양식이 동일한 예수님을 믿은 이후에도 다르게 나타납니까? 영국인 기독교인과 한국인 기독교인은 각각 다른 음식을 먹고 예절 등 다른 행동양식을 보입니다. 아프리카 케냐에서 온 기독교인도 한국인 기독교인과 다릅니다. 성격도 다릅니다. 그 이유가 무엇일까요?

위와 같은 질문들에 이 책이 답을 줍니다. 인류학자 히버트(Hiebert)는 한 인간 혹은 한 민족의 행동을 가능케 하는 사고의 틀(Thinking System or Structure)이 다름을 발견했습니다(1985). 저자의 연구에 의하면 그것이 바로 13세 이전에 형성된 문화라는 것입니다.

저자는 이에 앞서 한국 교회가 서구 문화를 어떻게 해석하고 한국의 전통문화와 가치를 어떻게 해석할 것인가에 대한 물음에 답하기 위해 한국의 전통문화와 가치가 인간의 종교성과 영적 만족감에 어떠한 영향을 미치는지를 실험적으로 연구(Empirical Research)한 바 있습니다[기독교교육학 박사(Ph.D.) 학위 논문: Biola University, Talbot Graduate School of Theology, 1990].

이로써 "왜(Why) 한국인에게 한국 전통문화와 가치를 가르쳐야 하는가?"의 이유를 찾았고, 이를 토대로 《문화와 종교교육》(쿰란출판사, 1993; 쉐마, 2007)이란 책을 발간하여 '2세 종교교육의 방향'을 학문적으로 제시했습니다. 그리고 이 연구에서 한국인의 수직문화가 한국인 인성교육의 본질과 원리라는 확신을 얻었습니다.

이때 왜 한국의 자녀들이 서구화되어 가는지 원인을 발견했습니다. 우리 자녀들에게 서양의 가치관 교육과 서양 학문만 가르쳤기 때문입니다. 이 책은 한국인에게 맞는 인성교육의 논리와 방법을 제공해 줍니다.

예수님 믿기 이전: 왜 인성교육은 Pre-Evangelism인가

많은 기독교인들이 예수님만 믿으면 모든 인성교육이 잘 되는 줄 알고 있습니다. 그러나 반드시 그런 것은 아닙니다. 왜 유교교육을 받은 가정의 어린이들이 기독교교육을 받은 어린이들보다 더 예의 바르고 효자가 많습니까? 왜 예수님을 믿는다고 하면서 사람의 근본은 잘 변하지 않습니까? 예수님을 믿고 성령의 은사가 많았던 고린도 교회는 왜 데살로니가 교회보다 도덕적으로 문제가 더 많았습니까? 왜 성령 충만한 바울도 실라와 다투었습니까? 왜 현대(2000년대)에는 1970년대 이전보다 복음을 전하기가 더 힘듭니까? 아마 생각 있는 교육자라면 모두가 이런 고민을 안고 살았을 것입니다.

힌트를 드리겠습니다. 옛말에 "양반이 예수님을 믿으면 양반 기독

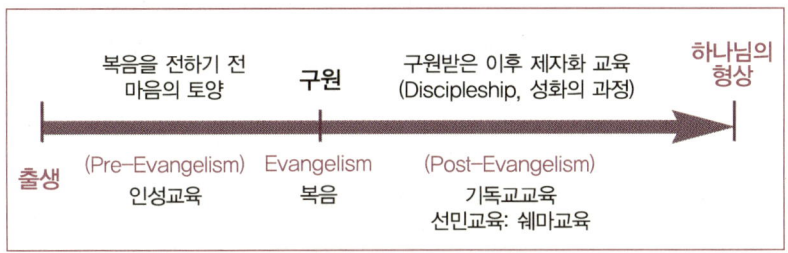

자세한 내용은 2권 2부 제4장 Ⅱ. 2 기독교교육의 새로운 영역: 종교성 토양교육 151쪽 참조.

교인이 되고, 상놈이 예수님을 믿으면 상놈 기독교인이 된다."고 했습니다. 여기에서 저자는 오랜 연구 끝에 온전한 인간교육을 위해 크게 2가지가 필요하다는 사실을 깨달았습니다.

진정한 기독교적 자녀교육의 원리는 보편적인 인성교육을 바탕으로 성경적 기독교교육(쉐마교육)을 해야 한다는 것입니다.

따라서 기독교교육을 2가지 주제로 나누어 설명해야 합니다. 예수님을 믿기 이전에는 보편적 인성교육을, 예수님을 믿은 후에는 쉐마교육을 시켜야 합니다. 그래서 유대인 자녀교육 총서 'IQ는 아버지 EQ는 어머니 몫이다' 는 인성교육편과 쉐마교육편으로 나누어 정리했습니다.

예수님 믿기 이전 인성교육의 필요성을 성경에서 발견했습니다. 예수님께서 '씨 뿌리는 자의 비유' 에서 말씀하신 4가지 종교성 토양(길가, 돌밭, 가시떨기, 옥토)입니다(마 13:3-7, 18-23; 막 4:1-25; 눅 8:4-15).

현대인에게는 전도하기도 힘들거니와 기독교인이 된 후에도 헌신도가 매우 약하다는 것을 발견했습니다. 부모가 자녀에게 올바른 인성교육을 시키지 않고 수평문화에 물들게 방치하고 IQ교육만 시킨 결과입니다. 그래서 자녀들의 마음밭이 황폐화되어 돌밭이 되었기 때문입니다.

다른 말로 표현하면, 한 인간이 태어나 복음을 접하기 전에 사람다운 사람이 되는 인성교육을 잘 받아, 마음밭이 옥토가 되어야 복음을 영접하기도 쉽거니와 구원을 받은 후 예수님을 닮는 제자화도 쉽다는 말입니다.

이것은 어린 자녀들에게 예수님을 믿기 전에 인생의 의미를 깊이 생각하게 하고, 바른 행동을 할 수 있게 하는 인성교육을 시키는 것이 그만큼 중요하다는 뜻입니다. 13세 이전의 인성교육이 평생을 좌우합니다. 이를 'Pre-Evangelism'(예수님을 믿기 이전의 복음적 토양교육)이라 이름했습니다.

왜 수많은 한국 기독교인 중에서도 주기철 목사님, 손양원 목사님, 박윤선 박사님, 한경직 목사님, 안창호 선생님이 더 존경을 받았습니까? 물론 기독교의 영향도 있었겠지만 그들이 복음을 받아들이기 전에 한국의 양반 수직문화 교육, 즉 한국인다운 한국인의 인성교육을 잘 받았기 때문입니다.

그렇다면 현대에도 그들과 같은 지도자들을 배출할 수 있습니까? 물론 있습니다. 위의 분들이 받으셨던 20세기 초 한국의 양반 수직문화, 즉 한국인다운 한국인의 인성교육을 잘 시키고, 그 후에 복음을 전하면 '인격적인 한국인 기독교인'이 될 수 있습니다. 만약 미국식이나 인도식 수직문화 교육을 시킨 후 복음을 전하면 '인격적인 미국인 기독교인' 이나 '인격적인 인도인 기독교인' 이 될 것입니다.

그렇다면 인성교육의 본질은 무엇입니까? 인성의 원리와 실제는 무엇입니까? 더 나아가 보편적 인성교육과 한국인의 인성교육의 차이는 무엇입니까? 어떻게 이상적인 한국인의 인성교육을 잘 시킬 수 있겠습니까? 그리고 어떻게 인격적인 한국인 기독교인을 배출할 수 있겠습니까? 다문화권에서 한국인 2세에게는 어떻게 인성교육과 세계화 교육을 시켜야 합니까? 이 책에 답이 있습니다.

객관적 학문에 근거한 인성교육의 본질과 원리를 연구하다 보니 양질의 인성교육은 특별히 기독교교육에만 적용되는 것이 아님을 발견했습니다. 비록 복음이 없어 구원은 받지 못한다 해도 다른 종교인의 종교교육에도 적용될 수 있습니다. 또한 엔지니어, 의사, 변호사, 경영인 및 농부 등과 같은 직업인에게도 동일하게 적용됩니다. 즉, 그들이 평생 도덕적으로 타락하지 않고 꾸준히 남에게 유익을 주며 성공적인 삶을 사는 데도 적용된다는 의미입니다.

히버트가 먼저 '한 민족의 행동을 가능케 하는 사고의 구조(Thinking System or Structure)가 있음' 을 발견했다면, 저는 '그 사고의 구조를 어떻게 형성해야 하는가?' 를 인성교육의 측면에서 연구했습니다. 그것이 바로 수직문화입니다. 특히 유대인을 모델로 인격적인 한국인 기독교인을 어떻게 배출할 수 있을까에 초점을 맞추었지만 이 원리는 각 개인이나 민족에게 모두 적용될 수 있습니다. 조직적이고도 반복적인 수직문화 교육 없이는 육(肉)을 따라 제멋대로 사는 수평문화를 막을 길이 없습니다.

결론적으로 인성교육 노하우 전 4권은 다음 18가지 질문에 대한 대안을 제시합니다.

교육학적 측면

첫째, 왜 현대 교육은 점점 더 발달하는데 인간은 점점 더 타락하나요?

둘째, 왜 자녀들이 부모나 어른들에게 예절이 없나요?

셋째, 왜 한국인은 한국인에게 맞는 인성교육을 시켜야 하나요? 그 방법은?

넷째, 왜 미주 한인 2세가 일류대학을 졸업하고도 대부분 미국 주류사회 진출에 실패하나요?

다섯째, 똑똑한 우리 자녀, 어떻게 국제적인 인물로 키울 수 있을까요?

여섯째, 한국인은 자녀를 그렇게 공부에 혹사시키는데 왜 영재는 잘 안 나오나요?

일곱째, 유대인은 어떻게 아브라함 때부터 현재까지 4200년 동안 성결교육을 시키는 데 성공했나요?

여덟째, 유대인은 IQ교육의 성공을 위해 어떤 인성교육을 시키나요?

아홉째, 무너진 공교육을 세우는 최상의 대안은 무엇인가요?

열 번째, 왜 한국에는 진보와 좌파세력이 늘어나나요? (올바른 한국인의 국가관은?)

교회 성장학적 측면

첫째, 왜 교회의 성장이 멈추고 새롭게 전도하기가 힘든가요?

둘째, 왜 기독교인에게 (다른 종교도 동일함) Pre-Evangelism(예수님을 믿기 이전 복음적 토양 교육) 교육이 필요한가요?

셋째, 왜 현대인은 복음을 받아들인 이후에도 제자화 하기가 힘든

가요? (왜 헌신도가 약한가요?)

넷째, 왜 한국과 미국에서 2세들이 대학을 졸업하면 90% 이상 교회를 떠나요? 즉, 왜 교회학교 교육이 천문학적 투자에도 불구하고 90% 이상 실패하나요?

다섯째, 미주 한인 2세 기독교인이 10% 정도 남는다고 해도, 왜 그들은 1세 교회를 떠나나요?

여섯째, 왜 신약 교회들은 2천 년간 다른 나라에 선교하는 데는 성공했는데 자손 대대로 하나님의 말씀을 전수하는 데는 실패했나요? 그런데 유대인은 어떻게 아브라함 때부터 현재까지 4200년간 말씀을 전수하는 데 성공했나요?

일곱째, 왜 한국의 선교사들이 해외에서 50% 이상 실패하나요? (문화인류학적 측면)

여덟째, 왜 선교지의 원주민에게 복음을 전할 수는 있어도 그들을 성화하기가 힘드나요?

왜 인성교육론이 'Know-Why'라면, 유대인의 쉐마교육은 'Know-How'인가

유대인 자녀교육의 우수성은 이미 역사를 거듭하면서 증명되었습니다. 그러나 2가지 의문이 아직까지 남아 있습니다. 첫째, 그것이 왜 우수한지에 대한 교육학적, 심리학적 및 철학적 이유를 설명하지는 못했습니다. 둘째, 왜 유대인 자녀교육이 기독교교육에 필요한지 그 이유를 설명할 수 있는 확실한 교육신학적 해답을 제공하는 데 미흡했습니다. 따라서 비기독교인이든 기독교인이든 그들의 교육이 좋다는 것은 알면서도 그 교육을 자신에게 적용하는 데에는 문제가 많았습니다.

이 문제를 해결하기 위한 전자의 답이 '인성교육 노하우' 라면, 후자의 답은 '성경적 유대인의 쉐마교육' 입니다. 왜 유대인 자녀교육이 한국인에게 필요한지를 교육학적, 심리학적 및 철학적으로 분석하고 그 이유를 설명한 책, '인성교육 노하우' 가 'Know-Why' 라고 한다면, 성경적 유대인 자녀교육(쉐마교육)은 'Know-How' 가 될 것입니다.

원인을 밝히고 당위성을 설명하는 'Know-Why' 가 있기에 성경적 유대인 자녀교육인 'Know-How' 가 더 파워풀합니다. 그리고 확신을 갖고 자신과 자신의 가정 그리고 교회에서 적용할 수 있습니다.

물론 성경적 유대인 자녀교육 속에도 2가지, 성경적 자녀교육의 원리와 방법이 소개되어 있습니다. 그러나 그것은 기독교교육학적 측면에서 예수님을 믿은 후, 즉 하나님의 선민이 된 후의 교육입니다. 따라서 사녀교육의 원리에는 2가지가 있습니다. 예수님을 믿기 이전에는 보편적 인성교육을, 예수님을 믿은 후에는 성경적 기독교교육을 시켜야 한다는 사실입니다.

물론 예수님을 믿은 후에도 성령님의 능력으로 13세 이전에 형성된 잘못된 인성, 즉 기질을 어느 정도 다스릴 수 있습니다. 완전히 없앨 수는 없지만(Impossible to remove bad personality or character) 상대적으로나마 바른 길로 훈련(Discipline)을 시킬 수는 있습니다. 그러나 그 결과는 본인의 의지와 훈련의 정도에 따라 변화의 양이 달라집니다. 즉 하나님의 말씀과 성령님은 인성의 교정에 크게 도움이 될 수 있다는 뜻입니다. 하지만 그럴지라도 먼저 좋은 마음의 옥토를 가꿀 수 있는 13세 이전의 인성교육도 무엇보다 중요합니다.

이번에 IQ-EQ시리즈로 출간되는 책들은 일반 학문과 성경 신학으로 구분될 수 있습니다. 저자의 '인성교육 노하우' 는 교육학적, 심리학적, 철학적 및 문화인류학적 인성교육에 관한 원리라면, '성경적 유대인 자녀교육론(쉐마교육)'은 성경에 기초한 가정교육의 원리라고 요약할 수 있습니다. 물론 전자와 후자 모두에는 원리뿐 아니라 방법도 포함되어 있습니다.

현재까지 천문학적 헌금을 교육에 투자하고도 교육의 열매가 바람직하지 못한 것은 교육의 참 원리를 발견하지 못했기 때문입니다. 원리를 알아야 참 자녀교육이 보이는 법입니다. 모쪼록 이 책을 읽고 더 이상 자녀교육을 위한 시간과 물질의 낭비가 없기를 간절히 소원합니다.

이 책을 집필하는 데 많은 정통파 유대인 학자들의 특별한 도움을 받았습니다. 정통파 탈무드 학교인 예시바 대학(Yeshiva University)의 학장이시며 사이먼 위센탈 센터(Simon Wiesenthal Center) 국제본부장이신 랍비 마빈 하이어(Marvin Hier)와 랍비 쿠퍼(Cooper) 부학장님, 그리고 특별히 저자에게 탈무드를 가르쳐 주고 절기 때마다 자신의 집에 초대하여 탈무드의 삶을 연구하게 도와 준 예시바 대학의 탈무드 교수이며 로욜라 대학 법대 교수인 랍비 애들러스테인(Adlerstein) 부부와 그 가정, 서기관 랍비 그래프트(Kraft) 씨 부부와 그 가정에 심심한 사의를 표합니다. 에이쉬 하 토라(Aish Ha Torah) 회당의 랍비 코헨(Cohen) 씨 가정과 그외 많은 정통파, 핫시딤파 랍비들, 보수파, 개혁파 랍비들 및 유대인 친구들에게 감사드립니다.

이들의 특별한 도움이 없었으면 저자의 연구는 완성될 수 없었습니다. 정통파 유대인의 생활 모습을 카메라에 담을 수도 없었습니다. 그리고 계속적인 쉐마교사대학의 현장실습도 할 수 없었을 것입니다.

저의 논문 지도교수이셨던 바이올라(Biola) 대학교 탈봇(Talbot) 신학대학원의 기독교교육학 윌슨 박사님과 이제 고인이 되신 저자의 선교학(Ph.D.) 지도교수이셨던 풀러(Fuller) 선교신학대학원의 유대교(Judaism) 교수이신 글래서(Glasser) 박사님에게 특별히 감사드립니다. 그리고 저자를 물심양면으로 도와 주신 이영덕 전 총리님, 김의환 총장님과 고용수 전 총장님 및 국내외 많은 교계 어른들과 쉐마교육 동역자님들께 감사드립니다.

저를 키워 주신 어머님과 형님 내외분께 감사드립니다. 지금도 내조를 아끼지 않는 아내 황(현)복희, 그리고 원고 정리 작업을 도와 준 내일의 희망인 네 아들들 승진(Stephen), 재진(Phillip), 상진(Peter), 호진(Andrew)에게 감사드립니다.

이 책은 방향 없이 혼란스런 교육의 시대에 참교육을 갈구하는 독자들에게 뚜렷하고 확실한 대안을 제시할 수 있다고 확신합니다. 이 연구는 분명히 하나님의 지혜로 하나님이 하셨습니다. 세세토록 영광 받으실 오직 우리 주 예수님께만 감사와 찬송과 영광을 드립니다.

2003년 10월 3~13일
로쉬 하샤나와 욤키퍼(유대인의 신년과 대속죄일) 절기에
미국 웨스트 L.A. 쉐마교육연구실에서
저자 현용수

> 중국의 고전에 다음과 같은 말이 있습니다.
>
> "일년지계(一年之計 · 한 해의 계획)로는 농사를 짓고, 십년지계(十年之計)로는 나무를 심으며, 종신지계(終身之計) 또는 백년대계(百年大計)로는 사람을 키운다."
>
> **사람을 키우는 일이 그만큼 가정이나 국가에 중요하다는 뜻입니다.**

무너진 교육을 바로 세우는 최선의 대안

　한국처럼 인성교육을 강조하면서 인성 발달이 잘 되지 않는 나라도 드물 것이다. 공교육이 무너진 지 오래다. 특히 인성교육에 관한 심증은 있었으나 뚜렷한 이론이 없었다. 그런데 이번에 현용수 교수가 성공집단 유대인을 모델로 이렇게 논리 정연한 인성교육의 본질과 원리는 물론 그 방법까지 제시했으니 그 노고를 치하하지 않을 수 없다. 제4권에서는 국제사회에서 인간관계와 경쟁에 취약한 한국인의 인성을 어떻게 양육해야 할지를 유대인을 모델로 이론과 실제를 정립했다. 그야말로 무너진 교육을 바로 세울 수 있는 최상의 교육 대안이다.
　뿐만 아니라 현용수 교수가 성경적 유대인 자녀교육에 관한 《IQ는 아버지 EQ는 어머니 몫이다》란 책을 펴낸 지 8년 만에 유대인의 쉐마교육을 집대성한다니 기뻐하지 않을 수 없다. 쉐마교육은 성경적 유대인 자녀교육을 한민족 자녀교육의 방법으로 접목시킨 새로운 교육의 패러다임이다. 될 수 있는 한 많은 사람들이 꼭 읽고 연구하여 실제 자녀교육에 적용해 보도록 추천하는 바이다.
　현용수 교수의 저서를 이와 같이 추천하는 데에는 몇 가지 이유가 있다.

첫째, 내가 한때 총장으로 있었던 대학에서 화학공학을 전공하고 미국에 가서 여유 있는 삶의 터전을 잡았던 그가, 신학을 공부하고 이어서 기독교교육을 연구했다는 점에서 그의 튼튼한 학문적 기초에 대해서 신뢰감을 갖는다.

둘째, 문헌 연구나 탐문에서 얻은 지식의 전달이기보다는 유대인들의 교육 현장인 탈무드 학교와 정통파 유대인 가정에서 그들과 같이 생활하면서 그들의 교육을 탐구해 얻은 지식을 토대로 한 책을 만들어 냈다는 점에서 존경이 간다.

셋째, 현대 교육이 발전했다고는 하지만 참으로 인간다운 인간을 길러내는 데는 계속 실패하고 있다는 것은 현대 교육이 대표하는 세속 교육의 한계를 드러내는 것이다. 그러한 효능 없는 세속 교육을 보완해 주거나 혹은 대체할 수 있는 새로운 교육의 대안을 찾고 있던 차에 강력한 시사점을 내포하는 유대인의 가정교육을 종합적으로 정리해서 우리들에게 제시해 준 점에서 현 교수의 저서를 높이 평가하는 바이다.

넷째, 부모를 공경하고 자녀를 노엽게 하지 말아야 하는 가정이 하나님의 법과 축복에서 멀어져만 가고 있는 오늘날, 우리에게 도움을 주는 성공 사례들이 애타게 요구되고 있는데, 현 교수께서 근거를 갖춘 많은 사례들을 제시해 주고 있으니 이 어찌 반갑지 않겠는가?

  끝으로 인격 형성을 위한 교육은 학교에서보다는 가정에서, 그리고 사회의 모든 삶의 현장 속에서 이루어진다는 사실을 학교교육에만 매달리다시피 하는 한국의 부모들에게 이해시키고, 그들의 자녀교육에 대한 시야를 넓히는 기회가 된다는 믿음으로 이 책을 모든 부모와 교사들에게 권하고 싶다.

전 국무총리
이영덕

추천의 말씀 2

기독교 2천 년 만에 발견한
개혁주의 교육의 획기적 쾌거

한 민족의 역사는 교육에 의하여 흥하고 망한다. 신약 시대 교회사의 흐름도 기독교교육의 방향과 그 교육의 내용에 따라 흥하기도 하고 쇠하기도 했다. 유대인의 성공적인 삶 역시 그들의 교육에 있음은 주지의 사실이다. 그러나 구약 성경과 탈무드에 의한 유대인의 생존과 천재교육의 비밀은 아직도 우리에게 충분히 알려지지 않았다. 그러던 차에 수년 전 현용수 교수의 《IQ는 아버지 EQ는 어머니 몫이다 (부제: 성경적 유대인 자녀교육)》을 접하게 되었다.

그리고 이번에 새로 출간된 《현용수의 인성교육 노하우》는 한국인과 유대인의 자녀교육을 비교 분석하면서 '현재 우리가 당면하고 있는 인간교육의 문제는 무엇이고, 그 해결책은 무엇이며, 그 교육의 방법은 무엇인가' 란 질문에 명쾌한 답을 주고 있다.

예수님을 믿기 이전에 받은 인성교육이 마음을 옥토로 가꾸게 하므로 예수님을 믿은 후에 기독교교육을 시키는 데 지대한 영향을 미친다는 새 발견은 대단히 중요하다. 현 박사는 그것을 '복음적 마음의 토양교육(Pre-Evangelism)' 이라고 명명했다. 이것은 그동안 복음(Evangelism)과 제자화 교육(Post Evangelism)만 강조해 왔던 2천 년간 기독교의 약점을 보완하는 개혁주의 교육의 획기적 쾌거다. 이로써 그간의 의문점들, 왜 예수님을 믿는데도 근본 인간은 변하지 않는가, 왜 지구촌은 점점 현대화되는데 복음을 전하기는 점점 더 힘들어지는가에 대한 이유를 알고 그 대안을 찾게 됐다.

본인이 가까이서 아끼던 현용수 교수는 신학교를 졸업하고 기독교교육학을 전공한 후 랍비 신학교에서 수학하면서 유대인 자녀교육을 학문적으로 폭넓고 깊게 연구했을 뿐만 아니라 정통파 유대인의 탈무드 학교와 정통파 유대인 가정에서 그들과 함께 생활하면서 그들 교육의 비밀을 캐는 데 오랜 세월을 투자했다. 그리고 교육학적인 측면에서 새롭게 '유대인의 자녀교육'이란 주제를 학문적으로 정리했다. 따라서 이 저서는 이론과 실제를 겸한 기독교교육학의 새로운 패러다임을 구축한 방대한 연구의 결실이다.

뿐만 아니라 현 박사는 연구를 거듭한 결과 성경적 유대인 자녀교육도 해를 거듭할수록 완성도가 높아지고 있다. 천재적인 유대인 자녀교육 자체가 바로 토라 말씀이고, 말씀 속에 그들의 생존 비밀이 있음을 확인시켜 주고 있다. 저자는 개혁주의 신학이 '오직 성경(Sola

Scriptura)'인 것처럼 기독교교육도 "성경으로 돌아가라."고 외친다. 따라서 이 저서는 자유주의 신학이 승하는 이때에 개혁주의 교육에 크게 공헌하리라 믿는다.

　나는 개인적으로도 미국 '나성 한인교회'를 섬길 때 현용수 교수를 초청하여 교육 세미나를 개최해 크게 도전받은 바 있다. 목회자 및 신학생들에게는 물론 일반 평신도들에게도 이 저서를 꼭 권하고 싶다.

전 총신대학교 총장
김의환

기독교교육의 블라인드 스팟(Blind Spot)을 발견한 역사적 쾌거

오늘 우리 사회가 겪고 있는 가치관의 혼돈과 도덕적 무질서는 사회의 기본 단위인 가정의 뿌리가 크게 흔들리는 데서 비롯된다. 전래의 대가족 제도가 무너진 자리에 핵가족화가 박차를 가하면서 가정의 기본 체제가 혼란을 겪고 있다. 이러한 시대적 요청과 때를 같이 해서 미국에서 2세 교육에 깊은 관심을 갖고 연구해 오신 현용수 박사가 성경적 유대인 자녀교육에 관한 책을 출판하게 된 것을 매우 환영한다. '자녀교육을 어떻게 할 것인가'를 생각하면서 성경적 모델을 찾을 때, 우리는 구약의 쉐마(신 6:4-9)에 기초한 이스라엘 가정의 자녀교육에 주목하게 된다.

특히 이번에는 현 박사가 계속 연구해 오던 수직문화와 수평문화를 더 연구 개발하여 인성교육의 원리와 실제를 4권(《문화와 종교교육》 포함 인성교육 시리즈 전 5권)으로 정리했다. 이 책은 기독교 2천 년 동안 예수님을 믿은 이후의 기독교교육에만 관심을 가졌던 학계에 예수님을 믿기 이전의 인성교육(Pre-Evangelism)도 대단히 중요하다는 새로운 영역을 발견하고 이에 대한 이론을 개발했다.

현 박사에 의하면, 예수님께서 말씀하신 어려서부터 양육한 마음의

34

옥토가 복음을 받아들이는 것은 물론 그 이후 예수님의 제자화에도 지대한 영향을 준다는 논리다. 따라서 예수님을 믿기 이전에 인격적인 한국인 기독교인이 되기 위한 교육을 시켜야 한다는 것이다. 그리고 이에 대한 인성교육의 내용과 방법을 제시했다.

 이것은 기독교교육의 블라인드 스팟(Blind Spot)을 발견한 역사적 쾌거다. 인성교육의 중요성은 강조했지만 인성교육의 원리를 몰라 인성이 파괴되는 현대 교육에 너무나 절실한 대안이다.

 유대인들이 세계 역사상 최악의 조건에도 불구하고 가장 우수한 민족으로 생존해 온 그 배후에는 유대인 부모들의 헌신과 열정이 자리하고 있음을 우리는 본다. 그들은 토라와 탈무드에 기초한 신본주의의 절대 가치를 그들 문화의 중심에 두고 자녀들에게 철저한 사상교육을 행했다.

 이 책의 저자 현용수 박사는 미국 동포 자녀들의 2세 교육에 특별한 관심을 가지고 유대인의 자녀교육에 관한 연구를 위해 랍비 신학교와 탈무드 학교에서 다년간 수학했다. 그리고 정통 유대인의 가정에서 생활하면서 얻은 경험과 함께 방대한 자료를 수집해서 신학대학교와 교회들을 순방하면서 유대인의 자녀교육을 강의한 적도 있고,

지상에 많은 글을 연재하기도 했다.

저자의 확신은 신앙(사상)이 없는 민족은 일시적으로는 흥할 수 있지만 곧 망하고 만다는 역사적 교훈을 바탕으로 한 것이며, 유대인의 교육철학 속에 자리한 성경적 자녀교육 원리가 오늘의 흔들리는 기독교 가정의 자녀교육의 실제 지침이 될 수 있다는 것이다. 따라서 이 저서의 내용은 한국 교육의 근본 문제를 정확히 지적하고 그 해결 방법을 제시한 책이다.

부모 되기는 쉬우나 부모 노릇 하기는 참으로 어려운 시대에 살면서 자녀교육을 어떻게 할까 고민하는 기독교 가정의 부모들에게 이 책은 좋은 지침서가 될 수 있다고 믿고 이에 적극 추천한다.

전 장로회신학대학교 총장
고용수

Los Angeles Times

SATURDAY, JULY 13, 2002 — Religion

'We have to learn the secrets of the Jews.'
The Rev. Yong-Soo Hyun

LORI SHEPLER / Los Angeles Times
The Rev. Yong-Soo Hyun, left, who has immersed himself in the study of Orthodox Judaism, meets with Rabbi Yitzchok Adlerstein at a Shabbat meal.

Taking a Cue From Jews' Survival

Culture: Minister studies Orthodox Judaism to teach Korean Americans how to educate children, help churches thrive.

By TERESA WATANABE
TIMES STAFF WRITER

The Rev. Yong-Soo Hyun says God called him to abandon a well-paying engineering career 20 years ago in favor of Christian ministry.

So what is he doing shepherding a group of Korean visitors around Southern California to attend a Shabbat dinner, an Orthodox Jewish temple and a lecture by a Jewish rabbi on how to keep children holy?

Hyun, 53, may be the biggest booster of traditional Jewish education in all of Korean America.

It is, he tells you, the antidote to the loss of cultural identity and religious grounding he sees in successive generations of Koreans here.

So the minister now writes books, conducts tours and has even opened the Shema Education Institute to teach Koreans the Jewish "secrets of survival."

"For Korean churches to survive in America, we have to successfully pass down the word of God from generation to generation, just as Jews have done since the time of Moses," said Hyun, a short, dynamic man with an easy grin. "We have to learn the secrets of the Jews."

Hyun, who immigrated to the United States in 1975 at age 28, says he sees several parallels between Korea and Israel.

Both, he says, are small nations surrounded by large and sometimes menacing neighbors.

Both, he says, prospered when their people honored God and became imperiled when they did not. The Israeli captivity in Babylonia, he says, mirrors the Korean colonization by Japan.

His fascination with traditional Judaism was sparked 12 years ago, when he was a doctoral student at Biola University. He was studying the philosophy of Christian education and wrote a term paper comparing secular education with traditional Jewish education.

What struck him, he says, was the way Jewish education seemed to produce children who were intellectually excellent, honed through hours of Torah training and Socratic-style questioning, as well as religiously pious and morally grounded.

Traditional Jews also seemed to keep family ties strong, with fewer generation gaps than he says he found in his own community, and low divorce rates.

Persistence Pays Off

Trying to learn more about Jewish religious education, however, wasn't easy. He called the Orthodox Yeshiva University in Los Angeles but says he was told it was not open to non-Jews. He called again and was told the same thing. The third time, he said he began to argue with the rabbi on the other end:

"Why do you want to hold it? God gave the Torah not just for you but also to shine for all nations. If you teach me the secrets of survival, how to keep your children holy, I will teach this to the Koreans. This will be good for you and good for God!" Hyun said he told the rabbi.

There was a pause. Then the rabbi gave him the name and number of Rabbi Yitzchok Adlerstein, a professor of Jewish law at Loyola University and prominent member of the Orthodox community known for reaching out to non-Jews.

Hyun called Adlerstein, who immediately invited him to his home for Shabbat dinner. Even better, Hyun said, Adlerstein agreed to guide his research into Jewish education.

"He allowed me to attend his Talmudic teachings," Hyun said. "He invited me to all of the ritual meals—the Passover Seder, Sukkot, Rosh Hashana. I asked so many questions and he answered them all."

The Shabbat meal, in particular, left a lasting impression, Hyun says. He was moved by the way the family sang a ritual song of praise to Adlerstein's wife—a contrast, he says, with an old Korean saying that the "three dumb things" a man must not do are praise his wife, his children or himself. He was touched by the way Adlerstein blessed each of his children.

And he was impressed at the way Adlerstein taught his children the Torah, quizzing them on passages, never spoon-feeding answers but asking more questions to stimulate their critical thinking skills and creative intellects.

For his part, Adlerstein said he initially thought the idea of a Korean Christian minister wanting to learn about Orthodox Judaism seemed "a little odd."

Although traditional Jews don't believe Judaism was meant for the world—they do not proselytize and often discourage would-be converts—Adlerstein was willing to guide Hyun.

"Our attitude generally as a community is that when you're enthusiastic about God and his teachings, you have a gift that you want to share with any well-intentioned person," he said.

Armed with his experiences, Hyun was ready to try the techniques on his four sons at home. He announced that, like Adlerstein, he would no longer allow them to watch TV. Instead, three evenings a week he would teach them the Bible.

The reaction? "They rejected it all," Hyun said, laughing.

After too many nights of arguments, Hyun got them interested in Bible studies by asking them to take turns preaching. But more than the intellectual training, Hyun said, it was his mimicry of Jewish expressions of family love that seemed to bring the most dramatic results.

Praise for His Wife

For the first time, Hyun says, he began praising his wife as he had seen his Jewish mentor do. He took her to Malibu at night, and strolled around the waterfront. He began washing the dishes and taking his wife on his travels. Before, he said, their marriage was characterized by "no romance—just orders" to her from him.

For the first time, he gathered his sons around to bless them. He asked God to bless them with wisdom, prosperity, leadership and the light of the gospel. "I cried, and they cried," he said.

From then on, he says, his family life dramatically improved. "Judaism showed me patience and how to lead children by wisdom and not authoritarianism. Now our family friendship has recovered."

Eager to share his experiences with other Koreans, Hyun has written a book on Jewish religious education that has sold more than 120,000 copies.

Hyun writes that Jewish fathers develop a child's IQ through Talmudic teachings, while mothers nurture their "EQ," or emotional quotient, with their maternal love—a thesis Adlerstein himself rejects in favor of viewing both parents as responsible for nurturing both aspects.

Experiencing Judaism

Hyun also figures he's reached 300,000 other Koreans in lectures on Jewish education at various seminars and conferences around the world.

And he says he has brought at least 150 people to Los Angeles to experience traditional Judaism firsthand in visits to synagogues and Friday night Shabbat dinners.

During one recent tour, Hyun led a group into the Beth Jacob congregation on Olympic Boulevard, wearing a traditional Korean jacket and a Jewish yarmulke.

After Sabbath prayers, Rabbi Shimon Kraft fielded a stream of lively questions: Why do you wear a head covering? Why do you wear a beard? Why kiss the door? Why do men shake when they pray? Why do you have two pulpits? Do you evangelize?"

Finally, someone asked: "We've learned about Jews, but what do you think about Koreans?"

Kraft gave the crowd a broad smile.

"They are bright, hard-working, studious—just like Jewish people," he said. "We seem to share a lot of the same values."

유대인 생존의 비밀을 밝히다

　많은 학자들이 유대인 생존의 비밀에 관해 관심을 가져왔습니다. 수천 년의 박해와 유랑에도 불구하고 살아난 유대인의 생존에 관한 학설들은 수없이 많습니다. 현용수 박사가 비유대인으로 유대인의 생존의 비밀을 정확히 지적한 사실은 의외이며, 이를 축하합니다. 현 박사는 유대인에게는 토라—그들의 가장 신성한 율법서—에 대한 충성심이 생존의 도구였고, 죄악이 만연하는 바다를 표류하는 동안 성결을 지키게 한 결정체란 것을 확신하고 있습니다. 그는 3천 년 이상 유대인을 다른 민족과 구별되게 한 교육의 기법, 부모가 자녀에게 자자손손 끊어지지 않는 연결 고리로 유대주의의 메시지를 전한 구전의 방법에 주목하고 있습니다. 그는 이러한 방법의 핵심을 빌려 그가 속한 한국 민족이 그들의 전통과 가치를 보존할 수 있는 힘을 찾으려 합니다.

　현 박사는 수년간 정통파 유대인 공동체에서 열심히 연구했습니다. 그는 유대인의 교육이론을 연구해 왔고, 철저한 관찰을 통해 실제적인 유대인의 생활방식을 조사했습니다. 우리는 그가 우리의 로스앤젤레스 예시바의 학자들과 접촉하고 특별히 그의 연구를 지도하기 위해 탈무드와 유대학 교수인 랍비 애들러스테인과 만나게 된 것을 기쁘게 생각합니다.

　우리는 그가 지구촌의 많은 사람에게 2가지, 도덕과 관용을 전파하려는 노력에 성공하기를 기원합니다.

로스앤젤레스 예시바 대학교 학장
진실한 랍비　마빈 하이어

yeshiva of los angeles

Rabbi Marvin Hier
Dean
Rabbi Sholom Tendler
Rosh Hayeshiva
Director, Academic Programs
Rabbi Meyer H. May
Executive Director
Rabbi Nachum Sauer
Rosh Kollel
Mr. Paul S. Glasser
Director
Rabbi Yitzchok Adlerstein
Director,
Jewish Studies Institute
Rabbi Harry Greenspan
Coordinator,
Beit Midrash Programs

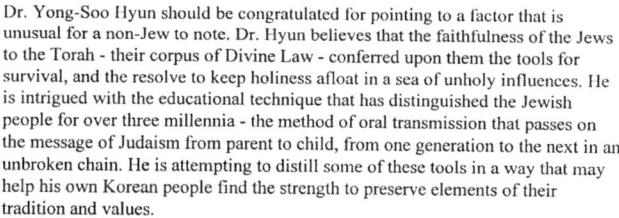

April 2, 1996

To whom it may concern:

Many scholars have been intrigued by the longevity of the Jewish people. Theories concerning the survival of the Jews despite millennia of persecution and exile fill volumes.

Dr. Yong-Soo Hyun should be congratulated for pointing to a factor that is unusual for a non-Jew to note. Dr. Hyun believes that the faithfulness of the Jews to the Torah - their corpus of Divine Law - conferred upon them the tools for survival, and the resolve to keep holiness afloat in a sea of unholy influences. He is intrigued with the educational technique that has distinguished the Jewish people for over three millennia - the method of oral transmission that passes on the message of Judaism from parent to child, from one generation to the next in an unbroken chain. He is attempting to distill some of these tools in a way that may help his own Korean people find the strength to preserve elements of their tradition and values.

Dr. Hyun has spent a few years of hard research studying the Orthodox Jewish community from the inside. He has studied Jewish educational theory, and investigated practical Jewish lifestyle by thorough observation. We are pleased that he has turned to the scholars associated with our own Yeshiva of Los Angeles, particularly Rabbi Yitzchok Adlerstein, a member of our Talmud and Jewish Studies faculty, for guidance in his research.

We wish him success in his endeavors to spread both morality and tolerance to large populations of the globe.

Sincerely,

Rabbi Marvin Hier
Dean

9760 West Pico Boulevard, Los Angeles, CA 90035/(310) 553-4478

제2장

추상적 언어와 구체적 언어의 차이

I. 기독교와 유대교의 언어 사용 차이
II. 인간이 지킬 수 있는 율법은 몇 개가 적당한가
III. 가정에서 한국인 남자와 유대인 남자의 차이

I. 기독교와 유대교의 언어 사용 차이

현재 한국 기독교교육의 가장 큰 문제점은 전통적인 '예(禮)'의 형식이 깨졌다는 점이다. 그 이유는 교회에서 기독교교육의 내용만 전했을 뿐 그 내용의 실천 방법의 필요성도 느끼지 못했을 뿐 아니라 그나마 갖고 있었던 방법도 가르치지 않았기 때문이다. 즉 믿음으로 구원받는다는 구원론만 강조했지 하나님의 자녀다운 삶을 살기 위한 성령의 열매, 즉 여호와의 율례와 법도를 가르치지 않았기 때문이다.

또한 믿음으로 구원받은 성도는 율법에서 해방되었다는 성경 말씀을 잘못 해석한 영향도 크다. 바울이 전한 '율법에서의 해방'이라는 말의 참뜻은 '구원'은 '오직 믿음'으로 받지 '율법의 행함'으로 받는 것이 아니기 때문에, 율법에 매이지 말라는 의미이다. 위아래를 몰라보고 방종하여 무례(無禮)히 행하라는 뜻이 결코 아니다.

한국 기독교는 그동안 너무나 사랑과 은혜만을 치우치게 강조해 점점 교회 내에서도 기본 예의가 없어지고 있다. 사실 바울이 설명한 사랑도 알고 보면, 무례를 행치 않는 것이다(고전 13:5). 즉 예가 없으면 사랑이 아니라는 뜻이다.

그렇다면 유대교에는 예가 아직도 살아 있는데 왜 기독교에는 예가 무너지고 있는가? 교육학적으로 예가 무너진 기독교와 유대교의 근본 차이는 무엇인가? 그것은 기독교(특히 개신교)는 추상적인 언어를 많이 사용하고 유대교는 구체적인 언어를 많이 사용하는 데 있다. 예를 들면, 개신교의 강단에서는 "사랑하라!", "믿어라!"라는 말을 자주 외친다. 그러나 구체적으로 어떻게 사랑하고 어떻게 믿을 것인지 그 방법들, 즉 교육의 형식은 가르쳐 주지 않는다. 이런 현상은 서구 기독교 강단보다 특히 한국 개신교 강단에서 더 많이 나타난다.

유대교는 어떠한가? 유대교는 추상적인 언어 다음에는 그 실천 방안으로 구체적인 언어들을 많이 사용한다. 십계명에서 보듯이 하나님을 사랑하는 법 4가지와 인간을 사랑하는 법 6가지를 구체적인 율법으로 명시했다. 그리고 유대인의 613개 율법에 각 시행령(codes)이 자세하게 명기되어 있다.

유대인은 "안식일을 기억하여 거룩히 지키라"(출 20:8)는 추상적인 말씀(율법)을 정확하게 잘 지키기 위해 안식일에 하지 말아야 할 것만도 무려 39가지를 법으로 정해 놓았다. 물론 율법사들이 더 까다롭게 만든 것들도 많다. 옛날 한국의 까다로운 양반의 규율이나 제사법을 생각하면 이해하기 쉽다.

성경의 율법에도 하나님께서 율법을 주신 정신, 즉 '사랑'이 있고 그 사랑을 표현하는 방법, 즉 형식이 있다. 이는 하나님을 사랑한다면 그 사랑을 어떻게 표현해야 하는가, 부모를 공경한다면 그 효의 정신을 어떻게 표현해야 하는가 등에 대한 구체적인 방법들이다. 주로 '장로의 유전'인 탈무드에 자세히 명시되어 있다. 토라에 나타난 율법에도 계명(the commands)과 규례(the decrees)와 법도(the ordinances)가 있는 이유가 바로 여기에 있다(출 24:12; 신 4:8, 6:1).

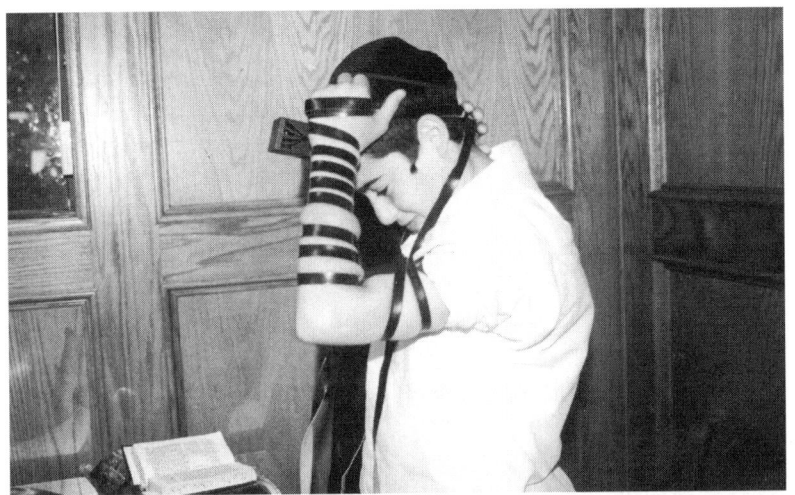

유대인의 율법은 매우 구체적이어서 까다로워 보이지만 행하는 데 어려움이 없다. 반면 기독교인은 추상적 언어를 사용하기 때문에 무엇을 어떻게 해야 할지 잘 모른다. 사진은 유대인의 구체적인 규례에 맞춰 이마와 팔에 경문을 매고 새벽기도를 준비하는 유대인 학생.

하나님이 유대인에게 율법을 주신 이유는 구원의 조건이 아니다. 기독교교육학적 입장에서 볼 때 하나님이 유대인에게 율법을 주신 이유는 구원받은 이스라엘 백성(유대인)이 하나님의 형상을 닮아가게 하기 위한 방편으로 주신 것이다. 하나님의 형상을 닮는다는 것은 곧 하나님이 "너의 하나님 나 여호와가 거룩한즉 너희도 거룩하라"(레 19:2, 20:26)는 말씀대로 성도가 거룩하게 살아가야 한다는 뜻이다.

그렇다면 '거룩'이란 무슨 뜻인가? '거룩'이란 '구별되다(set apart)'라는 뜻이다(레 20:26). 하나님은 완전히 거룩하신 분(거룩 거룩 거룩하신 분)이다. 즉, 하나님은 세속과 완전히 구별되신 분이다. 유대인이 세속과 구별된다는 뜻은 바로 세속과 다르게 구별되게 살아야 한다는 뜻이다. 왜냐하면, 유대인은 하나님의 백성이기 때문이다.

세속과 구별되게 사는 방법이 바로 하나님의 법도인 율법을 지켜 행하는 것이다(신 28:1-2). 하나님의 백성으로서 구별된 행위, 즉 거룩하게 산다는 것은 상대적인 의미다. 완전히 거룩하신 하나님에 비해 얼마나 거룩하게 사느냐 하는 문제다.

따라서 유대인은 모세오경에 쓰여진 613개의 율법을 지켜 행함으로 상대적이나마 하나님의 형상을 닮아갈 수 있는 것이다. 613개의 율법은 '행하라'는 긍정적인 법 248개와 '하지 마라'는 부정적인 법 365개로 구성되어 있다. 이 말은 하나님의 백성은 1년 365일 '하라'는 것은 행하고, '하지 말라는 것'은 행하지 않는 것이 세속과 구별된 삶이란 뜻이다. 유대인에 따르면, 인간의 뼈마디는 248개라고 한다. 율법을 온 몸의 뼛속 깊이 새기고 1년 365일 매일 행하라는 뜻이다.

현대의 기독교인도 "우리가 다 하나님의 아들을 믿는 것과 아는 일에 하나가 되어 온전한 사람을 이루어 그리스도의 장성한 분량이 충만한 데까지 이르러야"(엡 4:13) 한다. 이는 곧 그리스도의 형상을 닮아간다(Christlikeness, 엡 4:12-15)는 뜻이며 이것이 곧 기독교교육의 목적이 된다. 그렇다면 어떻게 이 목적을 이룰 수 있을까? 그 방법은 세상적인 방법이 아닌 하나님의 거룩하신 말씀대로 살아야 한다는 뜻과 일치한다.

'그리스도의 형상'은 무엇을 뜻하나? 그리스도는 하나님의 형상을 그대로 닮은 분이기 때문에 그리스도의 형상은 곧 하나님의 형상이다(고후 4:4; 골 1:15; 히 1:3). 따라서 "그리스도의 형상을 닮는다."라는 말은 곧 "하나님의 형상을 닮는다."라는 말과 동일하다. 신약의 기독교인도 영적 유대인으로서 마땅히 하나님의 형상을 닮아야 한다(엡 5:1).

유대인의 랍비는 스스로 "구원은 믿음으로 얻는다."라고 믿는다. 그리고 인간이 율법을 모두 행할 수 없다는 사실에 대해서도 그들은 "이는 하나님이 먼저 아신다."라고 말하며 "최선을 다하여 지키려는 그 의지를 하나님은 기뻐하신다."라고 말한다.

따라서 구원은 믿음으로 받지만 축복은 율법의 행함으로 받는다(신 28:1-14). 이는 신약 성도들에게도 적용되는 말씀이다. 율법을 지켜 행하려는 의지 그것이 바로 유대인이 모세의 시대부터 현재까지 3200년 동안 말씀을 전수하는 데 성공한 비밀이기도 하다.

한국 기독교교육의 가장 큰 문제점은 전통적인 '예'의 형식이 깨졌다는 점이다.
교회에서 기독교교육의 내용만 전했을 뿐
그 내용의 실천 방법을 가르치지 않았기 때문이다.
교육학적으로 기독교와 유대교의 근본 차이는
기독교는 추상적인 언어(사랑, 믿음)를 많이 사용하고
유대교는 구체적인 언어를 많이 사용하는 데 있다.

II. 인간이 지킬 수 있는 율법은
   몇 개가 적당한가

우리는 여기에서 인간이 지킬 수 있는 적당한 율법의 수에 대해서도 고민해 볼 필요가 있다. 하나님이 유대인에게 선민교육을 위해 613개의 율법을 주셨는데 그들은 율법이 너무 많아서 지키지 못했는가? 그렇다면 적당한 율법의 수는 몇 개여야 하는가? 하나님이 인간에게 몇 개의 율법을 주셨어야 인간이 그 율법들을 잘 지킬 수 있을까? 만약 하나님이 인간에게 한 가지 계명(율법)만 주셨다면 잘 지켜 죄를 짓지 않고 살 수 있었을까?

이에 대한 답으로 유대인은 인류의 조상 아담과 하와의 예를 든다. 하나님은 그들에게 오직 한 가지의 율법, "선악을 알게 하는 나무의 실과는 먹지 말라"(창 2:17)라는 계명만을 주셨다. 그런데도 아담과 하와는 그 한 가지 계명도 지키지 못하고 죄를 범하고 말았다.

여기에서 우리는 인간이 갖는 육의 한계를 엿볼 수 있다. 그리고 선민교육의 근본적인 원리 2가지를 발견할 수 있다.

첫째, 율법 아래 의인은 없나니 하나도 없다는 사실이다.

그러면 어떠하뇨 우리는 나으뇨 결코 아니라 유대인이나 헬라

아담은 한 개의 율법도 지키지 못해 범죄를 저지르고 말았다. 율법은 그 수가 많고 적음보다는 얼마나 율법을 하나님의 말씀으로 여기고 기쁨으로 잘 지킬 수 있는지가 더 중요하다. 사진은 서기관 랍비가 '쉐마교사대학'에서 양피지에 실제로 성경 말씀인 쉐마를 쓰고 있는 모습.

인이나 다 죄 아래 있다고 우리가 이미 선언하였느니라 기록한 바 의인은 없나니 하나도 없으며 깨닫는 자도 없고 하나님을 찾는 자도 없고 다 치우쳐 한가지로 무익하게 되고 선을 행하는 자는 없나니 하나도 없도다. (롬 3:9-12)

둘째, 인간이 하나님의 형상을 닮게 하기 위한 선민교육에 필요한 율법은 그 수가 많고 적음이 문제가 아니라, 왜 그 율법을 지켜야 하는지 그 당위성을 잘 가르쳐서 율법을 기쁨으로 지키려는 의지력을 키워주는 것이 더 중요하다. 율법을 기쁨으로 지킨다는 의식은 근본적으로 하나님을 경외하고 순종하여 하나님의 말씀에 순복하는 데서부터 시작된다.

  유대인 부모는 자녀에게 하나님이 주신 613개의 율법이 많아서 지킬 수 없는 것이 아니고 우리가 그것을 지키려는 의지가 없어서 지키지 못하는 것이라고 가르친다. 그렇기 때문에 하나님이 주신 소중한 613개의 율법을 기쁨으로 지켜야 한다고 가르친다. 이것이 하나님을 경외하는 삶이기 때문이다.

  물론 유대인이 율법을 더 잘 지키기 위해 과도하게 시행령(codes)을 만들어 스스로 율법의 근본 정신인 하나님의 사랑을 잃어버리고 형식에만 치우치는 오류도 있지만, 그들이 구체적으로 율법을 지키려는 의지는 칭찬할 만하다. 그리고 우리도 이것을 기독교교육에 어떻게 적용할까를 연구하여 실제적인 삶에서 실천해야 한다.

**하나님이 인간에게 한 가지 계명(율법)만 주셨다면 잘 지킬 수 있을까?
아니다.
아담과 하와는 한 가지 계명도 지키지 못하고 죄를 범했다.**

거짓말쟁이는 뛰어난 기억력을 가져야 한다.
Tokayer

유대교는 '율법의 종교'다. 계율을 지키는 충실한 유대인이라면 율법은 하나님이 주신 명령이기 때문에 모두 옳다고 해야 할 것이다. 그러나 어찌된 영문인지 유대인은 예로부터 매우 현실적이고 타산이 강했다.

그래서 모세가 시내산에서 하나님에게 받은 십계명도 그것을 믿어야 한다고 생각했기 때문에 그것을 지킨 것이라기보다는 '살인하지 마라', '도둑질 하지 마라' 등의 율법을 지키는 것이 가장 살기 쉽다는 것을 경험을 통해서 발견했기 때문에, 성스러운 가르침으로 받아들였을 것이다.

사실 성경에는 의학이나 섹스의 구체적인 방법들(How to)이 많이 있다. 성경은 세상을 살아가는 방법(처세술)에 대한 지침서이다.

도덕이란 것도 어느 세상에서나 불타는 정의감에서 나온 것이 아니라, 생활의 편리를 찾기 위해서 생긴 것이다. 그리고 유대인은 매우 현실적이고 타산적이었으므로 기독교인처럼 추상적이고 애매한 도덕보다는 율법에 대한 구체적인 인간의 행동을 정했던 것이다. 그것이 오히려 훨씬 편리하고 실질적이었다.

탈무드는 거짓말쟁이는 타산이 맞지 않는다고 가르친다. 자기가 한 거짓말을 항상 기억해야 하기 때문이다. 그래서 거짓말쟁이는 뛰어난 기억력을 가져야 한다. 이것을 뒤집어 말한 속담도 있다.

"진실을 말해서 얻는 것은 무엇을 말했는가를 기억할 필요가 없다는 것이다."

거짓말을 하게 되면 당장은 얼마의 이익이 생길 수도 있겠지만, 긴 안목으로 보면 경제적 효과도 없을 뿐만 아니라, 자기 자신을 망치게 되는 것이다.

_탈무드 5 (부제: 유대인의 격언), 동아일보, 2009

III. 가정에서 한국인 남자와 유대인 남자의 차이

유대인의 구체적인 법 실천 의지는 가정생활에서도 그대로 적용된다. 남편이 아내를 얼마나 어떻게 소중히 여기고 사랑해야 하는가를 가르친다. 유대인의 율법에는 아내가 원치 않을 때 남편이 일방적으로 욕구를 채우면 강간죄로 간주한다. 성교를 할 때도 남편이 아내에게 충분한 전희를 해서 아내를 기쁘게 해 주도록 되어 있다. 남편 혼자만 절정에 오르는 것은 금지되어 있다(Tokayer, 1989c, p. 135).

뿐만 아니라 남편은 아내를 일주일에 3번 이상 껴안아 주어야 한다. 껴안아 주는 횟수도 시간이 많은 남자와 바쁜 남자에 따라 차이가 난다. 그 밖에 언어나 행동들을 모두 구체적으로 가르친다. 자녀를 사랑하는 방법도 마찬가지다. 그렇기 때문에 유대인 가정의 아내나 자녀들은 남편이나 아버지로부터 육적이나 정신적인 상처를 받는 일이 거의 없다.

대부분 한국 남자들은 마음은 원하지만, 아내를 사랑하는 방법도, 자녀를 사랑하는 방법도 모른다. 그리고 아내와 대화하는 방법은 물론 자녀와 대화하는 방법도 잘 모른다. 아내가 바빠서 남편에게 잠시 아이를 맡기면 5분도 안 되어 울려 보내는 사람이 많다. 이로 인해 빚어진 서로 간의 상처 때문에 가정 문제는 엄청나게 심각하다. 이는 한국 남자들이 나빠서가 아니라 추상적으로 "아내를 사랑하라!", "자녀를 사랑하라!"는 말만 듣고 어떻게 사랑해야 하는지 부모나 교회에서 배우지 못했기 때문이다. 상대적으로 일본인이나 백인들은 여성 사랑하는 방법을 잘 배워 실천한다.

과거에는 한국 사회 전체가 가부장적인 구조였기 때문에 여성들이나 자녀들이 불만이 있어도 다 그런 줄 알고 혼자 삭이고 살았다. 그러나 시대가 달라졌다. 한 발짝만 밖으로 나가거나 인터넷을 뒤지면 비교의 대상이 얼마든지 있기 때문에 한국 부부의 이혼율이 높아지고 있다.

현재 미국의 아시아계 여성 중 한국 여성의 국제 결혼율이 가장 높다. UCLA 사회학과 루시 챙 교수와 칼 폴리 샌루이스 오비스포대 인종학과 필립 양 교수의 공동연구 논문에 의하면, 미국에서 태어난 25~34세 연령대의 한국 여성의 경우 타인종과 결혼한 비율이 71%로 나타났다. 이는 중국계 56%, 일본계 68%, 필리핀계 65%, 베트남계 33%보다도 높은 비율이다(중앙일보 미주판, 1997년 2월 14일).

한국의 젊은 여성들이 타인종과 결혼을 하는 이유는 물론 그들이 미국의 수평문화에 물들어 타인종의 여성보다도 더 개방적이기 때문이기도 하다. 그러나 그들을 무조건 나무랄 수 없는 대목도 있다. 저자의 주변에 있는 타인종과 결혼한 몇몇 한국인 2세 여성들에 의하면, "집안에서 아버지가 어머니에게 하는 모습을 보아 오면서, 나는 그런 지겨운 결혼생활을 하고 싶지 않았기 때문이다."라고 말한다. 타인종 남성과 결혼한 여성 대부분은 학벌이 월등히 높고 똑똑하고 대단한 미모를 지녔다. 한인 사회에서 이들을 잃는 것은 분명 한국 민족

한국인 남자들은 구체적으로 아내와 자녀 사랑법을 배우지 못해 본의 아니게 가족들의 마음에 상처를 줄 수 있다. 사진은 쉐마지 도자클리닉에서 토론하는 지도자들.

▲ 위에 김진섭 박사(백석대) 이근수 목사(서울홍성교회) 윤희주 목사(대구성덕교회) 정지웅 박사(서울대).

▼ 아래에 왼쪽에서 두 번째 김지자 박사(서울 교육대)가 보인다.

의 손실이다.

　현재 한국 교육의 과제 중 하나가 교육의 내용보다는 교육의 형식, 즉 구체적인 예의를 정립하여 가르치는 일이다. 문제는 유대인에게는 뚜렷한 율법이 있는데 신약의 성도에게는 구약의 율법 중 어느 것은 유효하고, 어느 것은 유효하지 않은지 뚜렷한 기준도 없거니와 연구도 제대로 되어 있지 않다는 점이다. 이 또한 앞으로 쉐마교육연구원이 정리해야 할 중요한 사명 중 하나다.

유대인의 율법에서는 남편 혼자만 절정에 오르는 것을 강간죄로 간주한다.
그리고 남편은 아내를 일주일에 3번 이상 껴안아 주어야 한다.
한국 남편에 비해 유대인 남편은 아내와 자녀를
구체적으로 사랑하는 방법을 배워 실천한다.

> 하나님은 인간의 마음을 먼저 보고, 그 다음 그의 두뇌를 본다.
> _마빈 토카이어의 유대인 격언집

제3장

전인교육적 측면에서 본 바울 연구

I. 바울의 아픔, 유대교에서 기독교로
II. 이면과 표면, 마음의 할례와 육신의 할례: 바울의 예
III. 회심 이전의 바울은 유대인 자녀교육을 잘못 받았나

I. 바울의 아픔, 유대교에서 기독교로

정통파 유대인이었던 바울은 다메섹 도상에서 예수님을 만나는 역사적 사건을 체험했다(행 9:1-9). 그리고 유대인이 핍박했던 예수님이 그리스도, 즉 자기 민족이 그토록 기다리던 메시아라는 진리(행 9:22; 고전 2:1-4, 15:1-4)를 깨닫고 뛸 듯이 기뻐했다. 이를 가장 먼저 전하고 싶었던 사람들이 누구이겠는가? 동족 유대인들이었다. 왜냐하면 구원은 유대인에게서 났기 때문이다(요 4:22). 따라서 바울은 유대인이 구원에 참여하고 그 후에 이방인이 하나님의 부름을 받는 것을 원칙으로 했다(행 3:26; 롬 1:16, 2:10).

바울은 이 원칙에 의거하여 가는 곳마다 안식일에는 회당에 들어가 먼저 유대인을 상대로 설교했다(행 9:20, 13:14, 14:1, 17:1, 10, 17, 18:4, 19, 19:8)(이상근, 사도행전, pp. 194, 206, 264). 유대인들에게 이는 복음(Good News)이었기 때문이다. 사실 바울은 기독교의 탄생을 꿈에도 생각하지 못했다. 바울은 물론 일부 신학적인 부분을 수정한 뒤 유대인들에게 예수님이 그리스도라는 사실을 전하여 유대교의 뿌리 속에서 유대교의 역사와 전통을 그대로 이어나가기를 원했다.

그런데 문제가 생기기 시작했다. 유대인 회당을 찾기만 하면 일부는 바울이 전한 복음을 믿었지만 대다수는 마음이 굳어 바울의 복음에 반대했다(행 13:45, 14:2, 19, 17:5, 13, 18:12). 그리고는 바울을 번번이 회당에서 쫓아냈다. 고린도에서는 복음 증거의 장소를 회당에서 유스도의 집으로 옮겼다(행 18:7). 그리고 유대인들이 바울을 이단으로 몰아 핍박하기 시작하자, 그들을 떠나겠다고 몇 번이나 선언했다(행 13:45, 18:5).

> 안식일마다 바울이 회당에서 강론하고 유대인과 헬라인을 권면하니라 실라와 디모데가 마게도냐로서 내려오매 바울이 하나님의 말씀에 붙잡혀 유대인들에게 예수는 그리스도라 밝히 증거하니 저희가 대적하여 훼방하거늘 바울이 옷을 떨어 가로되 너희 피가 너희 머리로 돌아갈 것이요 나는 깨끗하니라 이 후에는 이방인에게로 가리라 하고 거기서 옮겨 하나님을 공경하는 디도 유스도라 하는 사람의 집에 들어가니 그 집이 회당 옆이라. (행 18:4-7)

바울은 에베소의 지방 전도 이후(롬 19:9) 3개월간의 회당 전도를 끝내고 때가 이르렀다고 생각하여 유대인 회당에서 복음 전파 방식을 고치는 큰 결단을 했다. 장소를 두란노 서원으로 잡고 이방인에게 복음을 전파했다. 그 뒤 그곳에서 2년간이나 복음을 전했다. 바울의 아시아 선교의 절정기였다. 이는 신구약 기독교 역사에 획기적인 사건이 아닐 수 없다(이상근, 사도행전, p. 276).

> 그 다음 안식일에는 온 성이 거의 다 하나님 말씀을 듣고자 하여 모이니 유대인들이 그 무리를 보고 시기가 가득하여 바울의

인성교육에는 내용과 형식이 필요하다. 유대인은 이를 철저히 구분하여 체계적으로 가르친다. 따라서 좋은 인성을 키우기 위해 절기교육은 필수다. 사진은 정통파 유대인 소년이 초막절 식사 전 초막 밖에서 손을 씻는 예식을 하는 모습.

말한 것을 변박하고 비방하거늘 바울과 바나바가 담대히 말하여 가로되 하나님의 말씀을 마땅히 먼저 너희에게 전할 것이로되 너희가 버리고 영생 얻음에 합당치 않은 자로 자처하기로 우리가 이방인에게로 향하노라 주께서 이같이 우리를 명하시되 내가 너를 이방의 빛을 삼아 너로 땅 끝까지 구원하게 하리라 하셨느니라 하니 이방인들이 듣고 기뻐하여 하나님의 말씀을 찬송하며 영생을 주시기로 작정된 자는 다 믿더라. (행 13: 44-48)

이는 무엇을 뜻하는가? 바울이 유대교와 결별했음을 뜻한다. 바울은 전 세계에 기독교인의 수가 불과 몇 명밖에 되지 않는 환경에서 외롭게 그리고 험난한 새로운 길을 가야 하는 환경에 처한다. 예수님은 기독교의 핵심이지만 예수님을 중심으로 한 기독교라는 또 하나의 종교를 개척해 나가는 지도자일 수밖에 없었다.

바울은 유대교에서 가르쳤던 대망의 메시아가 예수님인데도 불구하고 사람들이 그분을 알아보지 못하는 안타까움에 떨었다. 너무나 사랑했던 동족 유대인. 아브라함 때부터 2200년간 하나님의 '말씀 맡은 자'로 하나님의 사랑을 독차지하고도 정작 새 시대에 인류 구원을 위한 복음에는 눈이 어두운 유대인. 바울은 하나님을 믿는다고 하면서도 표면적 유대교의 율법주의에 물든 그들의 잘못을 낱낱이 공격하며, 새롭게 구약의 뿌리에 기초한 복음, 복음에 기초한 구약의 구속사적 재해석, 즉 기독교 신학을 정리했다. 구약에 희미했던 구원의 역사를 거울을 보듯이 파헤쳤다(고후 3:18). 기독교의 태동은 이렇게 시작된다. 그 후 유대교와 기독교의 결별은 2천 년간이나 지속되었다.

그들에게 그토록 핍박을 당했으면서도 동족 유대인에 대한 사랑은 항상 연민의 정으로 남아 있었다(롬 9:1-3). 바울은 3차 전도여행의 총결산으로 로마에서 구약과 신약의 유대인과 이방인의 구원사적 관계를 총정리했다(전 로마서 11장 참조).

먼저 믿어야 할 유대인이 거부하여 대신 구원이 이방인에게 미치고, 이방인의 수가 차면 유대인도 시기하여 예수님을 구주로 믿고 온 이스라엘이 이방인 기독교인과 함께 구원을 받아 대단원을 이룬다는 내용이다(롬 11:25-26, 로마서 11장 참조). 유대인이 복음에 순종치 않은 결과로 구원이 이방인에게 풍부해졌으나, 하나님이 이방인에 주셨던 그 긍휼이 이스라엘 백성에게 되돌아가 구원을 받는다(롬 11:30-31).

바울은 여기에서 돌감람나무였던 이방 기독교인은 유대인이셨던 예수님 때문에 구약의 유대인인 참감람나무 뿌리의 진액을 함께 받는 자가 되었으므로(롬 11:17), 복음의 뿌리인 유대인에 대한 우월감을 버리고 "높은 마음을 품지 말고 도리어 두려워하라"고 경고한다(롬 11:20).

> 내가 이방인인 너희에게 말하노라… 이는 곧 내 골육을 아무쪼록 시기케 하여 저희 중에서 얼마를 구원하려 함이라… 제사하는 처음 익은 곡식 가루가 거룩한즉 떡덩이도 그러하고 뿌리가 거룩한즉 가지도 그러하니라 또한 가지 얼마가 꺾여졌는데 돌감람나무인 네가 그들 중에 접붙임이 되어 참감람나무 뿌리의 진액을 함께 받는 자 되었은즉 그 가지들을 향하여 자긍하지 말라 자긍할지라도 네가 뿌리를 보전하는 것이 아니요 뿌리가 너를 보전하는 것이니라 그러면 네 말이 가지들이 꺾이운 것은 나로 접붙임을 받게 하려 함이라 하리니… 높은 마음을 품지 말고 도리어 두려워하라 하나님이 원 가지들도 아끼지 아니하셨은즉 너도 아끼지 아니하시리라. (롬 11:13-21)

만약 2천 년 전에 유대인이 예수님을 받아들였다면 어떻게 되었을까? 이방인에 대한 구원이 이처럼 활발하게 전파될 수 있었을까? 이방인에 대한 유대인의 우월감이 복음 전파에 방해되지 않았을까? 대부분의 초대교회 유대인들이 이방 선교에 그처럼 열심을 다할 수 있었을까?

유대인은 누구인가? "복음으로 하면 기독교인을 인하여 원수된 자요, 택하심으로 하면 조상들을 인하여 사랑을 입은 자이다"(롬 11:28). 2천 년이 지난 후 이 말씀을 상고해 보면 하나님의 주권적인 구속의 역사의 비밀에 다시 한번 감탄하며 감사하지 않을 수 없다. 만약 바울이 로마서 11장을 쓰지 않았다면 유대인과 이방인과의 관계가 얼마나 큰 혼돈에 빠질 것인가? 성경 말씀 속에서 하나님의 섭리를 절감한다. "깊도다. 하나님의 지혜와 지식의 부요함이여!"(롬 11:33).

이제 주님의 재림을 준비하면서 기독교인은 유대인을 다시 생각해야 한다. 기독교인은 어떤 마음을 품어야 할 것인가? 유대인과 기독교인은 원수가 아니라 창세부터 종말까지 하나님의 구원의 역사를 이루는 동반자라는 생각을 가져야 한다. 이런 면에서 종말을 준비하는 기독교인은 "유대인에게는 구원을 위해 복음이 필요하고 기독교인에게는 유대인의 선민교육이 필요하다."는 사실을 인식하고 쉐마교육 운동에 참여해야 한다.

바울은 기독교의 탄생을 꿈에도 생각지 못했다.
유대인들에게 예수님이 메시아라는 사실을 전하여
유대교의 뿌리 속에서 유대교의 역사와 전통을 그대로 이어 나가기를 원했다.
그런데 유대교와 동족을 떠나야 하는 바울의 아픔이 어떠했겠는가?

II. 이면과 표면, 마음의 할례와 육신의 할례: 바울의 예

1. 바울의 회심 전과 후의 이면(교육의 내용)과 표면(형식)

교육의 내용(사랑)만 있고 형식(예, 禮)이 없는 것도 문제지만, 교육의 내용이 없거나 잘못되었는데 형식만 붙잡고 있는 것도 문제다. 교육의 내용(사랑)이 추상적 이론이라면, 교육의 형식(예)은 구체적 실천이다. 이 2가지가 조화를 이루어야 질 좋고 수준 높은 인성교육의 상승효과가 나타난다.

만약 둘 중 한 가지만 강조하거나 혹은 하나만 있다면 어떻게 되겠는가? 실천이 없는 이론은 생명력이 없고, 이론이 없는 실천은 경솔하다.*

신약 성경에는 종교 지도자들이 교육의 내용보다 형식을 자랑하다가 예수님의 책망을 받는 장면이 여러 번 나온다. 예수님 당시 유대인 지도자들은 율법의 정신적인 '내용' 보다는 율법의 '형식'에 더 치우

---

* 미국에서 태어난 많은 한인 2세들이 일류학교를 나오고도 70% 이상 미 주류사회 진출에 실패했으나 고홍주 박사(예일 대학교 법대 학장, 2004년)가 미국에서 태어나 승승장구한 것은 그가 가정에서 IQ교육 이전에 수준 높은 한국인 기독교인의 인성교육을 받았기 때문이다. 따라서 그는 미국에 인종차별의 벽은 없다고 말한다.

치는 오류를 범했다. 예수님은 그들의 외식적인 행위를 책망하셨다. 예수님은 겉(표면)은 거룩하나 실제 내면이 썩은 사악한 사람들을 향하여 "회칠한 무덤"(마 23:27-28)이라고 책망하셨다. 이는 한국의 고전 작가 박지원이 지은 한문 소설 《양반전》에서 양반의 내면적 본질은 외면한 채 외형적 허례허식만을 일삼는 양반을 비평한 것과 같다(동아 대국어사전, 1983, p. 746).

정통파 유대인이었던 사도 바울은 이러한 오류를 지적하기 위해 '이면적 유대인'과 '표면적 유대인'이란 용어를 사용했다(롬 2:28-29). 유대인의 할례도 마음의 할례가 우선적으로 중요하다는 것을 강조하기 위해서다. 마음의 할례 없이 육신의 할례만 받은 자는 표면적 유대인에 불과하기 때문이다.

이러한 사람은 경건의 모양은 있으나 경건의 능력은 부인하는 자다 (having a form of godliness but denying its power. NIV)(딤후 3:5). 따라서 표면적 유대인은 유대인이 아니요, 이면적 유대인이 참 유대인이다. 이 말씀은 이면적 마음의 할례 없이 표면적 육신의 할례만을 자랑하는 유대인이 가증스럽다는 뜻이다.

이제 사도 바울을 모델로 삼아 그의 성화 과정을 예수님을 만나기 전과 후로 나누어 이면과 표면의 변화에 대해 알아보자. 성육신이 되어 세상에 오신 예수님은 근본 하나님의 본체시며(빌 2:6), 보이지 아니하시는 하나님의 형상(골 1:15)이다. 따라서 예수님은 인간이셨지만 자신 있게 "나를 보는 자는 나를 보내신 이(하나님 아버지)를 보는 것이다"(요 12:45, 14:9)라고 말씀하실 수 있었다. 실제로 예수님을 본받으면 하나님을 본받는 자가 되는 것이다.

대부분의 사람들은 자신의 부족함 때문에 "하나님이나 그리스도를

바울도 2천 년 전 이런 형식을 갖춘 기도를 드렸다. 그리고 율법에 흠이 없었다. 그러나 그는 형식주의, 즉 율법주의에 매여 교육의 내용인 마음이 썩어 있었다. 그는 예수님을 만나 이면적 마음이 청결하게 된 뒤로 안팎이 나무랄 데 없는 양반 기독교인이 되었다. 사진은 이마와 팔에 쉐마의 경문을 매고 기도하는 유대인.

본받으라."라고는 말하기 쉬워도 함부로 "나를 본받으라."라고 말하기는 힘들다. 자기 스스로 생각할 때 너무나 부족하기 때문이다. 목사의 고민도 바로 여기에 있다. 그런데 인간 중에 유일하게 바울은 예수님을 만난 뒤 성도들에게 "너희는 내게 배우고 받고 듣고 본 바를 행하라(Whatever you have learned or received or heard from me, or seen in me, put it in practice)"(빌 4:9)고 말했다. 그리고 "내가 그리스도를 본받는 자 된 것 같이 너희는 나를 본받는 자 되라(Follow my example, as I follow the example of Christ)"(고전 11:1; 빌 3:17)라고 자신 있게 말했다. 이 말씀은 자신을 본받으면 그리스도를 본받는 것과 동일하다는 뜻이다. 바울은 이에 대해 데살로니가 교인들과 하나님을 증인으로 내세웠다.

우리가 너희 믿는 자들을 향하여 어떻게 거룩하고 옳고 흠 없
이 행한 것에 대하여 너희가 증인이요 하나님도 그러하시도다.
(살전 2:10)

과연 바울은 우리와 무엇이 달랐기에 그렇게 자신 있게 자신을 본받으라고 말할 수 있었는가? 바울은 예수님을 구주로 영접하기 이전에는 혈통적 유대인이었다. 베냐민 지파에 속해 있었고, 율법으로는 바리새인이었으며, 율법의 의(Legalistic Righteousness)로는 613개의 율법에 흠이 없는 자였다(빌 3:5-6). 당시 명망 높았던 유대인 스승 가말리엘 문하에서 유대인 조상들의 까다롭고 엄한 율법교육을 받았고(행 22:3), 학문적으로는 희랍 다소 출신의 최고 엘리트였다.

바울의 이러한 이력서는 무엇을 뜻하는가? 그는 유대인 혈통에서 할례 받은 정통파 유대인으로서 율례와 법도에 그리고 학문적으로, 즉 표면적으로는 흠이 없는 자였다. 한국식으로 말하면, 그는 양반교육과 현대 교육을 균형 있게 잘 받아 경건한 언행과 논리력을 갖추고 있어 외형적으로는 완벽하고 허점이 없는 사람이었다.

그렇다면 그는 어디에 문제가 있었는가? 그의 속마음인 이면이 문제였다. 즉, 표면적 유대인으로는 완벽하나 이면적 속마음은 죄악 투성이였다. 교육의 형식면에서는 완벽했으나, 교육의 내용면에서는 문제가 많은 사람이었다. 외식적인(겉치레) 율법주의자였기 때문이다. 즉, 그는 경건의 모양은 있으나 경건의 능력은 부인하는 자였다.

바울의 이러한 이면적인 문제점은 다메섹 도상에서 예수님을 만나고 예수님을 그리스도로 영접함으로 모두 해결되었다. 그는 예수님을 만나기 전에는 자신이 의인인 줄 알았다. 그는 남보다 우월한 자신의

율법적 행위로 교만해졌다. 그러나 그가 예수님을 만난 뒤 성령의 조명으로 자신의 죄악이 적나라하게 드러나자 "오호라 나는 곤고한 사람이로다 이 사망의 몸에서 누가 나를 건져내랴"(롬 7:24)라고 한탄했다.

자신이 죄인임을 통감했다. 자신의 모든 죄를 주님의 십자가에 맡기면서 성령을 받아 새 사람이 되었다. 그리고 혈과 육이 십자가에 못 박히면서 겸손하게 되었다. 그 뒤 그는 이면도 깨끗해지고 표면의 행위도 흠이 없는 사람으로 변하기 시작했다. 즉, 경건의 모양과 함께 경건의 능력도 겸비한 사람이 되었다.

다시 말하면, 바울의 표면은 원래 잘 다듬어졌는데 그의 이면이 잘 못되었으나, 예수님을 만난 뒤 이면도 깨끗해졌으므로 안팎으로 흠이 없는 사람이 되었다. 그렇기 때문에 그는 성도들에게 "내가 그리스도를 본받는 자 된 것 같이 너희는 나를 본받는 자 되라"(고전 11:1)고 자신 있게 말하게 되었다. 이는 보통 사람이 하지 못 하는 말이다.

교육의 내용과 형식을 기독교의 구원론에 적용해 보자. 비기독교인이 구원을 받기 위한 방법은 무엇인가? 예수님이 십자가에서 이루신 구원의 복음을 마음으로 믿어 의에 이르고 입으로 시인하면 된다(롬 10:10). 그 후에는 천국에 갈 수 있다. 그런데 교회에서는 여기에 그치지 않고 구원받은 기독교인에게 세례 예식을 치르게 한다. 그 이유는 무엇인가? 세례는 구원하는 표다(벧전 3:21). 따라서 믿음으로 구원받는 것이 교육의 내용이라면 세례 예식은 교육의 형식에 속한다.

바울은 전자를 이면, 후자를 표면이라고 표현했다(롬 2:28). 이면은 마음의 할례를 뜻하고 표면은 육신의 할례를 뜻한다. 그리고 바울은 형식인 표면보다는 이면이 더 중요하다고 강조한다.

> 오직 이면적 유대인이 유대인이며 할례는 마음에 할지니 신령에 있고 의문에 있지 아니한 것이라 그 칭찬이 사람에게서가 아니요 다만 하나님에게서니라. (롬 2:29)

바울은 아브라함을 예로 들면서 그의 이면의 의가 표면의 할례 이전의 사건임을 강조했다.

> 저가 할례의 표를 받은 것은 무할례 시에 믿음으로 된 의를 인친 것이니 이는 무할례자로서 믿는 모든 자의 조상이 되어 저희로 의로 여기심을 얻게 하려 하심이라. (롬 4:11)

아브라함의 '믿음으로 된 의'가 교육의 내용이라면 아브라함이 받은 '할례'는 교육의 형식이다. 여기에서 우리는 바울이 강조하는 순서를 읽을 수 있다. 이면인 구원이 먼저이고 그 표가 바로 할례, 즉 세례란 뜻이다. 따라서 인간에게는 올바른 교육을 위해 이면만 필요한 것이 아니고, 그 이면을 나타내는 교육의 형식인 표면도 필요하다는 것을 명심해야 한다.

**교육의 내용(사랑)이 이론이라면, 교육의 형식(예)은 실천을 위한 것이다.
바울이 기독교인의 모델이 된 것은 회심한 뒤
이 2가지를 모두 가졌기 때문이다.
실천이 없는 이론은 생명력이 없고, 이론이 없는 실천은 경솔하다.**

2. 바울과 베드로의 이면(교육의 내용)과 표면(형식) 비교

여기에서 우리가 주목해야 할 것은 바울이 예수님을 만나기 이전에 받았던 표면의 경건 훈련은 나이가 들면서 자연히 된 것이 아님을 알아야 한다. 어려서부터 마땅히 행할 길을 까다롭고 철저하게 교육 받았기 때문에 나이 들어서도 그것을 습관적으로 지켜 행하고 있었다는 점이다. 위에서 언급한 대로 바울은 율례와 법도에 흠이 없을 정도였으며 세상 고등학문을 모두 마친 엘리트였다.

그렇기 때문에 바울은 회심한 이후 성화의 과정이 거의 수직상승하여, 단시간에 이면과 표면이 성숙한 모습을 보여 줄 수 있었다. 그는 스승인 그리스도의 형상(하나님의 형상)을 너무나 빨리 닮았다. "제자가 그 선생보다 높지 못하나 무릇 온전케 된 자는 그 선생과 같으리라"(눅 6:40).

이에 반하여 베드로는 어떠한가? 바울은 예수님을 다메섹으로 가는 길에서 잠깐 뵈었지만, 베드로는 예수님과 3년 간이나 동고동락했다. 그리고 예수님에게서 직접 모든 것들을 배운 수제자다. 그뿐만 아니라 오순절에 마가의 다락방에서 놀라운 성령 충만함을 받았다. 예수님에게 직접 배운 경력이나 영적으로는 바울보다 훨씬 더 자랑할 만하다.

그런데도 왜 그는 성화의 과정에서 전진과 퇴보(Back Sliding)를 반복했는가? 그리고 왜 여러 사람 앞에서 바울한테 책망을 받았는가? (갈 2:11-14) 그 이유는 그의 이력이 바울과 다른 데서 찾을 수 있다. 베드로는 시골 지방 갈릴리 출신 어부였다. 단순 노동을 하여 고등교육을 받지 못했다. 즉 어려서부터 전통적인 양반교육을 받지 못했다. 결

바울이 베드로보다 더 큰 사역을 할 수 있었던 것은 그가 베드로보다 유대주의 수직문화 교육과 율례와 법도교육을 더 체계적으로 잘 받아 그리스도의 좋은 군사가 되었기 때문이다. 사진은 정통파 유대인 소년이 성년식 전에 이마와 팔에 경문 상자 매는 법을 아버지에게 배우는 모습.

과적으로 바울은 교육의 형식이란 그릇 준비를 어려서부터 크고 견고하게 그리고 아름답게 잘했고, 베드로는 바울보다 잘하지 못했기 때문에 바울이 베드로보다 더 크게 쓰임 받았다. 이것은 무엇을 뜻하나? 인간은 예수님을 믿은 이후에도 어려서부터 훈련받아 형성된 인격적 태도가 성화의 과정에서 그대로 나타난다는 것을 보여 준다.

한국에서는 "양반이 예수님을 믿으면 양반 기독교인이 되고, 상놈이 예수님을 믿으면 상놈 기독교인이 된다."고 말한다. 우리도 자녀들에게 속사람뿐 아니라 겉사람의 모양도 잘 교육시켜 착한 행실로 세상에 그리스도의 빛을 비추기에 충분하도록 해야 한다(마 5:16). 어려서부터 워낙 들사람처럼 키워 놓으면 설사 예수님을 영접했다 하더라도 그의 표면, 즉 잘못된 교육의 형식(습관)이 쉽게 변하는 것이 아니라는 점을 명심해야 한다.

　결론적으로 교육의 내용(사랑)만 있고 형식(예, 禮)이 없는 것도 문제지만, 교육의 내용이 없거나 잘못되었는데 형식만 붙잡고 있는 것도 문제이다. 그리고 더 큰 문제는 교육의 내용도 없고 형식(예, 禮)도 없는 것이다. 현대는 이러한 위험한 상황으로 줄달음치고 있다. 이를 막지 않으면 교육의 미래는 암담하기만 하다.

바울은 어려서부터 교육의 형식이란
그릇을 크고 견고하고 아름답게 준비했고,
베드로는 바울보다 잘하지 못했기 때문에
성화의 과정에서 전진과 퇴보를 반복했다.
그 결과 바울이 베드로보다 더 크게 쓰임 받았다.

III. 회심 이전 바울은 잘못된 유대인 자녀교육을 받았나

바울은 베냐민 지파로 태어나 3세부터 율법 공부를 시작하여 소위 '혼에 새겨두는', '율법 맡은 자(성년식)'가 되었다(행 22:3; 빌 3:5). 율법으로는 바리새인이었다(빌 3:5). 그는 과거 그리스도를 모르던 사울이었을 때에는 기독교인을 핍박하던 율법주의자였다(그는 그리스도를 구주로 영접한 후 '높다'란 뜻의 '사울' 대신 '낮다'란 뜻의 '바울'로 이름을 바꾸었다).

왜 유대인 교육을 받은 사람이 율법주의자가 되었고 이방인인 기독교인을 그렇게도 핍박하였는가? 그의 행동은 분명 잘못된 것이었다. 그렇다면 그가 받은 유대인 자녀교육이 잘못된 것은 아닌지 몇 가지 의구심이 생긴다. 이를 질문과 답변 형식으로 정리해 보자.

질문 1: 바울이 기독교인이 되기 전에 받았던 유대인 자녀교육은 잘못된 것이었나? 잘못되었다면 무엇이 잘못되었나?

답 1: 일부분은 그렇다. 그는 성경적인 유대인 자녀교육을 받은 것이 아니고 유대인 자녀교육만 받았다. 왜냐하면 성경적인 유대인 자녀교육을 제대로 받은 인물들은 사무엘, 다윗, 다니엘, 예레미야,

에스라, 예수님 및 니고데모 등 수없이 많다.

결국 유대인이나 신약의 기독교인이나 누구든지 행위에 문제가 드러난다면, 그것은 말씀에 대한 실천의 문제다. 구약(율법)식의 교육이냐 신약식의 교육이냐의 문제가 아니라, 구약이나 신약이나 그 성경의 말씀대로 살지 않는 데 문제가 있는 것이다. 바울도 유대인을 꾸짖을 때 하나님을 빙자하면서도 율법대로 살지 않는 외면적 유대인의 잘못된 점을 지적했다(롬 2:17-25). 바울은 하나님을 빙자하면서 율법(성경)대로 살지 않는 형식적인 율법주의자들 때문에 "하나님의 이름이 이방인 중에서 모독을 받는도다"라고 말했다(롬 2:24).

유대인이라 칭하는 네가 율법을 의지하며 하나님을 자랑하며 율법의 교훈을 받아 하나님의 뜻을 알고 지극히 선한 것을 좋게 여기며 네가 율법에 있는 지식과 진리의 규모를 가진 자로서 소경의 길을 인도하는 자요 어두움에 있는 자의 빛이요 어리석은 자의 훈도요 어린아이의 선생이라고 스스로 믿으니 그러면 다른 사람을 가르치는 네가 네 자신을 가르치지 아니하느냐 도적질 말라 반포하는 네가 도적질하느냐 간음하지 말라 말하는 네가 간음하느냐 우상을 가증히 여기는 네가 신사 물건을 도적질하느냐 율법을 자랑하는 네가 율법을 범함으로 하나님을 욕되게 하느냐 기록된 바와 같이 하나님의 이름이 너희로 인하여 이방인 중에서 모독을 받는도다 네가 율법을 행한즉 할례가 유익하나 만일 율법을 범한즉 네 할례가 무할례가 되었느니라. (롬 2:17-25)

질문 2: 왜 바울은 다윗이나 예레미야처럼 되지 않고 표면적 유대인, 즉 율법주의자가 되었는가?

답2: 그 이유는 바울이 율법의 정신인 사랑(EQ) 없이 율법의 형식(IQ)에만 매달렸기 때문이다. 이러한 현상은 예수님 당시 타락한 시대에 많이 나타난 현상이다. 사랑(EQ) 없이 율법(형식, IQ)만 강조할 경우 자만에 빠져 남을 괴롭힐 수 있다. 이것은 '유대인 자녀교육'은 될지 모르지만 '성경적인 유대인 자녀교육'은 아니다. 신약적으로 설명한다면, 율법과 은혜, 말씀과 성령이 함께 균형을 이루어야 하는데 성령의 은혜 없이 말씀만을 강조한다면 율법주의자가 될 수 있는 소지가 많다.

현재도 성경을 많이 안다고 하는 사람들 중에서 자신만이 의인인 것처럼 교만하며 까다롭고 남을 정죄하는 율법주의자가 많은 것과 같은 맥락이다. 따라서 기독교인은 말씀의 바탕 위에 성령을 받아야 이면적 사랑(EQ)의 사람이 잘 될 수 있다.

이러한 개념은 구약이나 신약이나 원칙적인 면에서는 동일하다. 토라도 표면적 할례보다는 이면적 할례, 즉 마음의 할례(EQ)를 더 강조했다. "네 하나님 여호와께서 네 마음과 네 자손의 마음에 할례를 베푸사 너로 마음을 다하며 성품을 다하여 네 하나님 여호와를 사랑하게 하사 너로 생명을 얻게 하실 것이다"(신 30:6). 선지자 예레미야도 이스라엘 백성의 마음의 할례를 강조하였다(렘 9:26).

따라서 바울이 쓴 "대저 표면적 유대인이 유대인이 아니요 표면적 육신의 할례가 할례가 아니라, 오직 이면적 유대인이 유대인이며 할례는 마음에 할찌니 신령에 있고 의문(the written codes: 율법사들이 후에 정한 율법의 세부적인 시행령)에 있지 아니한 것이라"(롬 2:28-29)라는 말씀은 새로운 말씀이 아니라 구약에 근거한 말씀인 것이다.

구약이건 신약이건 과거나 현재나 율법주의자는 있게 마련이다. 현재도 율법주의자인 IQ 랍비나 IQ 목사가 있는가 하면, 성경 말씀대로 사는 EQ 랍비나 EQ 목사가 있다고 본다.

신약에서 예를 들면, 예수님이 말씀하신 탕자의 비유(눅 15:11-32)에서 맏아들로 나오는 인물이 바로 율법주의자이다. 맏아들은 아버지에게 자신이 행했던 율법의 의를 내세워 아버지의 재산을 가지고 가출하여 허랑 방탕하게 살았던 탕자 동생을 용납하지 않았다. 그는 아버지의 집에서 율법을 잘 지킨 효자 같지만 그에게는 죄인의 모습으로 서 있는 동생에 대한 사랑(EQ)이 없었다. 이것이 아버지의 큰 근심거리였다.

그러므로 아버지에게는 맏아들과 둘째 아들 모두 문제아였다. 즉, 둘째 아들이 집 밖의 탕자였다면, 맏아들은 집 안의 탕자였다. 맏아들은 당시 예수님을 괴롭혔던 바리새인과 서기관을 지칭한다. 또한 예수님을 영접하기 이전의 바울의 모습이기도 하다.

질문 3: 바울의 예로 보아 유대인 자녀교육이 실패한 방법 같기도 한데 정말 그런가? 그래도 바울이 받은 유대인 자녀교육에서 본받을 점이 있다면 무엇인가?

답3: 성경적인 유대인 자녀교육을 안 시키고 유대인 자녀교육만 시킬 경우 부분적으로 실패할 수 있다. 그래도 유대인 자녀교육이 본받을 점이 있다면 어떤 것일까?

바울의 예를 보자. 그는 일단 교육학적으로 4분의 3은 성공했다고 보아야 한다. 그 이유는 무엇인가? 그는 인생의 재미를 추구하는 수평문화를 멀리하고, 인생의 의미를 찾는 수직문화의 사람이었기 때문이다. 그는 깊이 있고 변하지 않는 사상과 철학을 갖고 인간의 뿌리를 중요시 여기는 사람이었다. 그리고 전인교육의 지·정·의(知情意) 중에서 지(知, 율법, IQ+지혜) 교육과 의지 교육(意志 敎育: 수직 문화와 고난의 역사 교육)에 성공한 사람이었다. 다만 정(情, EQ) 교육에만 실패했다.* 후에 그리스도를 만나 성령을 받은 후에 정(情, EQ)도 회복되었다.

바울은 조상으로부터 내려오는 말씀(율법)을 전수받는 데는 성공했다. 그가 쓴 서신에 수많은 구약 성경을 열거하며 그 말씀을 그리스도 중심으로 재해석하는 모습에서 그가 얼마나 조상들의 율법을 잘 전수받았는지 알 수 있다.

일단 그가 토라의 '말씀 맡은 자'(롬 3:2)가 되었기 때문에 성령을 받은 후에도 더욱 크게 쓰임받을 수 있었다. 그리고 그는 유대인 교육에 의해 하나님의 말씀의 측면에서뿐 아니라 교육의 내용과 형식적인 면에서도 훌륭한 인물이 될 수 있었다. 그는 수직문화의 사람이 되어 하나님을 사랑하고 진리를 사모하는 사람으로 성장했다. 그는 인생의 재미보다는 인생의 의미를

---

* 제2권 제4부 제1장 II. '지·정·의(知情意)에서의 EQ의 위치' 참조.

찾는 사람이었다. 그리고 이 땅의 수평문화, 즉 쾌락문화에 물 들어 타락하지 않았다.

이는 목회자의 자녀들이 형식적으로 교회에 다니는 것 같지만, 나중에 성장하여 그 교육의 형식에 교육의 내용인 성령 충만함을 받아 교육의 형식과 내용이 겸하게 되면 하나님을 위해 크게 쓰임받는 것과 같은 논리이다.

따라서 수직문화는 인간의 내면적 그릇을 형성하는 데 도움을 주고, 교육의 형식은 인간의 외면적 그릇을 형성하는 데 도움을 준다. 인간의 내면적 그릇은 그의 성품과 인격, 즉 내면적 질(質)을 말하고 인간의 외면적 그릇은 그의 모양 및 예의, 즉 외면적 형태를 말한다. 크고, 흠 없고, 아름답고, 튼튼한 그릇을 준비해야 성령을 받아도 예수님을 위해 충성된 종이 될 수 있다.

질문 4: 저자의 저서 '성경적 유대인 자녀교육(Biblical Family Education), IQ는 아버지 EQ는 어머니 몫이다' 시리즈의 내용대로 가르친다면 예수님 믿기 전의 바울 같은 사람은 되지 않겠는가?

답 4: 이 책대로 교육한다면 예수님을 믿기 전의 바울 같은 사람이 될 수가 없다. 오히려 예수님을 영접한 후의 바울 같은 훌륭한 사람이 될 수 있다. 저자가 쓴 '성경적 유대인 자녀교육, IQ는 아버지 EQ는 어머니 몫이다'의 제목 자체가 말씀과 성령을 포함시킨 교육의 내용이다. 그리고 실제로 성령을 받고 예수님을 구주로 영접한 기독교인이 이 책을 읽을 때 많은 은혜를 받는다.

말씀을 머리(IQ)에 새기지 말고 마음(EQ)에 새기라는 쉐마의 해석 자체와 어머니의 사랑과 정서와 눈물의 교육을 강조하고, 또한 신약 시대의 성령을 함께 강조하여 이 책이 EQ교육 방법이라는 것이 이를 증명하고 있다. 뿐만 아니라 본 교육 시리즈 전체가 예수님의 성장 과정처럼 전인교육의 균형을 강조했다 (눅 2:52).

성경적 유대인 자녀교육을 안 시키고
유대인 자녀교육만 시킬 경우 부분적으로 실패할 수 있다.
율법의 정신인 사랑(EQ) 없이 율법의 형식(IQ)에만 매달리기 때문이다.
따라서 본서는 성경적인 유대인 자녀교육(EQ+IQ)을 모두 가르친다.
그래도 바울이 받은 유대인 자녀교육의 유익은
수직문화를 철저히 배워 큰 그릇을 준비한 것이다.

> 탈무드에 의하면 인간의 절반은 하늘에,
> 나머지 절반은 땅에 속해 있어서, 인간에게는 천성(天性)과 수성(獸性)이
> 함께 담겨 있다고 한다. 이렇듯 인간은 갖가지 요소로 이루어져 있으므로,
> 희로(喜怒) 애락(哀樂) 가운데 어느 한 가지 감정에만 빠져
> 치우칠 수는 없다. 우리 인생의 핵심은 균형이다.
> 우리는 하루 온종일 울거나 화를 내거나 웃거나 하는 일로 보낼 수는 없다.
> 여기에도 균형이 있어야 한다.
> 매사에 균형, 균형……. 일생 동안 잠시도 잊어서는 안 되는 것이다.
> _마빈 토카이어의 유대인 격언집

다 함께 생각해 봅시다

유대인은 어떻게 신약 시대 2천 년간 나라도 없이 전 세계를 유랑하면서도 타문화에 동화되어 사라지지 않고 끈질기게 살아남아 세계를 정복하며 풍요를 누리고 있는가?
1948년 독립한 이스라엘의 국토는 현재 한국의 강원도 땅만 한데도 전 세계에 우뚝 서지 않았는가? 불과 600만 명의 이스라엘 인구가 13억 인구의 아랍권을 제압할 수 있는 힘은 어디에서 나오는가?
그 이유 중 하나가 그들이 일찍이 세계화에 성공했기 때문이다. 그들의 세계화와 동화의 원리는 무엇인가?

제7부

한국인의 세계관: 다문화 속의 인성교육
(해외동포의 바른 자녀교육법)

제1장
문제 제기: 지구촌에서 더불어 살아야 하는 한국인

제2장
다문화 속의 인성교육:
한국인의 세계화 원리와 다문화 속에서 동화의 원리

제3장
코리안 디아스포라 2세의 인성교육

제4장
한국인은 기독교인으로서 예수님을 안 믿는 동족보다
예수님을 믿는 타인종을 더 사랑해야 하는가

제5장
기독교적 민족주의는 국수주의와 무엇이 다른가

제6장
대한민국 국민의 민족관과 국가관 그리고 세계화

제 1 장

문제 제기: 지구촌에서 더불어 살아야 하는 한국인

I. 서론

II. 연구를 위한 질문

I. 서론

1. 왜 한국인은 세계화와 다문화권을 생각해야 하는가

한국도 이제 개방이 가속화되고 각종 미디어 및 인터넷이 발전하면서 더 이상 단일문화권이 아닌 다문화 속에서 살고 있다. 강력한 서구 문화 속에서 자녀들이 자아를 점점 잃어가고 있다는 것이다. 또 기성세대인 1세대와 2세대 간에 심한 문화적 세대차이를 느끼고 있다. 심지어 내면적 세계뿐 아니라 외모까지도 차이가 나기 시작했다. 그 결과 1세와 2세 사이에 심한 문화 충돌이 발생하고 있다. 해결 방안은 없는가?

전 세계에 흩어져 다민족 문화권에서 살고 있는 한국인 수는 2002년 650만 명을 넘었다. 1903년 102명이 미국 하와이에 첫발을 디디며 시작된 미주 한국인들도 2000년 4월 통계에서 108만 명에 달했다(미연방 상무국 인구통계국, *2000년 인구통계연감*). 그 중 본국을 포함하여 해외에서 출생한 한인은 70만 1000명으로 미주 한인 인구의 64.9%고, 미국에서 출생한 한인 2세는 37만 9000명으로 35%에 달한다. 해외 출생 한인 중 34만 100명이 시민권을 취득하여 2세 시민권자까지 합하면 70%가 시민권자다(중앙일보 미주판, 2002년 2월 6일).

미국에서는 영어권 교회도 크게 늘어나고 있다. 2000년에는 영어권 목회(EM)를 65개 교회에서만 하고 있었는데, 1년 후 2001년 말에는 무려 242개 교회가 한국어 예배 외에 영어 예배 및 영어 활동부서를 두고 있다(크리스천 투데이, 2001년 12월 12일). 영어권 사람들이 그만큼 많아졌다는 뜻이다. 이렇게 한인 2세들의 수가 늘면서 미국 같은 다민족 사회에서 자녀교육 문제가 크게 대두되고 있다.

그뿐인가? 한국 젊은이들의 외국 진출도 크게 늘고 있다. 한국 교육과학기술부가 발표한 '2001년 국내외 유학생 통계'에 의하면, 미국 내 한국인 유학생은 5만 8457명으로 1999년보다 36.3% 늘었고, 전체 한국인 유학생의 39%를 차지하고 있다. 다음은 캐나다가 2만 1891명(14.6%), 중국이 1만 6372명(10.9%), 일본 1만 4925명(10%), 호주 1만 492명(7%), 프랑스 6614명(4.4%) 순이었다. 2001년 8월 31일 당시 외국에서 공부하고 있는 한국인 유학생의 수는 72개 국가, 14만 9933명인 것으로 나타났다(중앙일보, 2002년 5월 1일).

교육과학기술부가 2007년 9월 26일 한국교육개발원을 통해 집계한 2006학년도 초·중·고 유학생 출국 통계에 따르면 2006년 3월 1일부터 2007년 2월 28일까지 1년 동안 해외로 나간 유학생 수는 총 2만 9511명으로 전 학년도(2만 400명)에 비해 44.6% 증가했다. 해외 대학원이나 대학 학위과정 또는 어학연수 과정에 재학중인 유학생수는 2003년(4월 1일 기준) 15만 9903명에서 2004년 18만 7683명, 2005년 19만2254명, 2006년 19만 364명, 올해 21만 7959명으로 증가했다.

국가별로는 2007년 4월 1일 기준으로 미국 유학생이 27.1%(5만 922명)로 가장 많고 중국 19.4%(4만 2269명), 일본 8.7%(1만 956명), 영국 8.4%(1만 8300명), 호주 7.6%(1만 6591명) 등의 순인 것으로 조사됐다(연합뉴스, 초중고 조기유학 출국 *3만 명 육박 '최다'*, 2007년 9월 26일).

　미국 국제교육협의회가 발표한 2002~2003학년도 유학생 통계에 의하면, 미국 내 한인 유학생 수는 인도(7만 4603명), 중국(6만 4757명)에 이어 세 번째로 많다. 이어 일본(4만 5960명, 4위), 대만(2만 8017명, 5위) 순이다(동아일보, *한국 유학생 5만 명 돌파…중국 이어 세계 3위*, 2003년 11월 5일).

　이 시점에서 자녀교육에 대해 다음과 같은 질문이 나온다. 우리의 자녀들은 어떻게 해야 지구촌에서 경쟁력을 키우고 인류 평화와 번영에 기여할 수 있을까? 한국인 자녀를 어떻게 해야 세계 속에 우뚝 선 한국인으로 키울 수 있을까? 우리의 자녀를 다문화 사회에서 어떻게 키워야 할 것인가? 자신이 접하고 있는 국가 및 민족의 문화 속에서 한국인의 정체성(Identity)을 가져야 하는가, 아니면 그 나라의 문화에 동화되어야 하는가? 부모가 자녀에게 한국인의 정체성을 갖도록 교육시킨다면 자신이 속한 현지 문화와 국가에서 어떻게 처신하는 것이 지혜로운가? 성경은 어떻게 가르치고 있는가?

　세계화의 역사적인 모델은 어느 민족인가? 유대인이다. 그들은 어떻게 신약 시대 2천 년간 나라도 없이 전 세계를 유랑하면서도 타문화에 동화되어 사라지지 않고 끈질기게 살아남아 세계를 정복하며 풍요를 누리고 있는가? 한국인은 그들에게서 무엇을 배워야 하는가?

　이에 대한 해답을 정리하면서 그동안 학계에서 연구한 이론과 나의 연구논문(Biola University, 1990년)을 참고했다. 그리고 역사적으로 항상 다문화권에서 성공적으로 살아왔던 유대인의 삶을 이상적인 모델로 삼았다. 저자가 다문화권 사회에서의 자녀교육 이론을 정리하면서 미국에 거주하는 교포들의 예를 들어 설명했지만, 이 이론은 어느 문화나 국가이든지 거주하는 한국인에게도 적용된다. 뿐만 아니라 다른 인종 다른 민족에게도 적용될 수 있다.

**이스라엘은 한국의 강원도 땅만 한 크기에 인구는 불과 600만 명이다.
그런데 13억 인구의 아랍권을 제압할 수 있는 힘은 어디에서 나오는가?
그 이유 중 하나는 그들이 일찍이 세계화에 성공했기 때문이다.
그들의 세계화와 동화의 원리는 무엇일까?**

2. 한국의 전통문화는 종교성에 어떠한 영향을 주는가?

유대인 연구는 성서적으로 한국이 서구 문화와 한국 고유의 전통문화 가치를 어떻게 해석할 것인가에 대한 모델을 제시해 줄 수 있다. 미국은 언어만도 231개를 사용하는 다문화 국가다 (Languages of USA, www.ethnologue.com, sil publications, 2002). 미국 문화를 주류 혹은 주인문화(Core or Host Culture)라고 한다.

각 인종이 미국으로 이민을 오면 문화적인 면에서 2가지 선택의 길이 있다. 미국 속에서 자신의 뿌리를 잊어 버리고 미국에 동화되어야 한다는 주장(예: 일본계 전 하야카와 의원)과 자신의 전통문화 유산을 지키며 미국 사회구조(Social Structure Assimiliation)에 적응하자는 주장(예: 유대인)이다. 둘 중 어느 쪽이 더 바람직한가? 우리 자녀들이 한

저자의 연구 논문에 의하면 미국 내 한국인 대학생에게 한국인의 전통문화 가치가 높을수록 바울과 같은 내재적 종교성과, 영적 만족감이 현저히 높다. 반대로 미국 주류문화에 동화되면 동화될수록 바리새인과 같은 외재적 종교성이 현저히 높고, 영적 만족감은 현저히 낮다. 사진은 미국 뉴저지에 거주하는 유대인 랍비 솔로몬(《옷을 팔아 책을 사라》의 저자)이 자신의 베스트셀러 저서의 일본어판을 한복 입은 저자에게 설명하는 모습(2001년 3월).

국 전통문화의 가치를 가지고 살아가면 철학적, 교육학적, 심리학적으로 또 현실적으로 해로운가, 이로운가?

물론 이 질문은 한국의 2세 교육에도 적용된다. 왜냐하면, 한국의 많은 젊은이들이 얼굴은 한국인인데 생각과 생활은 서구 문화에 이미 동화되어 있기 때문이다. 이 질문이 풀리지 않으면 2세 교육의 방향이 제시될 수 없다. 각 이민 교회의 교육부 회의에서는 이 문제를 놓고 갑론을박(甲論乙駁) 해 왔다. 나중에 누가 이기는가? 목소리 큰 쪽이 이긴다. 왜냐하면, 이 문제에 대한 과학적 연구가 되지 않았기 때문이다.

나는 이에 답하기 위해 먼저 '한국인의 전통문화 가치가 종교성과 영적 만족감에 미치는 영향'에 대해 연구한 바 있다(Biola University, Talbot School of Theology, 기독교교육학 박사학위 논문, 1990).

연구 결과는 "유대인처럼 자기 고유문화 가치를 갖고 지키는 사람일수록 바울과 같은 내재적 종교성과 영적 만족감이 현저히 높다. 반면, 미국 문화에 동화되면 동화될수록 바리새인과 같은 외재적 종교성이 현저히 높고 영적 만족감이 현저히 낮다."라는 것이다.

인간의 자긍심(Self-Esteem), 주체의식(Self-Identity) 및 민족의식(Ethnic Identity)은 심리학적으로 같은 영역에 속해 있기 때문에 서로 상관관계가 있다. 따라서 자긍심, 주체의식 및 민족의식이 높은 사람일수록 종교를 가져도 하나님에 대한 강한 내면적 신앙의 소유자가 될 수 있다. 즉, 심리학적으로 자아형성(Self-Image)이 잘된 사람이 하나님과의 관계에서도 믿음의 자아형성이 잘된다는 논리다. 이러한 사람은 영적 만족감도 상대적으로 높다. 반대로 자아형성이 잘 안 되어 흐릿한 사람은 하나님을 믿어도 흐릿하게 믿는다. 이 논리는 기독교뿐 아니라 타종교, 즉 불교 및 유교 등에도 적용된다.

왜냐하면, 인간의 종교성은 인류학적 측면에서 볼 때 보편적(Universal)인 것이기 때문이다. 나는 연구 결과에 대한 철학적이며, 심리학적 이유를 설명하고 더 알기 쉽게 교과서 형식으로 재편집하고 내용을 발전시켜 《문화와 종교교육》(현용수, 쿰란출판사, 1993; 쉐마, 2005)이란 책을 발간하여 '2세 종교교육의 방향'을 학문적으로 제시한 바 있다. 따라서 '유대인 자녀교육' 연구는 저자가 저술한 《문화와 종교교육(부제: 2세 종교교육 방향 제시)》의 후편이라고 하겠다.

그 결론은 유대인의 교육 모델이 미주 한인 2세 교육에 적합하다는 것이다. 그러므로 《문화와 종교교육》이 2세 교육의 방향을 제시하는 왜(Why)라는 물음에 답하는 것이라면, '유대인의 자녀교육'은 그 제시에 따라 어떻게 교육시킬 것이냐(How)하는 방법론이다. 독자들이 유대인의 자녀교육을 다룬 전체 시리즈를 읽다 보면 위의 여러 가지 교육학적 질문의 답이 풀릴 것이다.

셋째 주제로 쓴 《부모여, 자녀를 제자 삼아라(부제: 기독교교육에 왜 유대인의 선민교육이 필요한가?)》에서는 구약에 근거한 선민교육이 왜 기독교인에게도 필요하고, 선민교육에 필요한 유대인의 율법은 왜 기독교 교육에도 필요한가를 논증했다. 즉, 구약의 토라를 기독교교육학적으로 조명하여 2천 년 동안 잘못되어 온 기독교교육의 허점을 밝혀내고 주님이 오실 날까지 신구약을 통합한 온전한 기독교교육의 신학과 원리를 위해 그 학문적 근거를 제시했다.

-저자의 연구 결과-
"유대인처럼 자기 고유문화 가치를 갖고 지키는 사람일수록 바울과 같은 내재적 종교성과 영적 만족감이 현저히 높으나, 미국 문화에 동화되면 동화될수록 바리새인과 같이 외재적 종교성이 현저히 높고 영적 만족감이 현저히 낮다."

II. 연구를 위한 질문

질문 1: 세계화의 원리 1: 지구촌 발전과 한국인의 세계화 원리와 방안은 무엇인가?
   1. 지구촌의 평화와 번영을 위한 세계화의 원리는 무엇인가?
   2. 한국인의 세계화 원리는 무엇인가?
      A. 왜 내 것을 가꾸어 세계화해야 하는가?
      B. 왜 남의 것도 내 것으로 승화시켜야 하는가?
      C. 언어적 측면에서 본 세계화(유대인은 자녀에게 몇 가지 언어를 가르치나?)
      D. 유대인의 언어 정책과 한국인의 한자 병용의 필요성은 무엇인가?
      E. 교육학적 측면에서 한자 병용은 왜 필요한가?
   3. 한국인의 세계화에 어떤 문제점이 있고 그 해결책은 무엇인가?
   4. 왜 유대인은 민족 형성 과정부터 세계화에 유리한가?

전 세계에 흩어진 한국 민족은 자신이 거주하는 지역에서 자녀를 어떻게 키워야 하는가? 미국에서 미국인으로 살아야 하는가, 한국인으로 살아야 하는가? 사진은 유대인 13세 성년식 파티에 참석하여 유대인, 백인들과 함께 게임을 즐기는 저자의 아들(가운데).

질문 2: 세계화의 원리 2: 다문화권에서 동화 원리는 무엇인가?

(유대인의 동화 모델을 예로)

1. '사회구조에의 동화(the Social Structural Assimilation)'와 '문화에의 동화(Cultural Assimilation)'는 어떻게 다른가?
2. 미국 코리안 아메리칸의 이상적인 동화 모델은 무엇인가?
   (미국에서 미국인으로 살아야 하는가, 한국인으로 살아야 하는가?)
3. 다문화 속에서 성서적 동화 모델(예수님과 바울의 예)은 무엇인가?

질문 3: 한국인은 기독교인으로서 예수님을 믿지 않는 동족보다 예수님을 믿는 타인종을 더 사랑해야 하는가?

    1. 예수님은 동족인 유대인과 이방인 중 누구를 더 사랑하셨는가?

    2. 정통파 유대인이었던 바울은 비기독교인인 유대인과 기독교인인 헬라인이나 로마인 중 누구를 더 사랑했는가?
      (롬 9:1-3)

질문 4: 기독교적 민족주의는 국수주의와 무엇이 다른가?

    1. 사랑의 우선순위는 무엇인가?

    2. 국수주의의 위험성과 샐러드 볼 이론의 정당성은 무엇인가?

질문 5: 대한민국 국민은 어떠한 민족관과 국가관 그리고 세계관을 가져야 하는가?

    1. 바른 국가관을 갖기 위해 알아야 할 이웃과 이웃 사이, 국가와 국가 사이의 차이점은 무엇인가?

    2. 한국인은 왜 미국 편에 서야 하는가?

    3. 분단 상황에서 대한민국 국민은 어떠한 국가관을 가져야 하는가?

    4. 유대인은 북한의 인권을 어떻게 보아야 하는가?

> ## 실패한 일을 후회하기보다,
> ## 하고 싶었던 일을 하지 못한 것을 후회하라.
>
> 실패는 곧 성공의 토양을 만드는 데 유익하지만, 하고 싶은 일 그 자체를
> 하지 않았다는 것은 가능성의 토양을 모두 잃어버리는 꼴이다.
>
> _마빈 토카이어의 유대인 격언집

제2장

다문화 속의 인성교육: 한국인의 세계화 원리와 다문화권에서 동화의 원리

I. 세계화의 원리 1: 지구촌 발전과 한국인의 세계화 원리와 방안

II. 세계화의 원리 2: 다문화권에서 동화의 원리
　　　　　　　(유대인의 동화 모델)

I. 세계화의 원리 1: 지구촌 발전과 한국인의 세계화 원리와 방안

1. 보편적 세계화의 원리: 인류를 위한 지식의 세계화와 복지의 세계화

20세기 초반부터 세계화(Globalization) 또는 국제화(Internationalization)란 단어가 등장하다가 교통의 발달로 지구의 오대양 육대주가 이웃처럼 가까워지면서 이에 대한 관심이 더 증폭되었다. 한국인은 세계화를 어떻게 이해하고 준비해야 하는가? 세계화는 우리의 옛것을 과감하게 버리고 발전된 서양의 가치를 무조건 따라가는 것이라고 생각하면 잘못이다. 이런 수평적 세계화에만 치중하다 보면 내 것을 잃기 쉽다. 남의 것만 따라가는 일방적인 동화이기 쉽다.

진정한 세계화란 무엇인가? 세계화란 "세계적으로 되거나 되게 함"(동아 메이트 국어사전, 2002, p. 819)이다. 이를 크게 2가지 측면에서 생각해 보자. 하나는 세계인이 추구하는 보편적 가치에 근거한 보편적 세계화이고, 또 하나는 한국인만이 갖고 있는 주체적인 것을 세계 수준으로 발전시키는 한국의 세계화(Korean Globalization)다.

먼저 보편적 세계화는 어느 지정된 나라 국민만 갖고 있거나 추구하는 가치가 아니라, 인간의 삶의 질을 높이기 위해 세계인이 동감하

유대인은 내면적 세계는 유대인의 가치를 갖고 있으면서 자신이 사는 사회에 적극 동화하여 세계에 우뚝 선 인물들이 많으며, 세계 인류의 복지와 번영에도 공헌하고 있다. 사진은 20세기에 세계 인류에 가장 많은 영향을 끼친 4명 가운데 뽑힌 유대인 아인슈타인과 프로이트.

며 함께 추구하는 보편적 가치들의 최상의 수준을 지향하는 것이다. 즉, 세계인이 모두 추구하는 가치들의 세계적 수준의 공통분모들이다. 세계인이 추구하는 보편적 세계화도 2가지로 나누어 설명할 수 있다. 첫째는 지식의 세계화(Knowledge Globalization)이고, 둘째는 복지의 세계화(Welfare Globalization)다.

지식의 세계화는 세계인이 자신들의 삶에 필요한 공통의 수평문화를 세계 최고 수준으로 올리는 것, 즉 인간의 지식의 차원이나 기본 욕구의 차원 또는 외형적 표면의 차원이다. 외국어, 경제, 무역, 정치,

의학, 과학, 정보 및 예술 등이 여기에 속한다. 예를 들어 자연과학을 이용한 TV나 컴퓨터를 세계적인 수준으로 개발하여 전 세계에 수출하는 것이다. 지식의 세계화는 나라의 힘을 위해서도 중요하고 꼭 필요한 것이다. 지식의 세계화가 곧 한 나라의 경쟁력이기도 하다. 보통 경제적인 면에서 세계화는 지식의 세계화를 가리킨다.

그러나 복지의 세계화는 인류 공동의 복지에 공헌한다는 보편적 가치(Universal value)를 추구하고 그것에 투자하는 것이다. 예를 들면, 세계인의 평화, 인권, 자연 환경 보호, 질병 퇴치, 난민 보호 및 가난한 사람들을 도와주는 구제 등이다. 서양의 경제 대국들은 인류의 공동 복지를 위한 비영리단체에 많은 투자를 한다. 그들은 이런 가치관을 성경적 세계관(Biblical Worldview)에서 취했다.

따라서 지식의 세계화보다 더욱 성숙한 단계의 세계화는 복지의 세계화다. 그러나 고급 인력과 물질의 투자 없이 인류의 복지를 개선하기는 힘들다. 즉 지식의 세계화 없이 복지의 세계화는 힘들다는 말이다. 따라서 2가지, 지식의 세계화와 복지의 세계화는 조화를 이루어야 한다.

**지구촌 인류를 위해 지식의 세계화보다
더욱 성숙한 단계의 세계화는 복지의 세계화다.
그러나 고급 인력과 물질의 투자 없이 인류의 복지를 개선하기는 힘들다.
즉 지식의 세계화 없이 복지의 세계화는 힘들다는 말이다.
따라서 2가지, 지식의 세계화와 복지의 세계화는 조화를 이루어야 한다.**

2. 한국인의 세계화 원리 1:
   내 것을 가꾸어 세계화하라

이제 한국의 세계화(Korean Globalization)를 살펴보자. 이는 한국 민족만이 갖고 있는 가치를 발견하여 정리하고 개발하여 세계적 수준으로 높이는 일이다. 그리고 우리의 것을 세계 속에 심어 세계인에게 사랑받는 아이템으로 공유할 수 있도록 제공하는 것이다. 이것은 한국인의 정체성 문제이기도 하다. 더 나아가 한국인의 정체성의 내용과 질을 세계화하는 일이다.

이것을 이루려면 한국의 세계화(Korean Globalization)도 2가지로 나누어 정리 개발해야 한다. 하나는 한국인의 눈에 보이지 않는 내면적 가치의 세계화이고, 다른 하나는 한국인의 눈에 보이는 외적 전통의 세계화다. 보편적 세계화도 중요하지만 더 중요한 것은 한국의 세계화다. 왜냐하면 눈에 보이는 보편적 세계화는 눈에 안 보이는 정신세계에 의해 추진되기 때문이다. 따라서 보편적 세계화를 가능케 하고 지탱하고 더 큰 힘을 발산케 하는 한국인의 정신적·주체적 세계화가 더 중요하다.

한국인의 정신세계인 '내'가 없으면 보편적 세계화도 오랫동안 지탱하기 힘들다. 먼저 수직적인 내 것을 가꾸고 개발하여 세계적 수준으로 끌어올려 어느 나라에 가져다 놓아도 그 모양과 질에 손색이 없어야 자신의 내면적 자신감과 함께 외면적 자신감을 얻을 수 있다. 그렇다고 해서 자신에게만 유익하고 다른 민족에게는 해를 입히는 국수주의여서는 안 된다. 오히려 한국의 세계화는 민족의 에너지를 모아서 이를 세계화하고 인류 복지에 기여하는 데 사용해야 한다.

한국인은 세계화를 위해 먼저 내 것을 가꾸어야 한다. 가장 한국적인 것이 가장 세계적이다. 사진은 미국 남가주 CSUN 주최로 열린 전국 교육 컨퍼런스에서 선보인 한국의 '북춤'.

한국인의 내면적, 정신적 가치의 세계화란 한국인의 정신적 정체성의 내용이 양과 질에서 세계 수준이 되는 것을 의미한다. 즉 한국인의 수직문화가 세계화를 이루어야 한다. 따라서 먼저 한국인은 누구인가를 정립해야 한다.

예를 들면, 한국인의 정신세계를 이루는 신언서판(身言書判)의 양반 문화 및 효사상 등을 세계화해야 한다. 그 중에 삼강오륜이나 칠거지악도 적용하되 현대에 맞게 고쳐야 한다. 여자가 시집 와서 자녀를 못 낳으면 쫓겨나야 하는 것 등은 오늘날에 맞지 않은 여성 차별적이고 권위주의적 사상이다. 시대에 뒤떨어진 문화는 제거하고 세계 어디에 내놓아도 손색이 없는 한국인의 도덕적 윤리적 수준의 인성교육 내용을 다시 만들어야 한다. 세계화는 서양의 양복만 입는다고 해서 되는 것이 아니다.

그리고 이와 함께 우리의 전통들을 가꾸고 개발하여 세계적 수준으로 끌어올려 어느 나라에 가져다 놓아도 그 모양과 질이 고상하고 손색이 없어야 한다. 그 좋은 예가 한국의 고유 음식인 '김치'다. 우리의 2세들이 김치를 외면하는 동안, 일본에서 이를 연구 개발하여 전 세계에 수출하고 세계적인 음식으로 상품화하고 있다.

앞으로 국악(國樂)도 세계적인 음악의 반열에 올려놓아 세계화시켜야 한다. 그렇지 않으면 일본이 자기 것인 양 우리의 국악을 자신들의 이름으로 세계화할지도 모른다. 한국의 국악에는 한국인의 깊은 철학과 정서가 배어 있기 때문에 충분히 세계화가 되고도 남을 가치가 있다. 우리가 가벼이 여기지 않으면 말이다. 그런 면에서 한국 기독교는 국악의 형식(Forms, 작곡)에 하나님의 말씀을 넣은(작사) 국악 찬양도 개발해야 한다.

저자가 미국 풀러(Fuller) 신학교에서 선교학을 공부할 때였다. 학기 첫 시간에 아프리카 선교사 출신 백인 교수가 학생들에게 주문했다.

"여러분 나라의 고유음악으로 하나님을 어떻게 찬양하는지 보고 싶습니다. 몇 사람 나와 소개 좀 하시지요."

선교학 강의실에는 세계 다양한 인종들이 모여 있었다. 먼저 케냐에서 온 학생이 나와 아프리카 토속춤을 추면서 케냐식 음악으로 하나님을 찬양했다. 다음은 헝가리 학생이 나와 헝가리 음악으로 하나님을 찬양했다. 그 다음 한국 학생이 나와 개편 찬송가에 있는 곡을 불렀다. 그 교수가 다 듣고 나서 고개를 갸우뚱하며 다시 주문했다.

"그 곡은 우리 것이니 한국 고유음악으로 하나님을 찬양해 보세요."

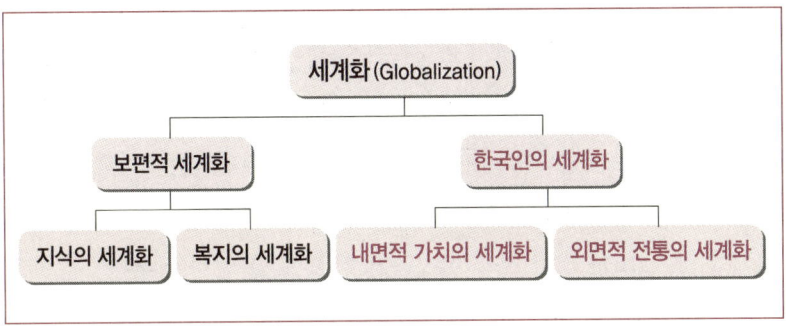

두 번째로 나와서 용감하게 부른 한국 학생도 개편 찬송가에 실려 있는 서양곡을 불렀다. 교수는 어이없는 표정을 지으며 이렇게 말했다.

"그 곡도 우리 것입니다. 한국 사람들은 참 이상합니다. 왜 여러분 나라의 음악이 없습니까? 한국 기독교인들은 왜 우리 것을 자기 것이라고 하는지 모르겠습니다."

세 번째 한국 학생이 다시 나왔다. 그 학생은 저자처럼 생활 한복을 입고 있었다. 그리고 국악 찬양인 "예수님이 좋은 걸 어떡하십니까…"를 덩실덩실 한국 춤을 추면서 불렀다. 그때야 그 교수는 이렇게 말했다.

"바로 저것입니다. 왜 꼭 한국인은 서양 것을 자기 것으로 착각하는지 모르겠습니다."

소위 배웠다고 하는 엘리트 중에 이런 착각 속에 사는 사람이 한둘이겠는가?

한복도 마찬가지다. 옛날의 한복은 멋은 있지만 불편함이 많았다. 1990년대 후반부터 선보인 새로운 생활 한복은 옛날의 멋과 편리함을 조화시킨 걸작품이다. 이것을 더 개발하여 세계적 수준으로 끌어

올려 어느 나라에 가져다 놓아도 모양과 질에 손색이 없도록 해야 한다. 그리고 세계인이 너도 나도 한복을 입고 저잣거리를 활보하도록 해야 한다. 이것이 세계화이며, 이렇게 하는 사람이 진정한 애국자다. 그렇게 되면 한국제 자동차나 TV가 더 잘 팔리게 마련이다. 저자가 한복을 입고 오대양 육대주에 강의를 하러 다니면 많은 외국인이 이런 옷을 어디에 가면 살 수 있느냐고 묻는다. 여성의 한복은 미의 극치이다. 그런데도 정작 한국 여성들은 한복을 잘 입지 않는다.

한국의 스포츠는 어떠한가? 이미 한국의 태권도는 세계화가 되었다. 전 세계 한국 태권도 사범은 기본 동작이나 자세를 한국말로 가르친다. 시작하기 전 태극기에 대한 경례를 한다. 태권도는 이미 올림픽 종목에 포함되어 있지 않은가. 미국의 클린턴 전 대통령과 국회의원들을 가르친 이준구 사범은 정부에서 하지 못하는 일을 한 셈이다. 전 세계에 이런 사람들이 하나 둘인가? 그들이 진짜 애국자들이다. 이제 한국의 씨름도 세계화를 하도록 노력해야 한다.

이를 정리하면 한국인은 2가지 세계화를 이루어야 한다. 첫째는 보편적 세계화이고, 둘째는 한국의 세계화다. 보편적 세계화에는 다시 2가지, 지식의 세계화와 복지의 세계화가 있다. 한국의 세계화도 2가지, 한국인의 내면적 가치의 세계화와 외적으로 눈에 보이는 전통의 세계화로 나눌 수 있다.

저자는 경제적 부와 나라의 힘을 위해 외면적 세계화도 중요하지만 더 중요한 것은 그 힘을 지탱하고 가능케 하고 더 큰 힘을 발산케 하는 한국인의 정신적 내면적 세계화라고 생각한다. 우리는 유대인처럼 내 것을 가꾸어 세계화하는 민족이 세계인을 지도할 자격이 있음을 명심해야 한다. 내 안의 정신세계를 잃으면 어떻게 역사에 대응할 수 있는 도전적인 힘이 생기겠는가?

한국인의 정신 세계인 내 것이 없으면
보편적 세계화도 오랫동안 지탱하기 힘들다.
따라서 먼저 수직적인 내 것을 세계적 수준으로 끌어올려,
어느 나라에 가져다 놓아도 그 모양과 질에 손색이 없도록 해야 한다.
그래야 자신의 내면적 자신감과 함께 외면적 자신감을 얻을 수 있다.
그리고 한국의 세계화는 민족의 에너지를 모아서
이를 세계화하고 인류 복지에 기여하는 데 사용해야 한다.

3. 한국인의 세계화 원리 2: 남의 것도 내 것으로 승화시켜라

독일의 유명 시사 주간지 〈디 차이트(Die Zeit)〉의 도쿄 특파원이 연극 연출가 이윤택 씨에게 물었다. "무엇이 한국적인가?" 그 물음의 이면엔 중국에 가면 중국적인 분위기가 물씬 풍기고 일본에 가면 일본적인 분위기가 물씬 풍기는데 한국에 가면 왜 한국적인 것이 없느냐는 뜻이 담겨 있었다. 그가 대답을 망설이는 동안 옆의 동료가 한국적인 것이 분명 있긴 있는데 우리도 찾고 있는 중이라고 말했다고 술회했다(한국일보, 무엇이 한국적인가, 1997년 1월 27일).

사실 한국에도 한국적인 것들이 별로 눈에 띄지 않는다. 중국과 일

본 여성들은 자기네 전통의상을 자주 입지만 한국 여성들은 전통의상을 잘 입지 않는다. 그래서 한국 대도시에 가면 마치 미국에 온 듯한 느낌이다. 빌딩이나 도로 간판 및 정원까지 미국식이다. 가야금 같은 악기가 있지 않느냐고 반문할지 모르지만 이런 것들은 대중성이 없어서 박물관에나 가야 볼 수 있을 정도다.

이런 면에서 우리는 일본에게 배울 것이 있다. 일본은 한국과 무엇이 다른가? 일본은 역사적으로 우리보다 미개한 나라였지만 남의 것을 열심히 배웠다. 옛날 한국, 중국, 인도차이나로부터 배웠다. 근대에는 스페인, 독일 및 미국으로부터 배웠다. 배울 때는 외국 선생들을 극진히 존경하고 따랐다. 모든 면에서 최상의 대우를 해주었다(홍일식, 1996, pp. 72-73). 그러나 일본에 가 보면 일본다운 것들이 즐비하다. 왜 그런가? 그들은 남의 나라의 것들을 배운 뒤 그것을 그대로 사용하는 것이 아니라 일본 문화와 정서에 맞도록 개조(일본화)했다.

그러나 한국은 다르다. 한국은 남의 것을 배우면 그것을 겉과 속 모두 한국에 그대로 심어 놓는다. 그렇기 때문에 한국에는 한국적인 것이 점점 없어져 가고 있다. 어린이들에게 민족적 족보가 없는 교육을 시키고 있다. 현대에 와서 이러한 현상은 더 뚜렷하게 나타나고 있다.

예를 들어 보자. 이탈리아에서 시작된 어린 자녀를 위한 '몬테소리 학습법'이 있다. 그 교육의 내용과 방법이 좋다. 그런데 한국과 일본이 똑같이 이 학습법을 배워 사용하지만 일본은 완전히 '일본식 몬테소리 학습법'으로 정리했다. 몬테소리 학습법을 도입하여 일본의 정신적 교육철학과 일본인의 삶에 맞도록 고치고 재정립하여 계속 발전시켜 왔다. 반면 한국은 미국에서 배워 온 몬테소리 학습법을 그대로

우리 것만 고집하면 세계화에 뒤처진다. 남의 것도 좋으면 내 것으로 만들어 한국인을 위해 공헌해야 한다. 저자는 유대인의 성경적 자녀교육을 연구했지만 한국인에게 맞게 적용하기 위해 미국에서도 한복을 입고 다닌다. 사진은 저자가 정통파 유대인 랍비 애들러스테인 씨와 탈무드에 대해 토론하는 모습.

적용한다. 모든 교육철학, 교육 자료 및 교육 방법이 거의 똑같다. 따라서 똑같은 한국인 몬테소리 교사라 해도 미국에서 배워 온 사람과 일본에서 배워 온 사람이 서로 다르다. 그 선생들에게서 배운 학생들도 각각 미국식과 일본식으로 나뉜다. 그러면 그 학생들은 "나는 미국식으로 배웠다.", 아니면 "나는 일본식으로 배웠다."라고 자랑할 것이 아닌가? 이런 현상은 한국에서 흔히 있는 일이다. 얼마나 어처구니없는 일인가? 한국적인 것이 그렇게도 없다는 말인가? 없다면 개발해야 하지 않겠는가?

인간의 능력에는 한계가 있다. 우리가 부족한 것은 남에게 배울 수도 있다. 아니 좋은 것은 마땅히 배워야 한다. 그러나 자기의 것을 가지고 남의 것을 이용하는 것과, 자기 것이 없이 남의 것을 그대로 이용하는 것은 완전히 다르다.

이제 한국의 종교 문제로 들어가 보자. 한국 사람들은 기독교가 외래 종교라고 하지만 사실 기독교뿐만 아니라 불교, 유교 모두 외래 종교이다. 우리 조상들은 인도에서 들여온 불교나 중국에서 들여온 유교 모두 한국적인 불교 그리고 한국적인 유교로 토착화시켰다.

기독교도 마찬가지이다. 미국 선교사들이 한반도에 복음을 들고 들어왔을 때, 그 내용은 기독교 복음이지만 예수님을 믿는 방법(틀)은 한국인 특유의 정서적인 것들이 많았다. 새벽기도와 철야기도 및 산기도 등이 대표적이다. 그리고 선배 목사님들의 삶을 보면 선비사상에 젖은 곧은 목자의 길을 걸은 분들이 많았다. 이러한 한국 초대교회의 기독교 문화가 평양신학교에서부터 형성되어 1960년대까지 지속되어 왔다. 신학도 개혁주의 노선에 선 일관된 전통이 있었다.

그런데 많은 신학자들이 각각 다른 나라에서 공부하고 돌아와 그 나라에서 배운 신학의 내용과 방법을 그대로 신학생들에게 소개하고 있다. 따라서 신학생들은 어느 교수에게서 배웠느냐에 따라 신학생들의 신학 노선과 학문의 방법이 각각 다르다. 서양에서 들여온 것을 한국식으로 재정리하지 못한 탓이다.

이제는 모든 신학을 한국인에게 맞도록 재정립할 때다. 주님 오실 때까지 변하지 않는 조직신학, 주경신학, 역사신학, 실천신학 및 교회음악 등을 한국인 정서에 맞도록 정리해야 한다. 설사 계속 신학을 발전시킨다고 해도 기독교 역사에 나타난 보수 신학에 근거한 원줄기를 더 조직적으로 학문적으로 살찌우기 위한 발전이어야 한다. 그리고 그 신학의 내용과 방법을 주님이 오실 때까지 자자손손 후학에게 전수해야 한다.

그렇지 않으면 보수 신학과 믿음 생활에서 세대차이를 막을 길이 없다. 보수 신학과 믿음 생활에 세대차이가 생기면 교회는 문을 닫아야 한다. 한국에 하나님을 섬기는 기독교가 없어지면 희망이 없다. 그때에는 또다시 일본과 중국의 종이 될 수밖에 없다는 것을 명심해야 한다.

이탈리아의 몬테소리 학습법도 한국과 일본이 똑같이 배워 사용하지만
일본은 완전히 일본식 몬테소리 학습법으로 정리했다.
반면 한국은 미국에서 배워온 몬테소리 학습법을 그대로 적용한다.
똑같은 한국인 몬테소리 교사라 해도 미국에서 배워 온 사람과
일본에서 배워 온 사람이 서로 다르다.
일본처럼 외국의 것이라도 한국적인 것으로 개발해야 하지 않겠는가?

4. 한국인의 세계화 원리 3:
   언어학적 측면에서 본 세계화
   (유대인은 자녀에게 몇 가지 언어를 가르치나)

A. 유대인의 언어 정책과 한국에서 한자 병용의 필요성

한국은 현재 한자 병용에 대한 찬반 논쟁이 뜨겁다. 저자는 한자 병용이 필요한 이유를 다문화 속에서 사는 동포들의 예를 들어 실용적인 측면과 문화적인 측면에서 설명해 보고자 한다.

첫째, 언어와 문자는 의사전달 수단이다.
언어와 문자는 삶의 문제를 해결할 수 있는 가장 중요한 도구 중 하나이다. 자동차를 고칠 때 연장이 많을수록 쉽게 고칠 수 있는 것처럼 어려서부터 많은 문자나 언어를 습득하면 그만큼 삶이 편리하다. 뿐만 아니라 많은 정보를 얻을 수 있어 경제적으로, 학문적으로 그리고 문화적으로 남보다 앞서갈 수 있다.

유대인이 수천 년 동안 전 세계를 유랑하면서도 세계의 지도자 위치에 우뚝 선 것은 그들의 특별한 언어교육과도 무관치 않다. **유대인 부모는 자녀가 태어나면서부터 3개 국어를 동시에 가르친다.** **첫째**는 모국어인 히브리어, **둘째**는 자신의 거주 지역 언어, **셋째**는 제3국 언어를 가르친다.

예를 들면, 브라질에 사는 정통파 유대인이라면 자녀에게 모국어인 히브리어와 거주 지역 언어인 브라질어(브라질에서 쓰는 포르투갈어) 그리고 제3국어인 영어를 가르친다. 현재 이스라엘에서도 히브리어와

유대인은 어려서부터 3개 국어 이상을 가르친다. 많은 언어 습득은 타문화권 이해뿐만 아니라 정보 수집 및 국제화에도 큰 도움이 된다. 사진은 미국에 거주하는 정통파 유대인 유치원 어린이들이 저자의 책 《IQ는 아버지 EQ는 어머니 몫이다》를 펴보이고 있다.

영어가 학교와 정부의 공용어이다. 그밖에 아람어를 비롯한 주변 국가들의 언어도 익힌다. 이러한 유대민족의 언어 문자 정책은 그들이 세계 경쟁에서 우뚝 서도록 하는 데 크게 공헌했다. 즉, 자녀에게 여러 언어를 가르치는 교육 정책은 일찍이 세계화에 큰 도움을 주었다.

내가 미국에서 산 지 30여 년 동안 가끔 한자 덕을 본다. 중국을 비롯한 동남아권에서 이민 온 사람들과 말은 안 통해도 대부분 필담(筆談)으로 최소한의 의사소통을 할 수 있었기 때문이다. 한자의 위력은 대단하다. 전 세계에서 가장 많이 사용되는 문자는 영어가 아닌 한자다. 통계에 의하면 세계 인구의 약 3분의 1이 한자를 사용한다. 따라서 한자교육은 한국인의 세계화를 위해서도 필요하다.

둘째, 문화적인 면에서, 각 민족의 언어와 문자에는 그 민족의 문화가 배어 있다.

한글 이외의 다른 문자를 배우면 그 나라 문화를 그만큼 익히는 것이다. 그 나라의 문화를 알면 세계관도 그만큼 넓어진다. 이것은 타인종을 껴안을 수 있는 포용력과 인간관계의 증진에도 도움이 된다. **세계화는 말로만 되는 것이 아니다. 어려서부터 타인종의 언어와 문자를 익힘으로써 IQ적 지식뿐 아니라 EQ적 체험도 겸할 수 있다.**

따라서 한국인은 동남아권 이웃과의 좋은 관계뿐만 아니라 무역을 위한 상거래를 위해서도 그리고 동남아권 선교를 위해서도 한자를 배워 두는 것이 유리하다. 또한 다른 나라의 문자를 배우는 것은 상대방을 알게 됨으로써 그들과의 마찰을 지혜롭게 줄일 수 있는 하나의 방법이기도 하다. 유대인이 타국에 거주하면 그 지방의 언어와 문화, 법을 먼저 익히는 이유도 바로 여기에 있다. 더구나 한자에는 우리 조상들의 전통문화와 사상이 배어 있지 않은가? 따라서 한자를 모르면 2세들에게 한국인의 전통문화 가치를 전달하는 데 한계가 있다.

셋째, 영어보다 한자를 더 사랑하는 것이 민족주의자다.

현재 한국에서는 세계화를 위해 영어를 초등학교에서부터 가르칠 뿐 아니라 일부는 두세 살 때부터 과외공부를 시킨다고 한다. 실제로 서울 주요 번화가의 간판들을 보면 우리말보다도 영어를 비롯한 서양어가 훨씬 많다. 그러나 우리 조상들이 수천 년 동안 사용해 왔던 한자를 안 가르친다는 것은 자기 것을 업신여기는 것과 같다.

한국인이 실용적인 이유로 영어를 배운다면 한자는 한국인의 전통문화와 사상을 전수하는 실용성을 위해 배워야 한다. 따라서 한글 전용을 주장하는 학자들이 어려서부터 영어를 가르치는 데는 아무 말도 하지 않고 한자 병용을 주장하면 사대주의자로 몰아 반기를 드는 것은 진정한 민족주의에 반한다. 자신들의 족보도 한자로 기록되어 있지 않은가? 후손이 조상의 족보를 읽지 못하면 되겠는가? 따라서 진정한 민족주의자는 한글을 먼저 사랑하되 한자도 배워야 한다.

넷째, 한자 병용이 꼭 이루어져야 하는 가장 큰 이유는 한글을 더 깊고 넓게 그리고 아름답게 발전시키기 위함이다.

한글과 한자는 불가분의 관계에 있다. 국문학자에 의하면 한국어 어휘의 75% 이상이 한자로 되어 있다고 한다. 그런데 한자를 모르고 어떻게 한글 단어의 뜻을 명확하게 알 것이며, 한글을 더 발전시킬 수 있겠는가? 이에 더하여 한국어도 더욱 가꾸어 세계에 내놓아야 한다. 미국의 비영리 언어교육연구 기관인 실(SIL) 인터내셔널에 의하면, 전 세계에서 한국어 사용 인구가 7500만 명으로 1위 중국어 8억 8500만 명, 2위 스페인어, 3위 영어에 이어 11번째이다(중앙일보, 2000년 7월 24일).

해외동포들이 자녀에게 한글을 가르치다가 더 깊게 가르치지 못하는 한계를 느끼는 이유도 한자로 설명하지 않으면 이해가 안 되는 한글 단어가 너무 많기 때문이라고 한다. 위에서 사용한 '필담(筆談)'이란 단어를 한글만으로 어떻게 설명할 것인가?

부모와 자식 간의 일상적인 대화를 넘어서 교양 있고 수준 높은 그리고 깊이 있는 사상이나 철학이 담긴 대화를 나누려면 한자를 사용하지 않고는 거의 불가능하다. 이로 인해 부모가 웬만큼 영어를 잘하지 않으면 자녀의 인성교육은 불가능하다. 이것이 세대차이의 근본 원인이 된다.

따라서 2세에게 한국어에 담긴 한국인의 얼과 문화를 심어 주려면 부모가 사용하는 한글과 더불어 한자도 함께 가르쳐야 더 효과적이다.

이런 문제는 미국의 영어권에서도 마찬가지다. "밥 먹었느냐?", "학교에 갔다 왔느냐?" 등의 일상용어는 쉽지만 상류층에서 사용하는 예의바르고 깊이 있는 고급영어는 어렵다. 따라서 미국 사람과 대화만 할 줄 안다고 하여 영어를 잘하는 것은 아니다. 더구나 의학이나 법학 및 신학으로 들어가면 라틴어나 희랍어를 모르고는 이해하기 힘든 단어들이 너무 많다. 그래서 언어 공부를 따로 해야 한다. 그래도 영어권에서는 라틴어나 희랍어는 비슷한 문법과 알파벳으로 되어 있어 어원을 찾기가 쉽지만 한글과 한자의 관계는 한자가 상형문자이기 때문에 형편이 다르다. 문법도 다르다.

결론적으로 한자교육은 실용적인 측면에서, 문화적인 측면에서, 민족주의적인 측면에서, 그리고 세계화를 위해 반드시 필요하다. 저자는 젊을 때 반일(反日) 사상 때문에 일부러 일본어를 배우지 않았는데 지금은 이를 후회하고 있다. 그들보다 앞서기 위해서라도 일본어를 배웠어야 했다. 유대인은 자신들의 적인 아랍인들이 사용하는 아람어를 배우지 않는가? 한글만 고집하면 민족주의자인 줄 아는 어설픈 국수주의는, 개인은 물론 국가 발전에도 해가 될 수 있다는 사실을 명심해야 한다.

그러나 여기에서 분명히 짚고 넘어가야 할 것이 있다. 자녀들이 많은 나라 언어를 익히는 것도 중요하지만, 더 중요한 것은 한국인의 사상적 정체성의 바탕 위에 여러 언어를 익히게 해야 한다는 것이다. 그렇지 않으면 정체성이 없어 그 마음은 늘 공허할 수밖에 없다. 특히 여러 언어를 동시에 배울 경우 자신의 정체성이 흐려지기 쉽기 때문이다. 이런 경우 언어 자체는 하나의 테크닉인 IQ , 즉 수평문화에 속한다.

언어를 많이 알수록 세계화에 유리하다.
유대인은 자녀가 태어날 때부터 3개 국어를 동시에 가르친다.
첫째는 모국어인 히브리어이고, 둘째는 자신의 거주 지역의 언어이고,
셋째는 많이 사용하는 제3국 언어를 가르친다.

B. 교육학적 측면에서 본 한자 병용의 필요성

한국인에게 한자 병용이 왜 필요한가? 이번에는 한자 병용이 교육학적으로 유익한 이유를 설명하고자 한다.

첫째, 인식론적인 시각에서 어린 나이부터 3개 국어를 동시에 배우게 하는 것은 우선 IQ 계발에도 큰 도움이 된다.

언어의 다양성을 익힐 뿐만 아니라 분석력과 이해력을 증진시킨다. 그리고 차후 다른 나라 언어를 배울 때보다 쉽게 문법을 익히고 발음하는 데 부담을 덜어준다. 더구나 어려서부터 다른 문자나 언어를 배워 외국인과 사귀어 두면 그들이 쓴 책을 감성적으로 읽게 되어 저자의 뜻을 더 쉽게 이해할 수 있다.

둘째, 인성교육적인 측면에서도 한자교육은 수직문화를 가르치기 때문에 유익하다.

한자는 상형문자(象形文字)여서 글자마다 그 글자가 형성되는 과정에서 인간이 옳게 살아야 할 도덕과 윤리를 설명하는 뜻이 담겨 있다. 이를 풀어 자녀에게 어릴 적부터 가르치면 글자의 모양만 기억하는 것이 아니고, 동양의 인성교육의 기본을 익히게 되며 사물을 생각하는 철학적 사고력도 키워 줄 수 있다(예: 효孝 – 자식이 어른을 받드는 것). 뿐만 아니라 한국인이 흔히 사용하는 새옹지마(塞翁之馬), 어부지리(漁父之利), 온고지신(溫故知新) 등의 고사성어(古事成語)에는 인생을 깊게 생각할 수 있게 하는 조상들의 깊은 지혜가 담겨 있다.

성경으로 얘기하면 잠언이나 전도서 같은 책이다. 하나님은 동양에도 특수계시인 성경이 전해지기 전에 선악을 구별하게 하는 양심과 보편적 지혜를 주셨다(롬 1:19-20, 2:14-15). 옛날 어머니들이 초등학교도 안 다녔지만 대학 나온 신세대 딸과 며느리보다 더 지혜로운 이유는 그들이 한자 문화권 속에서 익힌 지혜교육 덕분이다. 따라서 한자교육은 지식은 많으나 지혜가 부족한 시대에 선악을 구별하고 삶의 지혜를 얻게 하는 인성교육에 절대적인 도움을 준다.

내가 한국을 방문할 적마다 느끼는 것 중 하나가 한국의 젊은 세대들이 점차 세속화되고 있다는 점이다. 그 이유가 무엇인가? 어려서부터 인성교육에 필요한 깊이 있는 수직문화는 뒷전으로 하고 얄팍한 IQ교육만 받아 왔기 때문이다. 더구나 그들은 한문을 모르기 때문에 깊이 있고 지혜로운 글들을 읽지 못하고 가벼운 스포츠 연예 이야기만 선호한다.

누구의 잘못인가? 혹자는 한글 전용으로 젊은 세대의 문화가 활성화되었다고 주장한다. 그러나 바둑에도 급수가 있는 것처럼 문화에도 수준이 있다. 인간의 육을 자극하는 표면적인 수평문화인가, 아니면 깊이 있는 수직문화인가?

셋째, 한자를 모르면 한국에서도 반문맹자(半文盲者)일 수밖에 없다.
한국의 모 대학 총장에게서 들은 에피소드가 있다. 한번은 그가 경찰의 단속에 걸렸다. 경찰은 그의 운전면허증을 자세히 보더니 "이름이 뭐라고 쓰여 있는 겁니까?"라고 물었다. 그래서 그는 "거기 쓰여 있지 않느냐?"라고 되물었다. 그랬더니 그가 면허증을 돌려주면서 "그냥 가세요."라고 했다는 얘기였다. 그는 한자로 쓰인 그 총장의 이름을 읽지 못했던 것이다. 이제 한국은 더 이상 2세들을 대학 나온 고급 문맹자로 만들어서는 안 된다.

넷째, 마지막으로 한자 병용에 한 가지 단서를 붙인다면 한국에서는 한글이 최우선 문자임을 강조해야 한다는 사실이다.
과거처럼 한자를 너무 강조하거나 과용하면 안 된다. 즉, 한자 사용이 한글을 위한 것이지 한글이 한자를 위한 것이어서는 안 된다는 말이다. 한자를 너무 강조하면 민족의 정체성에도 문제가 생긴다. 따라서 한자 병용은 어디까지나 한글을 더 잘 지키고 가꾸기 위해 필요한 것으로 정리해야 한다. 이로 인해 한글이 더 발전한다면 한국 민족의 자긍심도 더 높아지지 않겠는가?
이제 한국에서 한자를 써야만 양반인 척하는 시대는 지났다. 또 시대가 이를 수용하지 않는다. 누구나 한글을 자랑스럽게 생각하고 사랑한다. 그리고 한글이 더욱 발전되어 세계 인류의 문화와 공익에 기여하기를 기대한다. 현재 한국에서 한자 병용을 반대하는 사람들은 이미 한자를 배운 세대이다. 그들은 먼저 한자를 알고 자유롭게 사용하면서 한글 전용을 주장하는 것과, 한자를 모르면서 한글 전용을 주장하는 것이 얼마나 다른지 바로 인식해야 한다. 그들은 위에 열거한 한자를 못 배운 세대가 갖는 불이익과 그들의 내면 세계의 빈약함에 따른 아픔을 직시하고, 그들의 장래를 걱정해야 한다. 그리고 자신들이 과거 어릴 때 한자를 배워서 다른 학문을 하는 데 지장을 초래했는지 아니면 유익했는지 다시 한번 생각해야 한다.

결론적으로 한자교육은 자녀의 IQ계발과 인성교육을 위해 그리고 한글을 더 한글다운 한글로 발전시키기 위해 반드시 필요하다. 그뿐 아니라 개인과 국가의 발전을 위해 그리고 인류의 공익을 위해 필요하다.

한자로 된 고사성어에는 조상들의 지혜가 담겨 있다.
성경으로 얘기하면 잠언이나 전도서 같은 책이다.
옛날 어머니들이 대학 나온 신세대 딸과 며느리들보다 더 지혜로운 이유도
그들이 한자 문화권에서 익힌 지혜교육 덕분이다.
어릴 때 한문을 배운 저자도 미국에서 사는 동안
말이 안 통하는 중국인이나 일본인을 만났을 때 필담 덕을 보았다.

알고 계십니까?

한국인만 잘 모르는 한글의 우수성

한글은 세계에서 가장 많은 발음을 표기할 수 있는 문자다. 소리의 표현을 한글은 1만 1000개 이상을 낼 수 있다. 일본어는 약 300개, 중국어(한자)는 400 여개에 불과하다. 미국의 과학 전문 잡지 〈디스커버리〉 1994년 6월호의 '쓰기 적합함'이란 기사에서, 레어드 다이어먼드라는 학자는 "한국에서 쓰는 한글이 독창성이 있고 기호 배합 등 효율 면에서 특히 돋보이는 세계에서 가장 합리적인 문자"라고 극찬한 바 있다(조선일보, 1994년 5월 25일). 그는 또 "한글이 간결하고 우수하기 때문에 한국인의 문맹률이 세계에서 가장 낮다."고 말한다.

또 소설 《대지》의 작가이자 노벨문학상 수상자인 미국의 펄벅 여사는 한글이 전 세계에서 가장 단순한 글자이며 가장 훌륭한 글자라고 했다. 그리고 세종대왕을 한국의 레오나르도 다빈치로 극찬했다(조선일보, 1996년 10월 7일).

그런가 하면 시카고 대학의 매콜리(J. D. McCawley) 교수는 미국 사람이지만 우리나라의 한글날인 10월 9일이면 매해 빠짐없이 한국 음식을 먹으며 지내고 있다고 한다. 몇 년 전 프랑스에서 세계 언어학자들이 한 자리에 모이는 학술회의가 있었다. 안타깝게도 한국의 학자들은 참가하지 않았는데, 그 회의에서 한국어를 세계

공통어로 쓰면 좋겠다는 토론이 있었다고 한다(KBS1, 1996년 10월 9일).

참으로 놀라운 일이 아닐 수 없다. 이처럼 세계가 인정하는 우리 글의 우수성을 정작 우리 자신이 잘 모르고 있다. 1986년 5월, 서울대학 이현복 교수는 영국의 리스 대학의 음성언어학과를 방문했다. 그때 리스 대학의 제프리 샘슨(Geoffrey Sampson) 교수는 한글이 발음기관을 상형하여 글자를 만들었다는 것도 독특하지만 기본 글자에 획을 더하여 음성학적으로 동일계열의 글자를 파생해 내는 방법(ㄱ-ㅋ-ㄲ)은 대단히 체계적이고 훌륭하다고 극찬했다.

그러면서 한글을 표음문자이지만 새로운 차원의 자질문자(feature system)로 분류했다. 샘슨 교수의 이러한 분류 방법은 세계 최초의 일이며 한글이 세계 유일의 자질문자로서 가장 우수한 문자임을 증명하고 있는 것이다.

마침내 지난 1997년 10월 1일, 유네스코에서 우리나라 훈민정음을 세계기록유산으로 지정하기에 이르렀다. 언어연구학으로는 세계 최고인 영국 옥스퍼드 대학의 언어학 대학에서 세계 모든 문자를 순위를 매겨(합리성, 과학성, 독창성 등을 기준으로) 진열해 놓았는데, 1위가 자랑스럽게도 한글이다.

존 맨의 한글 자랑

영국에 존 맨이라는 역사 다큐멘터리 작가가 있다. 그는 3년 전 《알파 베타(ALPHA BETA)》라는 책을 썼다. 알파 베타는 물론 그리스어 'A'와 'B'를 말한다. 이 책은 최근 《세상을 바꾼 문자, 알파벳》이란 제목으로 남경태 씨에 의해 우리에게도 번역 소개됐다. 서양 문자의 기원 나아가 세계 주요 언어의 자모(字母)의 연원을 추적한 이 책은 한글을 '모든 언어가 꿈꾸는 최고의 알파벳'이라고 소개한다. 한글 격찬을 몇 마디 더 소개하면 이렇다.

"(한글은) 모든 언어학자들로부터 고전적 예술작품으로 평가된다."

"단순하고 효율적이고 세련된 이 알파벳은 가히 알파벳의 대표적 전형이다."

"인류의 위대한 지적 유산 가운데 하나다."

끝으로 정말 끝내주는 논평 한 마디.

"한국의 알파벳은 알파벳이 어느 정도까지 발달할 수 있고, 또 그 한계는 무엇인지를 보여 준다."

_대한민국 독도사랑회 전체 메일에서, 2005년 5월 21일

5. 한국인의 세계화, 그 문제점과 해결책

한국은 이제 세계화를 당면 과제로 삼고 한창 연구 중이다. 그러나 세계화란 말처럼 그렇게 쉬운 것이 아니다. 어려서부터 자라 온 사고방식 자체가 세계화되지 않으면 현실에서 쉽게 세계화되기는 힘들다. 미국에서 30년간 살면서 보고 느낀 점은, 유대인에 비해 한국인이 세계화를 이루는 데 어려운 이유 중 하나가 이중문화 경험의 부족 때문이라는 것이다. 한국은 역사적으로 단일민족이며, 타민족과 섞여 살지 않았다. 지형적으로도 타민족과의 접촉이 힘들었다. 이러한 역사적, 지형적인 배경은 장점도 있지만 단점도 많다.

장점이 단일민족의 유지라면 단점은 세계를 보는 시야(worldview)가 좁다는 것이다. 그리고 타지방 사람과 어울리는 포용력이 부족하다. 좁게는 영남인과 호남인끼리 지방색을 나타내게 되었고, 넓게는 국제무대에서 세계인과 잘 어울리지 못하는 편협한 인간관계의 한계를 드러내었다. 이는 1994년 UR 협상에서 외무고시를 거친 한국인 대표들이 현지 각 나라 협상팀과의 실전에서 곤욕을 치르면서 표면화되었다. 이후 정부에서는 세계화 협상팀을 위해 해외동포를 고용하자는 안까지 거론되었다.

이러한 한국인의 약점은 이미 전 세계에 이민 가서 사는 한인 동포들의 이중문화 경험을 이용함으로써 극복할 수 있다. 그들과 함께 배우고 그들의 보이지 않는 커다란 자산을 이용해야 한다. 그렇게 하려면 해외동포, 특히 한인 2세들을 껴안아야 한다. 또한 해외동포에 대한 한국에서의 거부 반응부터 없애야 한다. 민족의 동질성을 복음과 함께 확인시킴으로써 유대인처럼 '한민족은 하나' 라는 인식을 확고

한국인이 세계화하는 데 걸림돌이 되는 것은 타민족과 그 문화를 수용하는 능력 부족이다. 이는 한국인이 한반도에서 이중문화 경험이 전혀 없는 환경에서 자랐기 때문이다. 이의 약점은 해외 한인 2세들을 껴안음으로써 해결할 수 있다. 사진은 유대인 랍비와 대화하는 저자의 아들.

히 해야 한다. 이것이 한국인이 세계화하는 첫걸음이다. 이렇게 뭉쳐진 힘은 한민족의 국력일 뿐만 아니라 마침내 초대교회처럼 세계 선교 사역으로 이어질 수 있다. 하나님은 왜 모세와 바울을 이방 나라 이집트와 그리스에서 각각 공부하게 하셨는가? 자기 민족과 이방 전도를 위하여 더 큰 세계관을 갖게 하기 위해서였다.

　기독교는 결코 우리 민족만을 생각하는 국수주의가 아니다. 반면 세계화는 내 것을 버리고 남의 것을 따라가는 일방적인 동화가 아니다. 자신의 사상을 바탕으로 하는 동참과 협력의 관계여야 한다. 나의 뿌리의식이나 사상이 없을 경우 남의 것도 제대로 모방할 수 없음을 명심해야 한다.

한국인의 장점이 단일민족이라면, 단점은 세계관이 좁다는 것이다.
이중문화 경험이 부족하기 때문이다.
따라서 세계인과 잘 어울리지 못하는 편협한 인간관계의 한계를 드러낸다
이런 약점은 전 세계에 흩어진 한인 동포들의
이중문화 경험을 이용함으로써 극복할 수 있다.
그들에게 유대인처럼 '한민족은 하나'라는 동족애를 심어주어야 한다.
이것이 한국인이 세계화하는 첫 걸음이다.

알고 계십니까?

앨 고어 "구텐베르크가 한국서 인쇄술 배워온 것"
"한국 디지털 혁명, 세계에 두 번째 선물"

엘 고어 전 미국 부통령이 2005년 5월 19일 '서울디지털포럼 2005-월드 ITC서미트' 개막식에 참석, 한국에서 일어나고 있는 디지털 혁명은 커뮤니케이션 부문에서 인쇄술에 이어 세계에 주는 두 번째 선물이라고 밝혔다

고어 전 미국 부통령은 서울 신라호텔에서 열린 '서울디지털포럼 2005'에서 한국의 정보기술(IT) 발전에 대해 놀라움을 표시하면서 "서양에서는 구텐베르크가 인쇄술을 발명한 것으로 알고 있지만 이는 당시 교황 사절단이 한국을 방문한 이후 얻어온 기술"이라고 말했다. 그는 "스위스의 인쇄박물관에서 알게 된 것"이라며

"구텐베르크가 인쇄술을 발명할 때 교황의 사절단과 이야기했는데 그 사절단은 한국을 방문하고 여러 가지 인쇄기술 기록을 가져온 구텐베르크의 친구였다."고 전했다.

 따라서 그는 "한국의 디지털 혁명은 역사적으로 보면 두 번째로 획기적이고 혁신적인 기술발전에 기여하는 사례가 될 것"이라며 전 세계가 인쇄술에 이어 한국으로부터 두 번째로 큰 혜택을 보게 되는 것"이라고 밝혔다.

_연합뉴스, 2005년 5월 19일

6. 유대인은 민족 형성 과정부터 세계화에 유리하다

세계의 모든 종족은 그 종족이 형성된 과정과 역사를 갖고 있다. 이 점에서 유대인은 다른 종족과 어떻게 다른가? 다른 민족들의 경우는 자신들이 거주하는 땅을 중심으로 형성되었다. 예를 들면 일본은 일본 열도를 중심으로, 중국인은 중국 대륙을 중심으로, 그리고 이집트인은 이집트 땅을 중심으로 형성되었다. 한국인도 한반도를 중심으로 형성되었다.

그러나 유대인은 다르다. 유대인은 하나님의 선민을 중심으로 형성되었다. 유대인의 조상 아브라함은 갈대아 우르에서 현재의 팔레스타인 땅 가나안으로 이민 간 사람이다. 그리고 아브라함의 아들 이삭과 이삭의 아들 야곱, 3대의 족장 시대를 거쳐 야곱의 열두 아들을 중심으로 형성되었다. 그들은 처음부터 자신들이 원해서가 아니라 하나님의 명령을 받고 남의 땅에 우거한 사람들이었다.

이처럼 유대인의 역사는 나그네 인생 또는 피난민의 역사다. 한곳에 뿌리 박고 오래 산 기간이 별로 없었다. 여호수아를 중심으로 하여 가나안 땅을 정복한 이후에도 그들은 이전부터 그곳에 우거하여 왔던 원주민들과 운명적으로 함께 살아야 했다. 왜냐하면, 유대인이 거주하는 가나안 땅 자체가 세상적 방법인 정치적, 법적 절차를 밟아 접수한 땅이 아니고, 원주민이 엄연히 있는데도 하나님과 유대인과의 관계에 근거한 신정 정치에 따라 하나님의 명령에 의해 정복한 땅이기 때문이다. 예수님이 돌아가신 이후에도 그들은 전 세계에 흩어져 사는 유랑 민족이 되었다.

그러므로 유대인이 자기 땅이라고 고집할 수 있는 땅은 하나님이 주신 가나안 땅뿐이다. 유대인이 말하는 가나안 땅은 기독교인에게는 영원한 천국을 상징한다. 기독교인은 영적으로 천국을 향하여 전진하는 나그네이다. 이 땅은 정 둘 곳이 못 된다. 이 땅은 잠시 왔다가 우거하는 정류장 같은 곳이다.

나그네 생활은 항상 원주민의 텃세를 살펴야 한다. 싫든 좋든 다른 선택의 길이 없다. 살아남기 위한 최선의 방법은 빠른 정보를 입수하여 원주민의 비위를 거스르지 않는 길 외에는 다른 방법이 없다. 따라서 그들의 국제화는 원주민들 속에서 살아남기 위한 뼈아픈 역사적 이중문화의 경험에서 나온 지혜이다. 이 지혜는 인간관계, 특히 타민족과의 인간관계에서 크게 돋보인다. 유대인은 자신들끼리 똘똘 뭉치면서도 항상 이방 문화에 관심이 많다. 그리고 무던히 배우려고 노력한다.

실례를 들어 보자. 유대인이 많이 거주하는 미국 동부에서 공부한 한국 학생 가운데, 유대인 친구의 가정에 초대되어 안식일 음식을 안 먹어 본 사람은 드물 것이다. 그들의 가정에 초대되면 그 집 부모는 한국 문화에 대해, 그리고 한국 부모들은 어떻게 가정교육을 시키는지에 대해 자세히 물어 본다. 그들은 자신들의 자녀에게 한국인을 알게 하고 한국인에 대한 포용력과 세계관이 넓어지도록 교육한다. 이러한 성품은 차세대 리더십의 필수 조건이다. 이것은 일평생 친하게 지내는 인척만을 초청하여 즐기는 '우리끼리'만의 한국적 관습과 크게 다르다.

미국에서 30여 년을 살아온 나도 한국적 교육을 받아온 결과 나도 모르게 다른 인종적 편견을 드러내는 실수를 저지를 때가 있다. 한 예로 지난 1994년 2월 LA 폭동에 대해 미국의 일간지 〈L.A. 타임스〉에

기고한 적이 있었다. 이때 한국인을 쏘고 현금을 강탈한 '흑인 갱'을 언급했다. 이 글을 본 저자의 막내아들이 '흑인 갱'이란 표현에서 '흑인'이란 말을 빼고 단순히 '갱'으로 고치는 게 좋겠다는 의견을 제시했다. '흑인'이란 단어를 넣으면 미국 독자들이 나를 '인종주의자'로 보기 쉽다는 것이었다. 아니나 다를까, 〈L.A. 타임스〉 편집인한테서 전화가 왔다. '흑인 갱' 대신 그냥 '갱'이라고만 쓰자는 제안이었다. 국제화에는 이처럼 말 한 마디도 중요하다.

미국에 이민 온 부모들이 자녀를 공부만 잘하는 아이로 키우는 데 치중한 나머지 귀여운 자녀들이 명문학교를 졸업하고도 인간관계에 미숙하여 미국 주류사회의 벽을 뚫는 데 실패하고 있다. 나의 주체의식을 갖고 있으면서도 남과 타민족을 포용하는 넓은 마음과 대화하는 기술이 필요하다. 이러한 교육은 교실에서의 강의나 사법고시 혹은 행정고시로 되는 것이 아니다. 어려서부터 다양한 현장교육을 받음으로써만 가능한 일이다. 한국 교육의 근본 문제를 풀지 않고는 국제화가 되기 어렵다.*

세계의 모든 종족은 자신들이 거주하는 땅을 중심으로 형성되었으나 유대인은 하나님의 선민 아브라함과 이삭과 야곱의 자손을 중심으로 형성되었다. 그들은 처음부터 하나님의 명령을 받고 타민족 속에서 살아 나가야 했던 나그네 인생, 혹은 피난민의 역사다. 그래서 그들은 세계화에 유리하다.

---

* '진정한 국제화의 의미'는 이 책 제2권 제2부, 제5장, I. 2. '한국 전통문화 가치에 관한 자료, 왜 부족한가' 및 제3권 제7부 제2장 I '세계화의 원리 1' 참조.

II. 세계화의 원리 2:
   다문화권에서 동화의 원리
   (유대인의 동화 모델)

1. '사회구조에의 동화'와 '문화에의 동화' 원리

서양의 현대 학문과 과학을 받아들이는 상황에서 한국인에게 생겨난 가장 큰 고민 중 하나가 과연 자녀들에게 어떻게 한국의 전통적 가치를 가르치느냐의 문제일 것이다. 특히 미국이나 해외에 거주하는 동포들에게 이 문제는 심각하다. 한국의 전통문화 즉, 수직문화를 말하면 미국의 독자들은 "영어로 가르쳐도 미 주류문화에 들어가기 힘든데 한국말을 가르치면 더 어렵지 않느냐?"라고 반문한다.

혹자는 "우리 것만 고집하면 어떻게 세계 무대에서 살아남을 수 있는가? 그러지 말고 국제화에 발맞추어 우리도 서양의 것을 따라야 하지 않는가?"라고 말한다. 그렇다면 더욱이 미국에 사는 한인 동포들, 특히 2세들은 미국인으로 살아야 하는가, 아니면 한국인으로 살아야 하는가? 이런 경우 우리는 유대인 자녀교육에서 무엇을 배워야 하는가?

이를 설명하기 위해서는 먼저 2가지 동화 이론을 설명해야 한다. 2

유대인은 자신이 거주하는 나라의 사회구조에는 적극적으로 동화되지만, 내면적 세계는 유대인의 신본주의 전통을 지키고 행한다. 사진은 유대인으로 미국 레이건 대통령 시절 국무장관을 지낸 헨리 키신저.

가지 동화 이론이란, '사회구조에의 동화(the Social Structural Assimilation)'와 '문화에의 동화(Cultural Assimilation)'를 말한다(Gordon, 1964). 이에 대한 실험연구로 고든(Gordon, 1964)과 에릭슨(Erikson, 1968)은 유대인이 고도의 인종 결속력을 갖고 있다는 관점에서 미주 유대인과 미주 흑인의 차이를 비교 대조하는 연구를 했다.

첫째, '사회구조에의 동화'란 외형적 사회구조에 동화되는 것을 말한다. 즉, 어떤 사람이 타민족 문화를 접했을 경우, 자신의 내면적 세계인 고유문화나 사상을 버리는 것이 아니라 자신의 전통적 역사관이나 문화적 가치를 지키면서 외면적 세계인 그 사회구조에만 동화하는 것을 말한다.

그 대표적인 예가 유대인들이다. 전 세계에 흩어져 나그네 생활을 하는 그들은 어느 민족이나 국가에 속하여 살게 될 경우 재빨리 그 지역의 사회구조 즉 정치, 경제, 교육, 문화, 사회, 세무 및 법률 제도 등에 대하여 연구하고 이를 자녀들에게 가르쳐 적극적으로 그 사회 구조에 동화하도록 교육시킨다. 물론 그 지역의 언어도 배운다. 그들은 자신이 속한 사회구조에 동화함으로써 전 세계에 흩어져 나그네 생활을 하면서도 원주민과 충돌을 피해 가는 지혜를 터득했다. 그리고 20~30년이 지나면 그 지방의 사회구조인 정치, 사회, 상권, 언론계, 학계 등에 깊숙이 동화하여 주도적인 리더십을 발휘한다.

그러나 그들은 사회생활을 마치고 저녁에 가정에 들어오면 머리에 유대인의 고유 모자인 '키파'를 쓰고 토라(성경)를 펼치고 자녀에게 유대인의 선민교육을 시킨다. 그리고 그들의 전통적인 절기를 철저히 지킨다. 즉, 사회의 외형적 구조의 틀에는 적극적으로 동화하면서도 자신의 내면적 세계인 정신적인 사상을 위해서는 계속 자신들의 전통적인 뿌리교육과 신본주의 사상을 교육시키고 있다.

다른 말로 정리하면, 유대인은 자녀들의 내면적 정신세계는 100% 유대인의 정체성을 갖도록 키우면서, 외형적으로는 100% 미국 사회구조에 동화된 미국인으로 키우고 있다. 그러므로 그들은 전 세계 어디를 가든지 유대인의 정체성을 가지고 있으면서도 자신들이 사는 곳의 각 분야에서 두각을 나타낸다. 그리고 전 세계에 흩어진 유대인들은 마치 그 나라에 파송된 정보요원처럼 자기 민족들끼리 얻은 각 지역의 고급 정보를 다른 곳에 사는 동족에게 제공해 주며 국제 무대를 주도해 가고 있다. 이것이 바로 '유대인은 하나'라는 사상이다. 이렇게 세계 각 지역에서 유대인이 형성한 힘은 전 세계를 움직이는 원동력이 된다.

한 예로 미국의 정통파 유대인인 리버만(Joseph Lieberman, 58세)을 들 수 있다. 그는 미국의 코네티컷 주 민주당 상원의원을 중임하고 있다. 2001년 민주당 대통령 후보로 앨 고어가 출마했을 때 부통령 러닝 메이트로 활약한 인물이다. 그는 정통파 유대인의 내면적 전통 가치를 전수받았으면서도 정치인으로서 미국의 사회구조에 적극적으로 동화한 인물이다.

이스라엘 본토의 인구는 600만 명에 불과한데 13억 인구의 아랍권과 겨루어 이기는 힘이 어디에서 나오겠는가? 그것은 미국을 비롯한 전 세계에 흩어진 유대인들이 자신들이 속한 지역에서 승리하는 삶을 살고 있을 뿐 아니라 그 힘을 조국인 이스라엘과 연결시키기 때문이다.

둘째, '문화적 동화' 란 어떤 사람이 타민족 문화를 접했을 경우 자신의 내면적 고유문화 및 사상을 버리고 자신이 접한 문화의 외형적 구조뿐 아니라 내면적 정신세계에까지 동화하는 것을 말한다.

미국의 흑인이 좋은 예다. 그들은 대부분 아프리카의 전통문화를 거의 잊어버리고 미국의 세속적 수평문화에 동화되었다. 이런 경우에는 정체성이 약화되고 자긍심이 해이해져서 자신은 물론 그 집단의 힘도 약화된다. 그리고 정신적인 안정감도 약해진다(Erikson, 1968). 결국 사회적 진출을 위한 사회구조에 동화하지 못하고 두각을 나타내기도 힘들다.

그렇다면 흑인들이 정신적으로 더 건강해지고 성공적인 삶을 살려면 자녀들에게 어떠한 교육을 시켜야 하는가? 저자도 흑인 지역에서 3년 간 홈리스를 대상으로 선교를 해 봤지만 결론적으로는 흑인 문제 역시 흑인들 스스로 능력을 키워 자신들이 풀도록 도와주는 것이 가장 합리적이며 바람직하다는 것을 깨달았다. 섣불리 한국인이 흑인

지도자로 나설 자리가 아니다. 잘못하면 좋은 일 하고 망신만 당한다. 따라서 흑인을 위한다면 흑인들에게 먼저 스스로 자신들을 사랑하고 자신들의 전통과 정체성을 살리도록 교육해야 한다.

이런 면에서 흑인 목사인 마틴 루터 킹(Martin Luther King, 1929~1968)은 진정 자신의 뿌리를 기억하고 자기 민족을 사랑하고 미국의 인권을 발전시킨 위대한 인물임에 틀림없다. 그가 더 돋보이는 것은 흑인이지만 우수한 학벌과 변호사라는 직업으로 충분히 백인 지역에서 편안히 잘 살 수 있었음에도 불구하고, 자신의 민족을 사랑하여 그들의 고난에 동참했다는 데 있다. 만약 그가 흑인을 못 본 체하고 백인 지역에서 자신만 편안하게 살았다면 오늘날과 같은 그의 이름은 존재할 수 없었을 것이다.

자신의 부모를 공경하면 아버지 세대와 자신의 민족도 사랑하는 법이다. 자신의 부모나 민족도 사랑하지 못하면서 어떻게 다른 사람이나 다른 민족을 사랑할 수 있는가? 만약 그렇다면 가증한 것이다. 그런데도 우리 주위에는 이런 사람이 얼마나 많은가? 특히 신앙이 좋다는 2세들 중에도 많다. 1세들이 2세들을 잘못 가르쳤기 때문이다. "너의 부모와 민족을 먼저 사랑하라!" 이 말은 모든 민족에게 공통적으로 적용되는 하나님의 가르침이다.

그러면 미주 한국인은 어느 동화 모델을 따라야 하는가? 물론 한국인도 유대인처럼 자신의 수직문화를 지키면서 그 사회구조에 동화하는 모델을 따라야 한다. 그래야만 내면적 정체성도 강해지고 그 주류 사회에서 성공하여 공헌할 수 있다. 즉, 한국인은 자녀들의 내면적 정신세계는 100% 한국인의 정체성을 갖도록 키우면서, 외형적으로는 100% 미국 사회구조에 동화된 미국인으로 키워야 한다. 그렇게 될 때 그들은 한국인의 정체성을 가지고 전 세계 어디를 가든지 자신들이 사는 곳의 각 분야에서 두각을 나타낼 수 있다.

60세가 넘은 어떤 한국인은 백인 사회에서 백인인 척 살면서 이렇게 말한다. "나는 한국인으로 미국의 주류 속에서 얼마든지 성공적인 삶을 살았다." 이 말은 다민족이 함께 사는 미국의 사회구조에 성공적으로 동화되었다는 말이지, 그 주류를 이루는 다양한 민족 중 어느 특정 민족, 즉 흑인이나 일본 커뮤니티의 지도자가 되었다는 뜻이 아니다.

즉 한 민족의 외면적 사회구조에의 동화와 내면적 정체성은 서로 다른 개념이라는 사실을 깨달아야 한다. 그리고 그가 미국에서 그만한 칠전팔기의 힘을 발휘할 수 있었던 것은 한국에서 한국전쟁 등을 거치면서 이미 자신의 의지와는 상관없이 당시 한국의 전통적 수직문화 교육과 혹독한 고난의 교육을 받았기 때문이다. 자신이 그런 내면적 정신교육을 받은 것처럼 자녀들에게도 그런 교육을 시켜야 자녀 세대에서도 그런 불굴의 힘이 발휘될 수 있다. 그러나 대부분 1세들은 자녀들에게 그런 교육은 시키지 않고, IQ교육에만 치중하는 게 문제다.

따라서 한국인은 세계 어느 곳에 거주한다 해도 자녀에게 한국어와 한국인의 정신적 문화 가치를 가르치는 것과 함께, 자신들이 거주하는 사회구조에 적극적으로 동화될 수 있도록 가르쳐야 한다. 그래야만 그 나라의 주류사회에 진출하여 성공적인 삶을 살 뿐 아니라 자신이 속한 나라에도 공헌할 수 있다.

한국인은 절대로 자신이 거주하는 사회구조에서 격리된 삶을 살아서는 안 된다. 만약 그렇게 산다면 한국인을 받아 준 그 나라에도 득이 안 될 뿐 아니라 한국인 커뮤니티에도 커다란 손실이 아닐 수 없다. 그리고 자녀들의 장래를 막는 길이 된다. 해외에 거주하는 한국인은 외면적으로는 로마에서는 로마인처럼, 미국에서는 미국인처럼, 그리고 브라질에서는 브라질인처럼 각 지역의 사회구조에 적극 동화하며 살아야 한다. 그러면서도 자녀에게는 한국인의 뿌리를 지닐 수 있도록 한국어와 한국인의 정신적 문화 가치를 가르쳐야 한다. 그래야 한국인으로서 그 나라의 주류사회에 진출하여 성공적인 삶을 살 뿐 아니라 자신이 속한 나라에도 공헌할 수 있다.

유대인은 자녀들의 내면적 정신 세계는
100% 유대인의 정체성을 갖도록 키우면서,
외형적으로는 100% 미국 사회구조에 동화된 미국인으로 키우고 있다.
그러므로 그들은 유대인의 정체성을 가지고 전 세계 어디를 가든지
자신들이 사는 곳의 각 분야에서 두각을 나타낸다.

2. 유대인은 소화가 안 되는 민족이다

유대인은 신약 시대에 약 2천 년 동안 전 세계를 유랑하면서 다른 나라의 문화를 항상 접하며 살아왔다. 그런데도 그들은 자신들이 거주하는 나라의 문화에 동화되지 않고 자신의 신본주의 사상과 전통, 즉 거룩한 백성으로 구별되게 살아남는 데 성공했다. 어떤 강대국도 유대인을 자신들의 문화에 동화시키는데 실패했다. 로마, 스페인, 독일 및 러시아도 유대인을 자신들의 나라 문화에 동화시켜 자신들

의 민족으로 만드는데 실패했다. 유대교를 버리고 기독교로 개종시키려고 끝없는 박해를 가했지만 결국 순교는 할망정 동화되지는 않았다.

그래서 유대인을 소화가 안 되는 민족이라고 말한다. '소화가 안 된다' 는 말의 뜻은 무엇인가? 강대국이 유대 민족을 지배하면 자신들의 문화와 체제에 동화시켜 자신들과 동질화시켜야 자기 나라 백성으로 만들 수 있는데 유대인은 동화가 안 된다는 것을 말한다. 그래서 어쩔 수 없이 다시 토해 내야 한다는 것이다. 위에서 언급한 2가지 동화의 원리로 설명한다면 유대인은 자신들이 거주하는 곳에서 항상 사회구조에는 적극 동화하지만 거주지의 문화에는 동화가 되지 않는 민족이다.

유대인은 자신들이 타문화에 소화가 안 된다는 성경적 근거를 구약성경의 '요나서' 에서 찾는다. 하나님의 종 요나는 하나님으로부터 타락한 니느웨라는 성으로 가서 그들을 바른 길로 돌이키기 위해 하나님의 말씀을 전하라는 명령을 받았다. 그러나 요나는 하나님이 주신 선교의 사명을 저버리고 여호와의 낯을 피하려고 욥바에서 니느웨가 아닌 다시스로 가는 배를 탔다.

웬일인가! 요나가 탄 배는 태풍과 사나운 물결에 휩싸여 깨어질 위기를 맞았다. 하나님이 이를 아시고 바다에 태풍을 내리셨기 때문이다. 그때 배에 탄 사람들은 태풍의 책임이 누구에게 있는지 가려내야 한다고 떠들었다. 그리고 제비뽑기를 했는데 요나가 걸렸다. 요나는 자기가 하나님의 분노를 샀다고 자백했다. 그러자 선객들이 요나를 바다에 던져버렸다. 그때 하나님께서 준비하신 상당히 큰 '고래' 가 물속에 버려진 요나를 집어삼켰다(욘 1장). 요나는 고래의 뱃속에 들어와 있는 자신을 발견했다. 그는 하나님께 회개기도를 기도했다. 그랬

더니 그 고래는 육지 가까운 곳에 와서 요나를 토해냈다. 요나는 되살아났다(욘 2장).

토라에 나오는 이 이야기에는 많은 해석이 따른다. 다른 민족에게 둘러싸여 살아온 유대인의 처지와 비슷하다고 할 수도 있다. 사람이 고래에게 먹혔다면 고래의 뱃속에서 소화되는 것이 상식이다. 그러나 그것은 요나의 운명이 아니었다. 요나는 하나님에게 기도하면서 고래에게 동화(同化)되기를 거부한 것이다. 실제로 반유대주의자들은 "유대인은 삶든지 굽든지 어쨌든 먹을 수가 없다.", "유대인은 소화가 안 된다.", "유대인을 우리 편으로 만들 방법이 없다."는 말들을 한다(솔로몬, 옷을 팔아 책을 사라, 쉐마, 2005, p. 220).

현대 기독교인들의 문제는 무엇인가? 너무나 세상 사람들과 구별되지 않았다. 수평문화에 너무나 빨리 동화된다. 세상 사람들을 구원한다는 명목 아래 그들의 문화로 접근하다가 오히려 그들의 문화에 동화된다. 그들의 문화에 동화되어 그나마 가지고 있었던 신앙도 없어져서 그들의 문화가 기독교 문화를 세속화시킨다. 즉 너무나 소화가 잘 되는 것이 문제다.

사람이 고래에게 먹혔다면 고래의 뱃속에서 소화되는 것이 상식이다.
그러나 요나는 하나님에게 기도하면서 고래에게 동화(同化)되기를 거부했다.
실제로 반유대주의자들은 "유대인은 삶든지 굽든지 어쨌든 먹을 수가 없다",
"유대인은 소화가 안 된다", "유대인을 우리 편으로 만들 방법이 없다."라고 말
한다 (솔로몬, 옷을 팔아 책을 사라, 쉐마, 2005, p. 220).

3. 미국 코리안 아메리칸의 이상적인 동화 모델
(나는 미국에서 미국인으로 살아야 하는가,
한국인으로 살아야 하는가)

이제 사회구조에의 동화(the Social Structural Assimilation) 모델을 문화적 측면에서 미국에서 살고 있는 코리안 아메리칸의 삶에 적용해 보자. 미국은 여러 종족들이 이민 와서 형성된 나라다. 언어만도 231개를 사용한다(Languages of USA, www.ethnologue.com, sil publications, 2002).

만약 미국의 모든 이민자들이 자신의 민족만을 아는 국수주의적 행동을 한다면 미국은 힘이 분산되어 지탱하기 힘들 것이다. 그렇다면 미국에 사는 이민자들은 자신들이 거주하는 이 땅에서 어떻게 살아야 하겠는가? 그들의 올바른 이민 신학은 어디에서 찾아야 하는가? 이것은 실로 중대한 주제다. 왜냐하면 이것이 바로 정리되어야 바른 이민 생활을 할 수 있기 때문이다. 이 땅은 이민자들이 선택해서 온 땅이며, 장차 그들과 그들의 후손들이 살 땅이기 때문이다.

유대인의 예를 보자. 유대인은 자기 민족만 챙기지 않는다. 그들은 자신들이 거주하는 지역의 평화와 번영을 위해 기도하며 공헌하려고 힘쓰고 있다. 이것이 성경적으로 옳은 삶의 철학이기 때문이다.

그 성경적 근거는 유대인의 바빌론 포로 시절, 하나님이 유대인에게 "거기서 번성하고 쇠잔하지 않게 하라" 그리고 "그 성읍의 평안하기를 힘쓰고 위하여 여호와께 기도하라"고 말씀하셨기 때문이다(렘 29:4-7).

만군의 여호와 이스라엘의 하나님 내가 예루살렘에서 바벨론으로 사로잡혀 가게 한 모든 포로에게 이같이 이르노라 너희는 집을 짓고 거기 거하며 전원을 만들고 그 열매를 먹으라 아내를 취하여 자녀를 생산하며 너희 아들로 아내를 취하며 너희 딸로 남편을 맞아 그들로 자녀를 생산케 하여 너희로 거기서 번성하고 쇠잔하지 않게 하라 너희는 내가 사로잡혀 가게 한 그 성읍의 평안하기를 힘쓰고 위하여 여호와께 기도하라 이는 그 성이 평안함으로 너희도 평안할 것임이니라. (렘 29:4-7)

본문을 요약하면 다음과 같다.

첫째, 만군의 여호와 이스라엘의 하나님은 바빌론에도 계셔서 유대인의 삶을 인도하시고 지켜 주신다.

둘째, 이주한 거주지에서 스스로 의식주를 해결하라(v. 5).

셋째, 오래 살 계획으로 유대인끼리 결혼하여 종족이 번성하고 쇠잔하지 않게 하라(v. 6). [포로로 잡히기 전 환란의 때에는 결혼을 금했으나(렘 16:1-2) 평화시에는 허락하셨다.]

넷째, 거주지가 평안하기를 힘쓰고 이를 위해 여호와께 기도하라 (Also, seek the peace and prosperity of the city to which I have carried you into exile. Pray to the LORD for it, v. 7a).

이 4가지 조항은 유대인이나 한국인 이민자뿐만 아니라 미국에 이민 와서 살고 있는 모든 민족들에게 꼭 필요한 말씀이다. 특히 이민 온 각 민족들은 왜 자신들의 거주지가 평안하기를 힘쓰고 이를 위해 여호와께 기도해야 하는가? 그 이유는 미국이 평안함으로 자신들과

미국에 거주하는 한국인은 미국의 사회구조에는 적극 동화하지만 내면적 세계는 한국인의 언어와 전통을 지닌 한국계 미국인으로 살아야 한다.

자신들의 후손도 평안할 것이기 때문이다(because if it prospers, you too will prosper. v. 7b). 이것이 바로 이민 신학의 핵심이다.

현재 미국에 거주하는 유대인은 미국에 대해 고맙게 생각하고 미국의 평화와 번영을 위해 2가지, 첫째 노력하고(seek), 둘째 기도하고(pray) 있다. 따라서 그들은 미국에 크게 공헌하고 있다. 이는 미국이 평안함으로 자신들도 평안할 것을 알기 때문이다. 실제로 미국은 유대인이 있으므로 나라가 더 부강해지고 세계에서 리더십을 더 발휘할 수 있다.

과학자 아인슈타인, 외교가 키신저, 영화감독 스필버그 등 미국 속에서 영향력 있는 유대인은 수없이 많다. 스필버그는 자기 민족의 고난의 홀로코스트 다큐멘터리 영화 〈쉰들러 리스트〉(1993년 작)를 만들어 유대인의 한을 풀어 주는 동시에 영화로 미국에 공헌한 인물이다. 물론 미국에 돈도 벌어 주었다.

미국의 국민들이 애국가 이상으로 애창하는 '하나님이여 미국을 축복하소서(God Bless America)'란 노래를 지은 어빙 벌린(Irving Berlin, 1888~1989)도 러시아계 유대인이다(1939). 그는 보수 유대교 교육을 받고 자랐다. 60여 년 전 온 세계가 자신들을 받아주지 않을 때 받아 준 미국, 삶의 기회를 준 나라에 얼마나 고마움을 느꼈겠는가? 이 노래에는 미국이란 나라에 대한 그의 고마움과 사랑이 잘 표현되었다.

하나님이여 미국을 축복하소서(God Bless America.)

내가 사랑하는 이 땅(Land that I love.)

이 땅에 우뚝 서서 이끌어 가리(Stand beside her, and guide her.)

밤이 새도록 위로부터 오는 빛을 밝히고(Through the night with a light from above,)

산과 산을 넘어 저 초원까지(From the mountains, to the prairies,)

하얀 파도가 부서지는 대양에 이르기까지(To the oceans, white with foam.)

하나님이여 미국을 축복하소서(God bless America.)

마이 홈 스위트 홈(My home sweet home.)

(번역: 박용필, 미주 중앙일보)

1955년 2월 18일 어빙 벌린은 미국의 아이젠하워 대통령으로부터 미국을 사랑하는 노래를 지은 공로로 금메달을 받았다. 그뿐 아니라 모국 이스라엘 동족의 자선단체에도 수많은 기부를 했다(Shapiro, 1995, Seymour, 1996). 그는 유대인의 뿌리를 지닌 자랑스런 유대계 미국인(a proud Jewish American with Jewish heritage)이었다.

미국의 상원의원이자 정통파 유대인인 리버만(Joseph Lieberman)도 미국의 번영과 평화를 위해 일하지만 자신의 민족 유대인을 위해서도 일한다. 그는 이스라엘과 팔레스타인의 분쟁이 한창인 2002년 5월 7일 미 상하원들을 설득하여 이스라엘을 지지하자는 표결에 앞장섰다. 그 결과 미 상하원은 2표를 제외한 나머지가 압도적으로 이스라엘을 지지했다.

미국에 이민 온 모든 민족들은 스필버그나 벌린처럼 자신들을 받아준 미국에 감사하고, 사랑하고 공헌해야 한다. 따라서 미주 한인 동포들(코리안 아메리칸)도 한국인의 뿌리를 지닌 자랑스러운 한국계 미국인(a proud Korean American with Korean heritage)으로 살아야 한다. 즉, 내면적 정신세계는 100% 한국인의 정체성을 가지면서, 외형적으로는 100% 미국 사회구조에 동화된 자랑스러운 한국계 미국인으로 살아야 한다.

마땅히 조국을 위한 애국심도 지녀야 하겠지만, 자신들과 자녀들이 거주하는 미국의 평화와 번영을 위해 기도하고 공헌해야 한다. 미국은 우리가 선택한 땅이기 때문이다. 이민자들 스스로 선택한 이 땅을 스스로 사랑하고 지키고 가꾸지 않는다면 누가 이 땅을 지키겠는가? 미국의 모든 민족들은 이제 하나 되어 미국이 무엇을 해 줄까만을 생각지 말고, 스스로 미국을 위해 무엇을 공헌할까를 생각하며 기도해야 한다. 그리고 미국에서 주인의식을 갖고 스스로 주체적 민족으로 서로 도우며 발돋움해야 한다.

그렇다면 이런 질문도 나올 수 있다. 만약 미국과 이스라엘이 적대

관계가 될 경우, 미국에 거주하는 유대인은 어느 편에 서야 하겠는가? 미국 시민이라면 당연히 미국 편에 서야 한다. 그 이유는 이렇다.

첫째, 이 세계 어느 나라도 미국 시민을 가장 많이 보호해 줄 국가는 미국밖에 없다. 따라서 미국 시민은 당연히 미국을 먼저 선택하고 미국의 국익을 위해 살아야 한다.

둘째, 미국만큼 성경에 근거해서 개인의 권리와 자유를 보장해 주는 나라는 없다. 뿐만 아니라 가장 힘이 강한 나라이며, 또한 모든 인류에게 기회의 나라다. 미국만큼 약소국가들을 도와주는 나라는 지상에 없다. 즉 미국은 역사가 만들어 낸 가장 이상적인 나라다. 그렇기 때문에 수많은 이민자들이 선택한 나라다. 한번 선택한 나라라면 그 나라를 위해 목숨을 바쳐야 한다. 그렇게 해야 자신들의 가족이 미국에서 자부심을 갖고 뿌리를 내릴 수 있다. 이것이 나를 받아준 나라에 대한 감사의 보답이다.

셋째, 이스라엘이 미국과 적대관계가 된다는 것은 이스라엘의 선택이 잘못되었을 경우이기 때문이다. 즉, 성경의 가치에 반한 국가가 되었기 때문일 것이다. 이럴 경우 미국의 유대인들은 이스라엘이 성경으로 돌아와 미국과 화목하게 지내도록 노력해야 할 의무가 있다. 그 예로 베트남인이 공산 정권을 탈출하여 미국에 온 경우나 북한의 공산주의와 독재가 싫어 미국에 온 경우를 들 수가 있다. 아무리 사랑하는 조국이라 해도 성경에 반한 다른 이데올로기나 독재정치를 할 경우에는 조국의 편을 들 수가 없다. 미국은 성경에 근거한 자유민주주의를 따르는 나라다.

  이와 반대로 이스라엘은 성경적 가치관을 갖고 있는데, 미국의 가치관이 변질되어 서로 적대관계가 될 수도 있을 것이다. 그때는 미국 국민들 모두 미국이 성경의 가치관으로 돌아오도록 기도하며 노력해야 할 것이다. 이 원리는 유대인은 물론 한국인이나 독일인, 이라크인, 일본인 및 중국인 모두에게 적용된다.

  어떻게 보면 미국에 많은 민족이 함께 사는 것이 약점인 것 같지만 그렇지 않다. 장점이 더 많을 수도 있다. 미국은 단일민족으로 구성된 다른 나라와 다르게 이 땅에 거주하는 각 민족들의 특성과 다양성을 그대로 키워 나가면서 이것들을 하나로 연합할 때에 엄청난 힘을 발휘하게 된다. 뿐만 아니라 각 민족들이 미국이란 나라에 이민 와서 미국 시민으로 살면서 미국에 대한 애국심을 갖도록 교육시킨다면, 과거 그들이 속했던 나라(모국)를 설득시켜 미국의 동맹국 내지 우방국으로 만들 수 있는 기회가 가장 많은 나라다. 실제로 미국에 사는 한국계 미국인도 한국이 미국의 동맹국으로 계속 남아 서로 상대방의 협조가 필요할 때 도울 수 있도록 공헌해야 한다.

  그러므로 미국은 모든 민족이 서로 인정하고, 용납하고, 화합하며 돕는 장이 되어야 한다. 다양성 속에서의 하나(One unity with many variety), 이것이 어느 나라도 따를 수 없는 미국의 장점이자 잠재능력이다. 바울은 이를 교회에 비유했다(고전 12:12-31, one body with many parts). 따라서 미국 문화는 멜팅 폿(melting pot)이 아니고, 각 민족의 특성을 살리며 전체를 통합하는 샐러드 볼(salad bowel) 또는 모자이크 모델(mosaic model)이 되어야 한다.

실제로 미국은 코리안 아메리칸이 있으므로 나라가 더 부강해지고 세계의 리더십을 더 발휘할 수 있어야 한다. 이를 위해서는 한국계 미국인이 미국에서 주인의식을 갖고 선량한 시민이 되는 것은 물론 유대인처럼 정계, 학계, 재계, 언론 및 예술 등에 영향력을 끼치는 굵직한 인물들을 많이 배출해야 한다. 그런 면에서 현재 코리안 아메리칸 교회들은 미국을 위해 얼마나 열심히 기도하고 있는가?

국제교육연구소(IIE)에 의하면, 미국 내 한국인 학자만도 2000~2001학년도 현재 5830명으로 중국과 일본에 이어 3위다(중앙일보, 2001년 11월 16일). 전 학년도에 비해 16.3%나 늘어 상위 20개 국 중 가장 높은 증가율을 기록했다. 좋은 현상이다.

이 논리는 전 세계 180개국에 흩어져 살고 있는 700만 재외동포(중앙일보, 세계 한인 네트워크, 윈-윈의 지혜로, 2007년 10월 8일)에게도 동일하게 적용된다. 자신이 속한 나라의 지도자를 위해 기도하고 자신이 속한 땅의 평화와 번영을 위하여 기도할 뿐만 아니라 그것을 위해 노력해야 한다. 특히 9·11 테러 이후에는 더욱 미국을 위해 기도할 때가 아닌가?

미주 한인 동포들도 한국인의 뿌리를 지닌 자랑스러운
한국계 미국인(a proud Korean America with Korean heritage)으로 살아야 한다.
즉, 한국인은 내면적 정신 세계는 100% 한국인의 정체성을 가지면서,
외형적으로 100% 미국 사회구조에 동화된
자랑스러운 한국계 미국인으로 살아야 한다.
그리고 미국의 번영과 평화에 공헌해야 한다.

4. 다문화 속에서 성경적 동화 모델(예수님과 바울의 예)

앞에서 고든의 2가지 동화 이론, **첫째** 사회구조에의 동화(the Social Structural Assimilation)와 **둘째** 문화적 동화(Cultural Assimilation)에 대해 소개했다(Gordon, 1964). 두 동화 모델의 이론은 내면적 영적 세계를 가진 기독교인이 외면적 세속의 사회구조에서 생활하는 데에도 적용될 수 있는가? 물론 적용된다. 먼저 예수님과 바울의 동화 모델은 2가지 중 어디에 속하는지 알아보자.

첫째, 예수님의 동화 모델에 대해 알아보자.

유대인이셨던 예수님은 근본 하나님의 본체시나 자신을 낮춰 하나님의 아들로 이 땅에 내려오셔서 사신 분이시다(빌 2:6). 예수님도 인간이시기 때문에 이 땅에 내려오셔서 사람들과 함께 생활하셨다. '사람들과 함께 생활하셨다.' 라는 말은 '사람들의 문화와 접하면서 사셨다.' 라는 뜻이다.

예수님의 동화 모델은 2가지 중 어디에 속하는가? 예수님도 유대인처럼 '사회구조에의 동화 모델' 에 속하신 분이다. 그 이유를 2가지 측면, **첫째** 예수님의 내면적 영적 세계와 **둘째** 외면적 세상 죄인의 사회구조에 대해 살펴보자.

사회구조에의 동화란 외형적 사회구조에의 동화를 말한다. 즉, 어떤 사람이 타민족 문화를 접했을 경우 자신의 내면적 세계인 고유문화나 사상을 버리는 것이 아니라, 자신의 전통적 역사관이나 문화적 가치를 지키면서 외면적 세계인 그 사회구조에만 동화하는 것을 말한다.

예수님의 내면적 영적 세계는 하늘에서나 이 땅에서나 신본주의 사상으로 가득하시다. 그분은 이 세상에서 내면적으로는 무흠하신 하나님의 아들로 신본주의 사상을 갖고 계시면서 외면적으로는 '죄 있는 육신의 모양(the likeness of sinful flesh)' (롬 8:3)으로, 즉 '사람의 모양(human form)' (빌 2:8)으로 사셨다. 그뿐 아니라 예수님은 외면적으로는 죄 있는 육신의 모양으로 오셔서 죄인의 사회구조에 적극 동화하셨다. 죄인과 함께 먹고 포도주도 즐기면서 죄인의 친구로 사셨다(마 11:19; 눅 7:34, 19:7).

> 인자는 와서 먹고 마시매 말하기를 보라 먹기를 탐하고 포도주를 즐기는 사람이요 세리와 죄인의 친구로다. (마 11:19a)

예수님은 죄인들과 함께 사시면서, 즉 죄인들의 사회구조에는 적극 동화하시면서 그들에게 하나님의 말씀을 가르쳐 그들 내면의 죄악된 마음을 신본주의 문화로 동화시킬망정 예수님의 내면 세계는 결코 사람의 죄를 따르지 않으셨다. 즉, 예수님은 죄인의 외면적 사회구조에는 적극적으로 동화되어 사셨지만 내면적 영적 세계는 순결 그 자체이셨다.

예수님과 삭개오의 예(눅 19:1-10)를 보자. 삭개오의 직장인 국세청과 세금을 징수하는 제도는 사회구조(Social Structure)에 속하기 때문에 죄가 아니다. 그러나 삭개오가 세금 감면의 조건으로 주민들로부터 뇌물을 받은 것은 삭개오의 내면적 마음이 부패했기 때문에 일어난 죄다. 예수님은 삭개오가 속한 사회구조에는 함께 적응하시면서도 삭개오와 같은 죄는 따르지 않으셨다. 그뿐 아니라 예수님은 삭개오에게 말씀을 가르쳐 그의 내면적인 죄를 회개하게 하고, 그의 부패한 마음을 깨끗하게 치유하셨다.

    여기에서 보편적 사회구조 자체는 죄가 아니라는 사실을 알 수 있다. 다만 그 사회구조에서 사는 인간의 마음이 타락하면 사회구조의 법을 어기고 죄를 지을 수 있다(물론 보편적이 아닌 특수한 범죄 집단의 사회구조는 죄악일 수도 있다). 뿐만 아니라 인종의 문화적 측면에서도 예수님은 복음을 전하기 위해 유대인뿐만 아니라 사마리아인(요 4장), 아람 사람 및 로마인(마 8:5-8; 요 11:4) 등 모두에게 편견 없이 동화하셨다.

    둘째, 정통파 유대인이었던 바울의 동화 모델은 어떠한가?

    바울도 예수님처럼 '사회구조에의 동화 모델'에 속한다. 다만 예수님과 바울의 차이점은 예수님의 동화 모델이 2가지 측면, 예수님의 내면적 영적 세계와 죄인이 사는 외면적 사회구조의 동화 측면에서 살펴보았다. 바울은 내면적 영적 세계는 예수님과 동일하지만 인종의 문화적 측면에서는 복음을 더 넓게 많이 전하기 위해 더 많은 인종의 외형적 사회구조에 동화해야 했다는 점이다.

    바울은 자신의 내면적 세계는 신본주의 문화(복음)로 가득 찼으나, 외면적으로는 유대인에게는 유대인처럼, 헬라인에게는 헬라인처럼, 로마인에게는 로마인처럼 행동했다. 즉, 그는 여러 사람을 위해 여러 모양의 사회구조에 동화되어 생활했다. 그 이유는 그들을 한 명이라도 더 복음으로 구원하기 위함이었다(고전 9:20-23).

> 유대인들에게는 내가 유대인과 같이 된 것은 유대인들을 얻고자 함이요 율법 아래 있는 자들에게는 내가 율법 아래 있지 아니하나 율법 아래 있는 자같이 된 것은 율법 아래 있는 자들을

> 얻고자 함이요 율법 없는 자에게는 내가 하나님께는 율법 없는 자가 아니요 도리어 그리스도의 율법 아래 있는 자나 율법 없는 자와 같이 된 것은 율법 없는 자들을 얻고자 함이라 약한 자들에게는 내가 약한 자와 같이 된 것은 약한 자들을 얻고자 함이요 여러 사람에게 내가 여러 모양이 된 것은 아무쪼록 몇몇 사람들을 구원코자 함이니 내가 복음을 위하여 모든 것을 행함은 복음에 참여하고자 함이라. (고전 9:20-23)

위의 말씀은 무엇을 뜻하는가? 바울은 복음을 위해 다른 민족의 사회구조에 적극적으로 동화하며 복음을 전했다는 것이다. 그리고 그들의 내면적 세계를 신본주의 문화에 동화시킬망정 자신의 내면적 영적 세계는 그들의 죄악된 문화에 전혀 동화되지 않았음을 보여 준다.

우리는 여기에서 유대인이었던 예수님이나 바울 모두 사회구조에는 적극 동화되어 사셨지만, 자신의 내면적 영적 세계는 흔들림 없이 굳게 지키셨다는 점에 주목해야 한다. 즉, 결코 죄악의 세속 문화에는 동화(Cultural Assimilation)되지 않는 데 성공했다. 뿐만 아니라 한걸음 더 나아가 두 분은 자신들의 내면적 영적 능력으로 비기독교인의 내면(마음)에 있는 죄악된 세속 문화를 기독교의 신본주의 문화로 놀랍게 변화시키셨다는 점에 크게 주목해야 한다.

그렇다면 반대로 기독교인의 문화적 동화란 무엇인가? 그것은 기독교인이 세속의 사회구조에 동화하면서 자신들의 내면적인 영적 세계를 지키지 못하고, 오히려 내면의 마음이 죄악의 세속 문화에 동화되는 것을 말한다. 그 이유는 자신의 내면적 영적 세계의 힘이 죄악된 세속 문화의 힘보다 상대적으로 약하기 때문이다. 오늘날 많은 기독교인 자녀들의 내면적인 마음이 세속 문화에 빠져 예수님을 쉽게 잃어버리는 이유가 여기에 있다.

따라서 기독교교육학적 측면에서 기독교인도 예수님이나 바울처럼 사회구조에는 동화되어 살지라도 내면적 영적 세계는 신본주의 사상을 굳세게 지키게 하며, 죄악의 세속 문화에 물들지 않도록 자녀들을 교육시켜야 한다. 그리고 한 걸음 더 나아가 기독교인 자녀들이 예수님이나 바울처럼 하나님의 말씀으로 죄악된 세상의 문화를 기독교의 문화로 변화시켜야 한다. 이것이 바로 빛과 소금의 역할 아니겠는가?

유대인이셨던 예수님이나 바울은 모두 사회구조에는
적극 동화(the Social Structural Assimilation)되어 사셨지만,
자신의 내면적 영적 세계는 흔들림 없이 굳게 지키셨다는 점에 주목해야 한다.
결코 죄악의 세속 문화에는 동화(Cultural Assimilation)되지 않으셨다.

제3장

코리안 디아스포라 2세의 인성교육

I. 코리안 디아스포라 2세가 부모 교회를 섬기게 하는 방법
II. 왜 부모는 자녀에게 족보를 가르쳐야 하는가

I. 코리안 디아스포라 2세가 부모 세대를 섬기게 하는 방법

1. 먼저 한국인으로 키워라: 문화는 신앙을 담는 그릇이다

질문: 왜 미주 한인 자녀가 부모와 부모 교회를 떠나는가?

위에서 설명한 '신언서판과 기독교인과의 관계'와 '신언서판과 한국인 기독교인과의 관계'는 무엇이 다른가? '신언서판과 기독교인과의 관계'에서 신언서판이란 양반교육의 인성교육이 모든 인종의 기독교인들에게 보편적(universally)으로 적용되는 이론을 설명한 것이다. 인간다운 인간을 만드는 인성교육의 원리와 내용은 약간씩 차이가 나겠지만 대부분 동서양의 구분 없이 모두 필요하기 때문이다.

이제 더 구체적으로 '신언서판과 한국인 기독교인과의 관계'에 대해 설명해 보자. 이는 모든 인종에게 적용되는 '신언서판과 기독교인과의 관계'란 보편적 이론을 한국인에게 국한하여 적용해 보자는 뜻이다. 다시 말하면, 한국인 기독교인에게는 먼저 한국인에게 맞는 신언서판이란 인성교육을 시켜야 한다는 뜻이다.

이를 설명하기 위해 먼저 미주 한인 교회의 문제점을 살펴보고 그 이유와 해결 방안을 제시해 보자. 통계에 의하면 미국 동포 2세들은 대학에 들어가면 70%가 교회를 떠나고 대학을 졸업하면 90%가 교회를 떠난다(Song, 1997, pp. 23-34). 그나마 10% 정도 2세 기독교인이 남는다 해도 1세 교회를 전수받을 2세들이 거의 없다. 다시 말하면, 10% 정도라도 2세들이 복음을 전수하는 데에는 성공했지만, 그들이 부모의 교회는 오기 싫어한다는 것이다. 그들은 마치 1세 교회를 타민족 기독교인처럼 여긴다. 어떤 경우에는 타민족 기독교인들보다 더 비판적이고 냉정하다. 따라서 미주 한인 교회는 장래 한인 교회를 이어갈 지도자 양성은 물론, 2세들을 키우는 데 거의 100% 실패한 셈이다. 얼마나 안타까운 일인가?

왜 똑같은 예수님을 믿는데도 미주 한인 1세와 2세의 신앙생활 사이에 심한 세대차이가 나는가? 그 이유는 미주 한인 1세들이 2세들에게 복음을 전수하는 데에는 성공했더라도 한국인으로 만드는 데는 실패했기 때문이다. 부모의 문화를 자녀들에게 전수하는 데 실패했기 때문에 1세와 2세 사이 문화코드가 맞지 않는다. 신앙 전수는 10%라도 했는데, 문화 전수는 거의 하지 못했다는 말이다. 한국인 2세들이 한국인 1세가 사용하는 한국어와 한국인의 전통을 먼저 배워 성숙한 한국인이 된 다음 예수님을 믿어야 성숙한 한국인 기독교인이 될 수 있었는데, 불행히도 부모들이 자녀들을 한국인으로 키우는 데 실패했기 때문에 자녀 세대와 심한 갈등을 겪게 된 것이다. 1세 부모들은 자녀를 한국인으로 키우지 못함으로써 다음 3가지를 잃었다.

첫째, (물론 다른 이유도 있겠지만) 2세 중 90% 이상이 대학을 졸업하면 교회를 떠난다. 그 이유는, 저자의 연구에 의하면, 한국인(한국 민족)으로서 정체성이 약하면 내면적 종교성(Intrinsic Religiosity)도 약해지기 때문이다. 2세들이 한국인으로서 정체성이 약하면, 복음화될 확률도 적을 뿐 아니라 하나님에 대한 헌신도도 약하다.*

둘째, 설사 2세 중 10% 정도가 신앙을 가졌다 해도 한인 교회를 떠난다. 얼마나 큰 손실인가?

셋째, 1세 부모들의 시각에서 2세들은 대체적으로 예의가 부족하다. 그 이유는 1세들이 받았던 한국식 신언서판 교육을 전수하지 못해 부모 세대와 2세 사이에 신언서판식 문화코드를 맞추는 데 실패했기 때문이다. 얼마나 안타까운 일인가?

그렇다면 유대인은 어떻게 자자손손 토라를 전수하고 그들의 회당을 지키는 데 성공했는가? 가장 큰 이유는 자녀들에게 먼저 유대인의 문화와 전통 그리고 역사를 가르쳐 자녀들을 유대인으로 키우는 데 성공했기 때문이다.

흔히 복음주의자들은 "예수님만 잘 믿으면 그만이지 민족 문화가 왜 그리 중요한가?"라고 반문한다. 그러나 세대차이 없는 부모 세대의 신앙을 전수하려면 문화와 전통이 중요하다. 그 이유는 문화는 복음이라는 교육의 내용을 담는 그릇이기 때문이다. 하나님이 인간을 창조하실 때 각자에게 다른 개성이나 은사를 주신 것처럼, 각자 혹은 민족의 문화도 다르다(고전 12장). 그뿐 아니라 동일한 기독교 신앙생

---

* 자세한 내용은 저자의 《문화와 종교교육》 쉐마, 2005년 참조.

활이라도 교단끼리 혹은 민족끼리 기독교 문화가 서로 다르다.

똑같은 예수님을 믿는데도 장로교, 감리교, 침례교, 순복음 교단의 문화가 다르다. 건축양식, 예전(Liturgy) 및 조직과 명칭 및 교단법도 다르다. 침례교는 장로제도가 없고 세례식을 침례로 한다. 장로교는 장로제도가 있고 약식 세례를 준다. 장로교는 여자 권사만 있는데 감리교는 남자 권사도 있다. 장로교 안에도 고신, 합동, 통합 및 기장의 예배 문화가 약간씩 다르다. 각 기독교인 가정에도 선조 때부터 내려오는 문화가 약간씩 차이가 난다. 한국 민족 내에서의 기독교 문화도 이렇게 다른데 다른 민족의 기독교 문화와는 얼마나 다르겠는가?

문제는 어느 문화가 제일 좋다는 것을 논하자는 것이 아니고 각자 자신들의 신앙을 전수하는 방법이나 형식 즉, 문화라는 그릇이 다르다는 사실이다. 그리고 각자 1세들이 가진 신앙을 자녀에게 전수하려면 자신들의 신앙을 자신들의 문화에 담아 전수할 수밖에 없다는 사실이다.

그러므로 복음을 담는 문화라는 그릇 없이 대를 잇는 신앙 전수는 불가능하다. 문화라는 그릇이 유대인처럼 더 조직적이고 구체적일수록 복음을 담는 데 더 효과적이고, 복음을 받은 후에도 더 크고 더 넓게 쓰임 받을 수 있다. 그리고 2세에게 신앙이란 내용을 더 잘 전달할 수 있다.

따라서 미주 한인 2세들이 부모 교회를 전수받기 위해서는 부모 세대의 문화에 세대차이 없이 푹 젖어 있어야 한다. 부모 세대의 문화도 크게 2가지로 분류할 수 있다. 첫째 잘 다듬어지지 않은 한국 문화, 둘째 잘 다듬어진 한국 문화, 즉 한국인의 인성교육인 신언서판 문화다. 먼저 한국인으로 키우는 것이 중요하나 이왕이면 잘 다듬어진 한국인으로 키우는 것이 더 중요하다. 예를 들면 한국어, 한국인의 예의 범절, 효 사상, 족보 이야기 및 한국 역사 등을 잘 정리해서 가르쳐야 한다. 왜냐하면 한국인이라고 다 좋은 한국인이 아니고, 사람다운 한국인이 더 좋은 한국인이기 때문이다. 유대인도 마찬가지이다. 유대인이라고 다 좋은 유대인이 아니고 사람다운 유대인이 더 좋은 유대인이다.

평생 사랑한다는 말 한 마디 못해도 이혼하지 않고 잘 사는 부모들, 남 보는 데서 키스는커녕 포옹 한번 안 해도 이혼하지 않고 잘 사는 부모들, 그들의 문화는 무엇인가? 한국의 신언서판 문화다. 왜 2세들은 사랑한다는 말을 그렇게 자주 하고 남 보는 데서 키스를 많이 해도 부모 세대보다 이혼율이 높은가? 신언서판 문화를 받지 못했기 때문이다.

한인 2세들이 왜 한국 부모와 부모의 교회를 떠나려고 하는가? 그들에 의하면, 1세들에게 상처를 많이 받아서, 그리고 한국의 것만 너무 고집하기 때문에 등으로 답변한다. 그들이 왜 상처를 많이 받았는가? 물론 1세들의 잘못도 있지만 근본적으로는 이미 미국 문화에 물든 2세들이 한국 1세들의 강한 한국 문화와 충돌할 때 받은 상처들이다.

만약 2세들이 부모의 문화에 온전히 동화된다면 부모로부터 받는 상처도 없거니와 부모나 부모의 교회를 떠나지도 않을 것이다. 따라서 한국인 부모는 자녀를 기독교인 이전에 먼저 좋은 한국인으로 키워야 자녀들이 복음을 받아들인 이후에도 좋은 한국인 기독교인이 될 수 있다.

미주 한인 2세들이 대학을 졸업하면 90%가 교회를 떠난다.
그나마 10% 정도 2세들에게 복음을 전수하는 데에는 성공했지만,
그들조차도 부모 교회를 떠난다.
미주 한인 1세들이 2세들에게 복음을 전수하는 데에는 성공했더라도
한국인으로 만드는 데는 실패했기 때문이다.
따라서 한인 1세는 1세 교회를 이어나갈 2세 교육에 100% 실패한 셈이다.

2. 한국인 기독교인으로 키우려면 4단계 교육을 시켜라

한인 2세들이 왜 한국 부모와 부모 교회를 떠나는가? 이를 어떻게 막을 수 있는가? 이는 미주 한인뿐만 아니라 전 세계 한인 디아스포라 교회의 과제다. 그 길은 오직 1세 부모들이 2세를 '성숙한 기독교인' 이전에 '성숙한 한국인 기독교인'으로 양육하는 방법밖에 없다.

그 방법은 무엇인가? 성숙한 한국인 기독교인으로 키우려면 다음 4단계를 거쳐야 한다.

1단계, 한인 부모는 자녀가 태어나면서부터 한국 문화를 가르쳐 먼저 세대차이 없는 한국인으로 양육해야 한다.

2단계, 신언서판을 잘 가르쳐 한국인 중에서도 사람다운 한국인이 되도록 해야 한다.

3단계, 그 후 복음을 인식할 나이에 복음을 전하여 구원받게 한다.

4단계, 기독교인의 영적 양식인 하나님 말씀(율법)으로 성화교육을

시키며, 함께 한국 문화를 가르쳐 습관화시킴으로써 성숙한 한국인 기독교인이 되게 한다. 이 단계에서 한국 문화와 성경의 진리(율법)가 서로 상충될 때는 어떻게 해야 하는가? 성경의 진리(율법)를 우선적으로 따라가기 위해 한국인의 가치는 버리고 하나님의 거룩한 구별된 백성이 되도록 교육시켜야 한다.

네 번째 단계를 더 자세히 설명해 보자. 왜냐하면 기독교의 가치와 한국인의 가치가 다를 수도 있기 때문이다. 이 단계에서 모두 기독교의 가치를 따른다고 하여 한국인의 가치나 전통 및 습관이 없어지는가? 아니다. 예를 들면 똑같은 한국인이지만 기독교의 목사나 불교의 스님이나 샤머니즘의 무당 문화가 서로 다르다. 그런데도 외국에 나가면 모두 한국인으로 통한다. 이것은 무엇을 뜻하는가? 한국인은 각자의 종교를 떠나서 한국인 고유의 공통분모 가치가 있다는 것을 뜻한다. 예를 들면 반만 년 동안 공유한 역사, 습관, 음식, 삼강오륜이나 신언서판에 근거한 인성교육 등이다.

한국인 기독교인은 자신의 정체성을 분명히 깨달아야 한다. 이를 위해 한국 장로교 김창주 목사(예닮교회)가 쉐마교사대학에서 고백한 체험담을 들어보자(2003년 6월). 그는 4대째 한국인 기독교인이다. 미국에 유학 가서 외국인들과 함께 공부할 때 겪은 사건이다. 자신은 꽤 기독교적이라고 자부했는데 자신의 행동을 다른 외국인들과 비교해 보니 기독교적이기보다는 유교적인 요소가 더 많다는 사실을 깨달았다는 것이다. 즉 자신은 한국인 기독교인이지만 대부분 문화나 행동은 유교적 한국인의 행동이라는 사실이다. 이는 무엇을 뜻하는가? 종

성숙한 한국인 기독교인이 되는 4단계

단계 및 방법	일반 이론 (가정과 교회에서)	한국인 기독교인에 적용 (한국인 가정과 교회에서)
첫째 단계 방법	▷사람이 돼라(인격자가 돼라). • 마음의 복음적 토양교육 (Pre-Evangelism)	▷1단계: 한국인이 돼라. ▷2단계: 사람다운(인격적인) 　한국인이 돼라.
둘째 단계 방법	▷기독교인이 돼라. • 복음전도(Evangelism)	▷3단계: 한국인 기독교인이 　돼라.
셋째 단계 방법	▷성숙한 기독교인이 돼라. • 제자화 (Discipleship, Post-Evangelism) **첫째**: 수직 전도(부모가 자녀에게) 　– 내적 성숙(영성 훈련) 　– 외적 성숙(율법을 행함) **둘째**: 수평 전도 　(전도자가 피전도자에게) 　– 내적 성숙(영성 훈련) 　– 외적 성숙(율법을 행함)	▷4단계: 성숙한 한국인 기독교인이 　돼라. • **첫째**: 성숙한 한국인 　– 내적 한국인 　– 외적 한국인 • **둘째**: 성숙한 한국인 기독교인 　– 내적 성숙(영성 훈련) 　– 외적 성숙(율법을 행함)

교라는 영혼의 문제 이전에 그 종교를 담는 그릇이 한국적 수직문화의 사람이라는 것을 뜻한다. 이런 예는 일본인 기독교인이나 인도인 기독교인도 동일하게 경험하는 현상이다. 이제, 성숙한 한국인 기독교인 자녀교육을 위한 단계들을 다음과 같이 정리할 수 있다.

　여기에 맞는 예로 누구를 들 수 있을까? 주기철 목사, 손양원 목사, 안창호 선생, 한경직 목사, 박윤선 박사, 박형룡 박사 등이다. 왜 수많은 한국인 기독교인들이 있는데 유독 그들이 많은 사람들의 존경을 받는가? 그들은 성경 말씀대로 성경의 훌륭한 믿음의 위인들의 삶을 본받은 자랑스러운 한국인 기독교인이기 때문이다. 우상을 섬기지 말라는 율법을 지키기 위해 혹독한 고난을 받은 분들이다. 손양원 목사는 사랑의 계명을 지키기 위해 자식을 둘이나 죽인 공산주의자를 양자로 삼은 분이다. 그들은 어떻게 성경의 훌륭한 믿음의 위인들의 삶을 본받았는가?

그들은 예수님을 믿기 이전에 이미 한국인 중에서도 인격적인 한국인 양반교육을 제대로 받았기 때문이다. 고고한 품성을 지닌 한국의 선비 출신들이었다. 그들은 고난 중에서도 행동을 함부로 하지 않는 선비사상을 가졌고, 흔들리지 않는 올곧은 지조가 있는 분들이었다. 그리고 자기 절제 훈련도 되어 있어서 행동 역시 언제나 남에게 흐트러진 모습을 보이지 않았다. 바울이 율법에 흠이 없었던 것처럼(빌 3:6) 그분들도 한국인의 신언서판의 양반의 율례와 법도에 흠이 없었던 분들이다.

그들은 예수님을 믿기 이전에 그리고 그 후에 각각 어떤 교육을 받았으며, 공통된 특징은 무엇인가?

첫째, 한국인을 사랑하는 투철한 애국자다.

둘째, 그들은 한학(漢學)에 밝아 동양의 지혜는 물론 삼강오륜이나 신언서판의 인성교육이 잘 되어 있는 선비들이다. 즉, 한국인 중에서도 사람다운 인격적인 교육을 잘 받은 한국인이다.

셋째, 그 후에 예수님을 영접하여 한국인 기독교인이 되었다.

넷째, 기독교인의 영적 양식인 하나님 말씀(율법) 교육으로 성화교육을 잘 받아 남에게 신앙적으로 인격적으로 모범이 되는 성숙한 한국인 양반 기독교인이 되었다.

믿음의 위인들이 유대인에게만 있는 것도 아니며 서양인에게만 있는 것도 아니다. 한국인에게도 얼마든지 있다. 다만 우리가 사대사상에 물들어 우리 믿음의 조상들의 영성과 삶을 외면한 채 서양인의 모델만 소개했을 뿐이다. 그 결과 1세와 2세 사이에 심한 세대차이가 난다. 대부분의 자녀들이 미국 목사는 좋아하지만 한국인 1세 목사는 싫어한다. 심은 대로 거두는 법이다.

그러므로 한국인 자녀들에게 모델이 될 수 있는 기독교인은 한국인 선조에게서 먼저 찾아 가르쳐야 한다. 성숙한 한국인 기독교인의 신앙과 삶을 전수하기 위해서다. 그럴 때 한국인의 정체성(Identity)과 함께 한국인 기독교인으로서의 자긍심(Self-Esteem)도 높일 수 있다. 따라서 설사 타민족에 파송된 한국인 선교사라 하더라도 한국인의 정체성(Identity)과 함께 한국인 기독교인으로서의 자긍심(Self-Esteem)이 있어야 더 효과적인 선교를 할 수 있다.

제2의 혹은 제3의 주기철 목사, 손양원 목사, 안창호 선생, 한경직 목사 그리고 박윤선 박사나 박형룡 박사 같은 성숙한 한국인 양반 기독교인을 배출하기 위해서는 한국인 1세들이 2세들에게 그들이 받았던 4단계 교육을 철저히 시켜야 한다.

특히 교육학적으로 첫 단계, "한국인이 돼라."와 두 번째 단계, "사람다운 한국인이 돼라."가 중요하다. 즉 자녀에게 신언서판 교육을 시키라는 것이다. 그렇지 않으면 세대차이 때문에 한국인 기독교인의 신앙을 자자손손 전수할 수 없다. 왜 한국인 2세 기독교인이 부모 교회를 떠나는가? 가장 큰 이유는 지금까지 부모들이 자녀들에게 구원을 위한 복음만 강조했지 처음 두 단계를 소홀히 했기 때문이다.

그렇다면 이런 질문을 할 수 있다. 부모가 모르고 자녀에게 첫 두 단계 교육을 안 시켰는데 그 자녀가 나이 들어 셋째 단계인 예수님을 믿고 구원을 받았다면 어떻게 할 것인가? 그럴 경우에는 상대적이지만 넷째 단계 교육을 시키며 다시 첫 두 단계 교육을 함께 시켜야 성숙한 한국인 기독교인이 될 수 있다.

그럴 때 한국인이라는 소속감과 함께 한국인 기독교인으로서의 정체성도 확립할 수 있다. 그리고 부모에게 효도할 수 있다. 예수님을 믿는 자녀는 안 믿는 자녀보다 성령의 도움으로 첫 두 단계 교육을 더 잘 받아들일 수 있다. 아무리 예수님을 믿고 성령체험을 많이 했다 하더라도 한국의 신언서판 교육을 안 받으면 어떻게 성숙한 한국인 기독교인이 되겠는가?

물론 한국인 기독교인이 자녀에게 한국인 문화를 전수할 때 한국인 기독교 문화를 자동적으로 전수할 수도 있다. 왜냐하면 한국인에게도 이미 오랜 역사를 통해 기독교 문화가 된 한국 문화들이 있기 때문이다. 즉, 한국 기독교인만이 갖고 있는 독특한 기독교 문화다.

예를 들면 신본주의 사상에 젖은 식기도, 금식기도, 산기도, 철야기도, 구국기도, 통성기도를 시작하기 전 "주여! 주여! 주여!"를 3창하는 문화, 평생 365일 새벽기도를 정성으로 드리는 아름다운 자세, 주의 종을 잘 섬기는 예절, 철저한 십일조 생활, 어렵게 번 물질을 자신은 못 먹으면서도 하나님께 아낌없이 드리는 것, 아무리 바빠도 교회 일에 충성을 다하는 것 등이 부모 세대의 한국인 기독교 문화다.

따라서 미주 한국인 1세는 2세에게 세대차이 없는 신앙을 전수하려면 유대인처럼 3대가 함께 예배를 드리고 함께 기도회를 갖는 것이 시급하다. 뿐만 아니라 앞으로 한국인 기독교 문화를 더 구체적으로 많이 개발하여 자녀들에게 전수해야 한다. 왜냐하면 현재 주기철 목사나

안창호 선생이 받았던 한국인의 삼강오륜이나 신언서판 교육의 내용과 방법이 점점 사라지고 있기 때문이다. 그런 교육을 못 받은 현대 어른들이 어떻게 그것을 2세들에게 가르칠 수 있겠는가?

우리가 분명히 알아야 할 자신의 정체성은?
4대째 한국인 목사가 미국에 유학을 가서 외국인들과 함께 공부할 때
자신은 기독교적이라고 자부했는데 자신의 행동을 다른 외국인들과 비교해 보니
기독교적이기보다 유교적이라는 사실을 깨달았다.
즉 유교적 문화의 그릇에 기독교 사상이 담겨 있다.

3. 각 인종도 성숙한 기독교인으로 키우려면 4단계 교육을 시켜라

한국인에게 적용한 '신언서판과 한국인 기독교인과의 관계' 이론은 각 나라 민족에게도 동일하게 적용된다(표 참조). 예를 들어 유대인 기독교인, 중국인 기독교인 그리고 멕시칸 기독교인에게도 적용할 수 있다.

다 같은 예수님을 믿지만 한국인 기독교인 문화는 유대인 기독교인이나 중국인 기독교인의 것과 다르다. 즉 신본주의 사상은 같으나 신앙을 담는 그릇인 문화가 다르다는 말이다. 같은 미국에서도 백인 교

각 인종별 성숙한 기독교인이 되는 4단계

구분	일반 이론	각 인종에 적용		
		유대인 기독교인 바울	한국인 기독교인	중국인 기독교인
첫째	민족의 정체성을 가진 사람이 돼라	유대인이 돼라 낳으면서 유대 문화를 가르침 (교육의 형식 포함)	한국인이 돼라 낳으면서 한국 문화를 가르침 (교육의 형식 포함)	중국인이 돼라 낳으면서 중국 문화를 가르침 (교육의 형식 포함)
둘째	사람이 돼라 (Pre-Evangelism)	사람다운 유대인이 돼라 율법을 잘 가르쳐 유대인 중에서도 사람다운 유대인이 되게 한다.	사람다운 한국인이 돼라 신언서판을 잘 가르쳐 한국인 중에서도 사람다운 한국인이 되게 한다.	사람다운 중국인이 돼라 신언서판을 잘 가르쳐 중국인 중에서도 사람다운 중국인이 되게 한다.
셋째	기독교인이 돼라 (Evangelism)	유대인 기독교인이 돼라 성장하면서 구원을 위한 복음을 가르침	한국인 기독교인이 돼라 성장하면서 구원을 위한 복음을 가르침	중국인 기독교인이 돼라 성장하면서 구원을 위한 복음을 가르침
넷째	성숙한 기독교인이 돼라 (Post-Evangelism)	성숙한 유대인 기독교인이 돼라 더욱 하나님의 형상을 닮도록 쉐마교육을 시킴 (유대인의 인격과 영적 성숙)	성숙한 한국인 기독교인이 돼라 더욱 하나님의 형상을 닮도록 쉐마교육을 시킴 (한국인의 인격과 영적 성숙)	성숙한 중국인 기독교인이 돼라 더욱 하나님의 형상을 닮도록 쉐마교육을 시킴 (중국인의 인격과 영적 성숙)
결과	성숙한 기독교인	성숙한 유대인 기독교인 1세와 2세 사이 세대차이 없음	성숙한 한국인 기독교인 1세와 2세 사이 세대차이 없음	성숙한 중국인 기독교인 1세와 2세 사이 세대차이 없음

회의 예배 형식과 흑인 교회의 예배 형식이 다른 이유가 여기에 있다. 찬양대에서 찬양하는 방법도 다르다. 흑인 교회 성가대는 몸을 흔들며 역동적으로 또는 애절하게 찬양한다. 그것은 백인과 흑인의 문화가 다르기 때문이다. 즉, 백인이나 흑인이나 신본주의 신앙이라는 종

교적 내용은 같으나 신앙을 표현하는 형식(그릇)인 문화가 다르기 때문이다.

결론은 무엇인가? 한국인 1세 기독교인이 피땀 흘려 가꾼 교회를 2세들에게 물려주려면 먼저 자녀들이 철들기 전부터 한국인다운 예의 바른 한국인으로 키워야 한다. 그리고 이성이 발달하여 복음을 인격적으로 받아들일 수 있는 시점에 복음을 전하고 하나님의 말씀과 더불어 한국인의 신언서판식 인성교육을 병행하며 키워야 한다. (물론 성장한 자녀에게는 복음이 먼저 들어가면 성령님의 도움으로 교육이 더 쉬워질 수도 있다.) 이를 위해서는 가정에서 부모가 자녀를 복음적으로, 하나님의 말씀으로 그리고 문화적으로 제자 삼도록 최대한 노력을 해야 한다.

주기철 목사, 손양원 목사, 안창호 선생이
유독 많은 사람들의 존경을 받는 이유는
그들이 예수님을 믿기 이전에 이미 인격적인
한국인 양반교육을 잘 받은 분들이기 때문이다.

4. 적용 사례

A. 적용 사례 1: 한국 기독교에도 유대인 같은 교육의 형식이 있었다

"우리 집 아이들은 부모와 같은 교회를 다니려고 하지 않아서 주일마다 전쟁을 치릅니다."

자주 듣는 하소연이다. 왜 자녀들이 부모가 다니는 교회를 싫어하는가? 한 마디로 부모와 자녀 사이에 있는 세대차이 때문이다. 그런데 똑같은 이민 사회에서 정통파 유대인은 어떻게 한 회당에 3대가 함께 다닐 수 있는가? 그것도 신약 시대 2천 년 동안이나 기쁘고 자랑스럽게 말이다. 그들은 세대차이가 없기 때문이다.

왜 한국인은 세대차이가 있고 정통파 유대인은 세대차이가 없는가? 그것은 기독교교육의 내용과 방법의 차이 때문이다. 세대차이를 만드는 한 가지 예를 들어 보자.

한인 교회는 2세들의 집회를 위해 미국 강사를 많이 세운다. 아니 대부분 2세 지도자 자체가 이미 미국화되었다. 따라서 1세 부모와 1세 교회를 싫어한다. 그러나 정통파 유대인은 조상 대대로 자신들의 종교적인 전통을 전수받은 랍비들만이 2세를 가르칠 수 있다. 이에 대해서 어떤 사람은 "유대인은 전통 자체가 구약에 근거했기 때문에 쉽지만, 우리는 유교나 불교에서 개종한 기독교인이기 때문에 우리의 기독교 전통이 없어서 가르치기 힘들다."고 말하기도 한다. 정말 그런가? 그렇지 않다.

한국의 기독교 교회사 123년(2008년 기준)을 되돌아보면, 초대교회

한국에도 초대교회의 유대인처럼 훌륭한 기독교적 교육의 내용과 형식이 있었다. 다만 그 귀한 교육을 후대에게 전수하지 못했을 뿐이다.
사진은 '쉐마교사대학'에서 '현대 교육의 문제점과 그 해결 방안'에 대해 토론하는 목회자들. 이한의 목사, 김대준 목사, 최민 목사 등이 보인다.

와 같이 여호와의 율법에 맞는 아름다운 기독교 전통이 있었다. 물론 상대적이지만 30년 전만 해도 고신 측에서는 정통파 유대인처럼 주일에 불도 안 때고 매식(買食)도 안 하고 차도 타지 않았다. 자는 아이들을 새벽에 깨워 10리, 20리 산길을 걸어 눈이 오나 비가 오나 365일 새벽기도를 다닌 것도 유대인과 같다. 예전에는 한국의 감리교도 마찬가지였다.

저자가 애틀랜타 제일장로교회에서 집회할 때 서삼정 목사의 모친인 김혜자 권사님(2001년 당시 78세)한테 들은 이야기이다. 그 가정은 손자까지 합하면 5대째 기독교 집안이라고 한다. 김 권사님은 27세에 산기도를 갔다가 성령 충만함을 강하게 받고 구약의 율법이 훤히 이해가 되면서 율법에 의한 거룩한 생활, 즉 하나님께 구별된 생활을 하기 시작했다고 한다. 같은 한국인이지만 비기독교인 한국인과 같지 않고 예수님의 신부다운 성결한 삶을 살기 위해서였다.

그분은 청상과부가 되었을 때 "네 옥합을 깨뜨리라."는 하나님의 음성을 듣고 일평생 수절하면서 남자는 쳐다보지도 않았다. 하나님이 주신 율법, 7계명을 지키기 위해서였다. 빨래를 하면 남자 옷과 여자 옷을 구별하여 개어 놓고, 웃옷과 아래 내의를 구별하여 개어 놓고, 십일조를 구별하여 드렸다. 주일에 드리는 헌금 지폐는 미리 은행에 가서 새 것으로 바꾸고, 그렇지 못하면 다리미로 다려서 바쳤다. 주일은 그분의 어머니에게서 배운 대로 온전히 주님만을 위해 일하고 세상일은 일절 안 하고 남의 험담은 입에 올리지도 않았다. 유대인이 랍비를 존경하듯이 주의 종을 전심으로 존경하고 도와드렸다. 하나님이 "너는 효녀가 돼라."는 음성을 듣고, 뼈가 부서지는 줄도 모르고 모친을 지극히 섬겼다. 그리고 자녀들에게 먼 길을 가기 전이나 갔다 온 후에는 한국식으로 꼭 큰절을 시켰다. 그리하여 자녀를 율례와 법도에 따라 훌륭한 목회자로 키우셨다. 한국 기독교 역사에 이런 분들이 어디 한두 분뿐이겠는가?

한국의 초대교회에도 여호와의 율법에 맞는
한국인 기독교 전통(형식)이 있었다.
30년 전만 해도 고신 측에서는 정통파 유대인처럼
주일에 불도 안 때고 매식도 안 하고 차도 타지 않았다.
자는 아이들을 새벽에 깨워 10리, 20리 산길을 걸어
눈이 오나 비가 오나 365일 새벽기도 다니는 것도 유대인과 같았다.

B. 적용 사례 2: 서양의 위인보다 한국의 위인을 먼저 가르쳐라

한국의 기독교 전통은 세계 어디에 내놓아도 빠지지 않는 귀한 것들이 너무 많을 뿐 아니라 한국 기독교 역사에 길이 남을 만한 특출한 인물도 수없이 많다. 주기철 목사, 손양원 목사, 조만식 장로 등의 순교 신앙은 정말 놀랍다. 후대를 잘못 만나 세계 기독교 교회사의 성인 그룹에 끼지 못할 뿐이다. 한국인은 빌리 그레이엄이나 윌리엄 케리, 허드슨 테일러를 이야기해야 유식하다고 생각한다. 반면 한국의 훌륭한 신앙의 거성들에 대해서는 잘 이야기하지 않는다. 한국의 학자들도 서양 신학자나 선교사들은 많이 연구해도 한국 기독교인은 잘 연구하지 않는다.

현재 기독교 2천 년 역사에 가장 큰 단일 교회가 한국에 있고, 각 교단의 가장 큰 교회들이 거의 한국에 있다. 미주에서도 미국의 대형 교회 30개 가운데 한국인 교회가 5개 정도를 차지한다. 1세들의 영웅적인 신앙의 거성들이 그만큼 많다는 이야기다. 그런데 우리의 인물들을 너무 세워 주지 못한다. 특히 우리 2세들에게는 거의 부정적인 것들로 가득 차 있다. 그래서 많은 2세 지도자들이 1세 교회를 떠난다.

물론 서양의 기독교에서 배울 것이 없다는 이야기가 아니다. 역사와 전통에서 그들의 우수함이 너무 많다. 그리고 그들을 통해 우리가 복음도 받지 않았는가. 다만 우리의 부모님들, 우리의 기독교 전통, 우리 민족의 인물을 먼저 귀하게 여길 줄 알아야 한다는 것이다.

이제 전 세계 기독교가 한국의 기독교에 대해 간절히 배우고 싶어 한다. 그런데 한국 기독교에 관한 책 한 권이 제대로 없다. 한국의 신학자들이 서양의 책들만 소개해서 그렇다. 그래서 총신대 정성구 교수가 《한국 교회 설교사》라는 책을 쓰자 몇 년만에 7개 국어로 번역되었다. 세계적인 베스트셀러가 된 것이다. 나는 이것이 바로 세계화요, 애국이며, 세계 선교라고 생각한다. 또한 이런 책들이 미국 신학교 교재로 사용돼야 한다고 생각한다. 미국의 선교사들이 가는 곳마다 자신들의 교재를 사용했기 때문에 그곳 원주민들이 미국을 동경했던 것처럼 한국 기독교 선교사도 그래야 할 때가 되었다.

이런 의미에서 부족하지만 하나님께서 주신 지혜로 쓴 나의 저서, 성경적 유대인 자녀교육서인 《IQ는 아버지 EQ는 어머니 몫이다》도 영어는 물론 독일어, 스페인어, 중국어, 일본어 등으로 번역할 계획이다. 이 책들이 세계 각 신학교 교재로 사용되며, 전 세계인이 한국인이 쓴 성경적 자녀교육서의 내용대로 하나님의 백성이 양육되기를 소원한다.

다른 민족들은 지도자들이 좀 부족해도 세계적인 영웅으로 만드는데, 왜 우리 민족은 그렇게 훌륭한 믿음의 조상들이 있는데도 그들을 존중하고 배울 생각을 하지 않는가? 아직도 교회 성장을 위해 미국 교회나 미국 신학자들 주위만 맴도는 이유는 무엇인가? 이제는 작은 나라의 열등감에서 벗어나야 한다. 조직신학이나 성서신학 및 역사신학 등은 어쩔 수 없이 서양의 뿌리를 벗어날 수 없지만, 실천신학 특히 교회성장학 같은 것은 우리 것을 잘 다듬고 개발하여 세계적인 학계 이론으로 내놔야 한다.

꼭 우리의 부모나 조국이 다른 부모나 민족보다 우수하기 때문에 존경해야 한다는 이야기가 아니다. 그렇게 되면 내 것만 옳다는 국수주의자들이 되기 쉽다. 우리는 내 것을 귀하게 여기면서 다른 민족도 함께 귀하게 여길 줄 알아야 한다. 그리고 그들에게도 그리스도의 사랑을 전해야 한다. 설사 우리의 부모가 좀 부족해도, 우리의 지도자가 여러 면에서 부족해도, 우리 민족이 좀 부족해도 먼저 우리 가정의 부모, 우리의 지도자 그리고 우리 민족을 먼저 사랑하며 그들을 위해 울 수 있는 1세가 되어야 한다. 왜냐하면 천하보다 귀한 하나님의 형상을 닮은 우리의 생명을 그들을 통해 받았기 때문이다.

  그리고 우리의 2세 자녀들에게도 그렇게 가르쳐야 한다. 이것이 바로 성경이 말씀하는 "네 부모를 공경하라."를 대를 이어 행하는 것이다. 부모 공경에는 윗사람과 자신이 속한 공동체의 어른을 공경하라는 뜻도 있다. 하나님도 이런 한국인 2세를 원하신다. 그리고 미국도 자신의 부모와 부모가 다니는 교회를 올바르게 섬길 줄 아는 2세 자녀를 원한다. 자신의 부모와 부모가 다니는 교회를 우습게 보고 싫어하는 2세 자녀는 원하지 않는다. 자신의 부모와 부모가 다니는 교회를 존경하는 자녀들이, 우리가 선택한 미국이란 나라도 제대로 사랑할 줄 알기 때문이다. 그 증거는 아직도 미국의 보수 기독교로 남아 있는 청교도 후예들의 삶에서 찾을 수 있다.

  유대인에 관한 부정적인 이야기를 하자면 우리의 1세보다 더 많을 수도 있다. 그러나 그들은 자신들의 부모, 자신들의 지도자 그리고 자신들의 민족을 지극히 사랑하도록 가르친다. 유대인 유치원이나 초등학교에는 할머니 교사들이 많다. 풍성한 EQ와 1세들의 전통을 가르치기 위해서다. 따라서 그들은 세대차이가 없다. 그리고 할아버지와 할머니, 아버지와 어머니, 손자와 손녀, 3대가 함께 수천 년 동안 한 회당에 다닌다. 왜냐하면 제5계명 효도교육을 제대로 가르쳤기 때문이다.

뉴욕에 한 대형 미국인 교회가 있는데 그 교회에 한국인 2세들이 약 1천여 명 가량 모인다. 그 교회 담임목사가 한국인 목사에게 의아한 듯 질문을 했다(2000년 7월). "우리 교회에 나오는 한국인 2세들이 1천여 명이나 되는데 이들은 당신들의 목회에 속하지 않습니까?"

왜 자녀들이 부모 교회를 안 다니려고 할까? 세대차이 때문이다. 왜 자녀들과 세대차이가 날까? 그것은 우리의 좋은 기독교 전통을 안 가르쳤기 때문이다. 그 해결책은 무엇일까? 한 예로 앞서 언급한 김 권사님 같은 분들을 우리의 2세 초·중·고등부 수련회 강사로 초청하여 위대한 한국 민족의 신본주의 사상의 뿌리를 가르치게 해야 한다. 그래야 2세들이 우리 민족의 믿음의 선조들을 닮는다.

하나님을 지극히 사랑하고 하나님을 위해 순교하는 초대교회 같은 자랑스러운 한국인 믿음의 조상들, 원수를 사랑하기 위해 자식을 둘씩이나 죽인 공산당을 양자로 삼고 문둥병자의 고름을 입으로 빼내셨던 선조들, 주일을 범하지 않기 위해 주일에 공무원 시험을 보지 않고 만년 시청의 과장으로 보낸 장로님, 성전을 건축하기 위해 집을 팔았던 수많은 장로님들, 얼마든지 있다. 저자 주 현대 기독교인들이 주일 신앙을 지키기 위해 불이익을 당하지 않으려면 모두 힘을 합하여 주일에 실시하는 공무원 시험이나 토플 및 토익 시험도 토요일로 옮기도록 정부에 건의해야 한다.

그런데 그들은 현재 한인 교회에서 자랑스러운 어른들로 존경받는 것이 아니라 왕따를 당하고 있다. 특히 우리의 2세들에게 그리고 소위 미국에서 공부 좀 했다고 하는 사람들에게서 말이다. 오히려 미국인들은 한국인 1세 교회 교인들을 부러워한다. 이는 우리 민족의 비극이다. 이 비극은 후대에게 더 큰 비극으로 다가올 것이다. 심은 대로 거두는 법이기 때문이다. 만약 우리의 2세들이 부모를 존경하지 않고 우리가 조국을 사랑하지 않는다면 누가 우리의 부모와 조국을 사랑하겠는가?

저자가 정통파 유대인 자녀교육을 연구하는 목적은 우리의 후대를 정통파 유대인으로 키우기 위해서가 아니라, 그들처럼 성경대로 우리의 기독교 전통을 자자손손 전수시켜 세대차이 없는 성경적인 정통파 한국인 기독교인으로 키우는 데 있다. 그래야 한국인 1세 목사들의 목회 기간이 길어지며 여호와 하나님께서 주신 이 땅에서 한국 민족의 교회가 장수할 수 있다. 그리고 세계 선교도 더 오래 할 수 있다.

이제는 우리의 2세 집회에서 젊은 미국인 강사들이나 미국화된 강사보다는 우리 믿음의 선조들의 간증을 들려주어야 한다. 그분들이 돌아가시기 전에 말이다. 그래야 자녀들이 부모를 존경하고 부모가 다니는 교회를 사랑하고, 아버지 나라를 위해 기도하며, 가정에서 효자로 자랄 수 있지 않겠는가?

**한국의 기독교인은 왜 자녀들에게
주기철 목사, 손양원 목사, 조만식 장로 등의
순교 신앙을 가르치지 않고
빌리 그레이엄이나 윌리엄 케리, 허드슨 테일러 이야기만 하려고 하는가?
먼저 한국 기독교 전통과 초대교회 같은
자랑스러운 한국의 기독교인 신앙을 가르쳐야 하지 않겠는가!**

II. 왜 부모는 자녀에게 족보를 가르쳐야 하는가

> **저자 주** 본 내용은 이 부분에 꼭 필요하지만, 제2권 제2부 제3장 Ⅲ. '왜 부모가 자녀에게 족보를 가르쳐야 하는가'와 중복되어 이곳에서는 서론에 이어 각 질문과 답 부분만 요약하여 옮긴다.

미국을 포함한 해외 한인 대학생들의 68%가 성씨와 본관을 모른다. 재외동포재단(이사장 김봉규)의 '해외동포 대학생 모국순례 연수' 프로그램에 따라 2000년 8일부터 17일까지 방학을 이용해 한국을 방문한 미국, 러시아, 독일 및 스페인 등 141명을 조사한 결과다. 이 중 성씨나 본관을 제대로 아는 학생은 32%에 불과했다. 한국 태생인 학생 중에도 출생지를 아는 학생이 40%에 그쳤다(중앙일보, *68%가 성씨와 본관을 모른다*, 2000년 8월 17일).

해외동포뿐만 아니라 한국에서도 점점 족보에 대한 관심도가 낮아지고 있다. 가정이나 학교에서 IQ교육만 시켰지 인성교육에 필요한 족보나 뿌리교육을 시키지 않았기 때문이다. 실로 엄청난 민족적인 손실이다.

특히 현재 서양 교육의 영향이나 기독교인의 가정에서 자란 자녀들은 자신들의 뿌리인 족보를 모르는 이들이 많다. 부모들이 복음만 강조하고 육적 뿌리인 족보는 가르치지 않았기 때문이다. 흔히 기독교인 중 많은 이들이 "예수님만 믿어 '예수님 족보'를 가졌으면 되지 왜 육신의 족보가 필요한가?"라고 반문한다. 그리고 자신의 족보를 자녀에게 가르치지 않는다. 그러나 이것은 잘못된 생각이다. 왜 잘못인가? 왜 혈통적 족보를 자녀들에게 가르쳐야 하는지 그 이유를 질문과 답변 형식으로 알아보자.

요즘은 값비싼 강아지도 족보가 없으면 제구실을 못하는데
하물며 하나님의 형상대로 지음 받은 인간이
족보를 갖지 못한다면 말이 되겠는가?

질문 1: 인간에게 왜 족보교육이 필요한가? (왜 한국인 기독교인도 자녀에게 족보교육을 해야 하는가?)

1. 윤리학적 답변

> "나는 누구인가?" 자신의 뿌리(족보)에 대해 생각하는 사람은 깊이 있는 사람이다. 족보는 인성교육의 본질적인 수직문화에 속한다. 그리고 효자가 갖춰야 할 가장 중요한 인성의 요소다.

2. 종교심리학적 답변

> 육적 자아를 잘 알고 강한 사람이 영적 자아도 모세나 바울처럼 강하다.

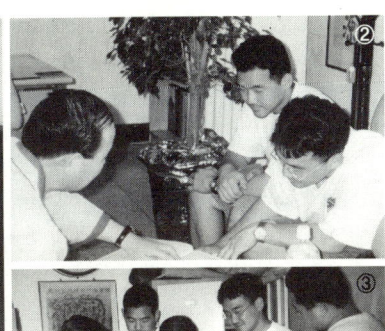
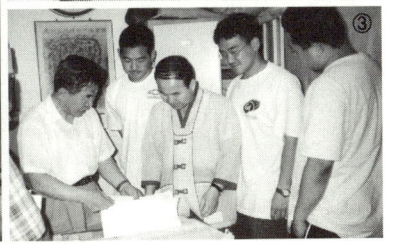

저자의 네 아들은 모두 미국에서 태어났다. 그러나 미국에서뿐 아니라 한국에 데려 와서 족보교육을 시켰다.
사진 ① 서울 세종문화회관 뒤 현씨 종친회 입구에서 두 아들과 함께. ② 저자가 족보에서 아들들의 이름을 찾아 보여 주고 있다. 나는 "아버지가 죽은 뒤에도 너희들이 자식을 낳으면 이곳에 와서 그들의 이름을 족보에 올려라."라고 가르쳤다. ③ 현씨 종친회 사무실 직원들이 족보 만드는 과정을 설명하는 모습.

3. 신학적 답변

> 예수님의 족보면 족하다고? 예수님도 영적 하늘의 족보와 육신의 족보를 가지셨다는 사실을 아는가?

질문 2: 유대인은 아브라함의 조상으로 선민의 족보를 잘 가르칠 수 있지만 한국인은 기독교 역사가 짧아 위의 조상들이 모두 우상숭배자이었는데 어떻게 그들의 족보를 가르칠 수 있는가?

> 유대인은 아브라함의 아버지 데라와 그 위의 족보도 모두 가르친다.

질문 3: 자신의 족보가 다른 성씨보다 자랑스럽지 못해도 가르쳐야 하는가?

> 물론이다. 자신의 족보가 다른 성씨보다 자랑스럽지 못해도 가르쳐야 한다. 그래도 예수님의 족보보다는 좋지 않겠는가?

질문 4: 족보가 없는 사람은 어떻게 해야 하는가?

> 족보가 없는 사람은 자기 대에서부터 새로 족보를 만들면 된다. 예를 들어 해외동포라면 뉴욕 이씨, 댈러스 김씨, 또는 상파울로 박씨 등등.

질문 5: 바울은 그리스도를 안 이후 자신의 자랑스런 족보를 배설물처럼 여겼다고 말했다(빌 3:8). 그런데도 왜 족보교육이 필요한가?

> 육체의 족보교육은 절대로 구원에 이르게 할 수는 없어도 훌륭한 기독교인이 되는 교육임에는 틀림없다. 바울이 거듭난 뒤 다른 기독교인들보다도 모범 기독교인이 된 이유는 교육학적인 관점에서 유대인의 훌륭한 족보는 물론 율법에 흠이 없는 교육을 받았기 때문이다.

'친부모 얼굴 한번만이라도...'
한인 혼혈 입양 출신 김군자 씨

한인 혼혈 입양 출신 김군자 씨, 한국서도 수소문해 봤으나 허탕

"다른 건 없습니다. 저를 낳아 주신 부모님 얼굴 한번 보는 것이 평생 소원입니다."

현재 미국은 물론 세계 곳곳에서 적지 않은 한인 입양아들이 생활하고 있다. 이들 중 대부분은 부모에 대한 기억조차 없지만 점차 나이가 들어가며 친부모에 대한 그리움을 마음속으로 삭여가며 살아가고 있는 실정. 특히 김군자(여, 미국명 킴벌리) 씨는 50세라는 나이에도 불구하고 요즘 친부모를 찾기 위해 온갖 애를 쓰고 있다.

김 씨가 태어난 때는 한국전쟁 직후인 1955년 12월. 살을 애는 추위 속에 태어난 김 씨는 주위의 축복도 채 받기 전인 세 살 때 홀트아동복지회를 통해 미국으로 입양됐다. 너무 어린 나이여서 당연히 부모님에 대한 기억은 전혀 없다. 자신이 혼혈아인 것은 알지만 아버지와 어머니 중 누가 미국 사람이고 누가 한국 사람인지조차 모른다. 단지 입양 당시 서류에 이름은 '김군자'로 되어 있었다는 것만 알고 있다.

김 씨는 "친부모가 어느 나라 사람인가보다는 나를 낳아준 분들이 누구인지를 찾고 싶다."며 "양부 양모의 사랑으로 잘 성장했지만 친부모에 대한 그리움을 떨칠 수 없었다."고 흐느꼈다. 친부모를 찾겠다고 나선 지 수년이 지났지만 아직 아무와도 연락이 닿지 않았다. 그동안 한국까지 가서 수소문도 해봤지만 서류 몇 장만 얻었을 뿐 아무런 성과가 없었다. 김 씨의 기억 속에 희미하게나마 있는 것은 입양을 위해 홀트아동 복지회에 넘겨지는 순간이다. 눈물을 흘리는 어머니와 뒤를 돌아서 뛰어가다 모퉁이에서 자신을 지켜보던 어머니의 눈이 기억난다고 했다. 김 씨는 "이 기억이 꿈에서 나온 것인지 정말 나의 기억인지는 모르겠지만 어렴풋이나마 나를 꼭 끌어안던 어머니의 품이 느껴진다."며 "그 생각을 하면 가슴이 미어진다."고 말했다.

김 씨는 현재 카이저 퍼머넌트 병원 행정 매니저로 일하고 있다. 양부모의 사랑을 받으면서 그리고 언젠가 만날 친부모에게 부끄럽지 않은 딸의 모습을 보여 주기 위해서라도 이를 악물고 열심히 살았다. 김 씨는 "하루하루 보람 있게 열심히 살아왔지만 아무리 노력해도 채워지지 않는 허전함이 마음속 깊은 곳에 자리 잡고 있다."며 "혹시 있을 수 있는 내 형제들과라도 연락이 닿을 수 있었으면 하는 바람"이라고 고개를 떨궜다.

_중앙일보 미주판, 2005년 12월 14일

> 하나님은 밝은 사람을 축복해 주신다.
> 낙관의 마음은 자기뿐만 아니라
> 남들까지도 밝게 해 준다.
> _마빈 토카이어의 유대인 격언집

> # 제 4 장
>
> 한국인 기독교인은
> 예수님을 안 믿는 동족보다
> 예수님을 믿는 타인종을
> 더 사랑해야 하는가

I. 문제 제기
II. 예수님의 동족, 유대인 사랑의 예
III. 정통파 유대인 바울의 동족 사랑의 예

I. 문제 제기

1. 한인 1세들의 강한 민족주의

미국에서 오래 살다 보면 2세 자녀들과 여러 면에서 갈등을 빚는다. 그 중 하나가 타인종에 대한 의견 차이다. 대부분 한국인 1세들은 민족정신이 뛰어나고 애국심이 강하다. 그 이유는 크게 2가지로 설명할 수 있다.

첫째, 한인 1세들은 대부분 한반도에서 단일민족으로 살다가 미국에 이민 온 경우이기 때문에 타민족과 함께 생활한 이중문화의 경험이 거의 없다. 따라서 동족간의 유대감이 강하다.

둘째, 한인 1세들은 어려서부터 2가지 교육을 철저하게 받아왔다. 하나는 일본이 한국을 강점한 고난의 역사에 대한 반일(反日)사상 교육이고, 다른 하나는 북한의 공산주의가 6·25 전쟁을 일으켜 혹독하게 고난을 겪게 한 역사를 가르치는 반공(反共)사상 교육이다. 2가지 교육을 받는 동안 민족의식과 애국심이 강화되었다.

이러한 교육을 받은 한인 1세들의 장단점은 무엇인가? 먼저 한인 1세들이 이중문화의 경험이 부족한 것은 단점이 될 수 있다. 그러나 두 번째 반일사상 교육과 반공사상 교육은 장점으로 남아 있다. 왜냐하면, 자신의 민족을 사랑하는 애국심 교육과 고난의 역사교육은 수직문화에 속하는 영역으로, 인간의 내면적 정체성을 확실하게 해주고 자긍심을 높이는 데 크게 기여하기 때문이다. 그리고 이런 긍정적인 수직문화 교육은 한국인 1세들의 성취욕을 강하게 해주어 자수성가한 사람들을 많이 배출하게 했다.

2. 한인 2세들의 약한 민족의식

한인 1세과 비교해 미국에 사는 2세들의 장단점은 무엇인가? 2세들은 태어나면서부터 여러 인종과 섞이며 교육 받고 살아왔다. 그리고 학교에서 대부분 피부색, 인종, 성별, 종교 등에 대해 차별을 두지 않는 교육을 철저하게 받았다. 그래서 2세 한인들은 1세들보다 인종적 편견이 적다. 이는 미국과 같은 다문화권에서 생활하는 데 커다란 장점일 수 있다.

이에 반해 대부분 2세 자녀들은 한국인으로서 정체성이 결여되어 있다. 대부분 한인 1세들은 자신들이 받았던 고난의 역사 교육을 2세 자녀들에게 투철하게 가르치지 못했고, 한국인의 전통문화 가치에 대한 뿌리교육도 제대로 시키지 못했기 때문이다. 이것은 커다란 실수이다. 따라서 2세들은 자신이 어느 인종에 속하는지 잘 인식하지 못하고, 인종에 대한 소속감이 없음으로 자신의 정체성 확립에 혼란을 겪고 있다. 그리고 한국 민족에 대한 결속력이 약하다. 대단히 큰 단점이다.

이것은 한국 민족에게도 큰 손실이지만 다민족 사회에서 살아가는 2세 자신들의 삶에도 도움이 되지 못한다. 왜냐하면 그들은 인종적인 소속감이 없어 자긍심이 약하기 때문에 항상 외롭고 역동적인 힘도 약하다. 특히 신앙이 좋은 한국인 2세들 중 자신은 한국인이 아니고 미국인이라고 생각하면서 이렇게 질문하는 자녀들이 많다.

질문 1: 예수님 안에서 모든 인종이 다 같이 하나인데 왜 내가 한국인을 특별히 더 사랑해야 하는가?

질문 2: 한국인 기독교인은 예수님을 안 믿는 동족 한국인보다 예수님을 믿는 타인종을 더 사랑해야 하는가?

한인 2세들이 이렇게 말하는 이유는 이렇다. 예수님을 안 믿는 한국인은 지옥에 속한 사람이다. 그러나 예수님을 믿는 타인종 기독교인은 천국에 속한 백성이다. 당연히 한국인 천국 백성은 예수님을 안 믿는 지옥에 속한 한국인보다 타인종이라도 천국에 속한 백성을 더 사랑해야 하지 않는가?

언뜻 들으면 그럴 듯한 이론이다. 영적인 천국 백성이 육적인 동족보다 더 귀하기 때문에 같은 한국인이라 해서 무조건 사랑하는 것보다 타인종이라 해도 예수님을 믿으면 한국인보다 주님 안에서 그를 더 사랑해야 한다는 논리다.

그러나 저자는 반대 입장이다. 이런 생각을 하는 한인 2세들에게 다음과 같이 묻고 싶다. 예를 들면, 미국 L.A.에 사는 한국인 기독교인이 다운타운에서 헐벗은 2명의 홈리스(집 없이 거리에서 구걸하며 지내는 사람)를 만났다. 그 중 한 사람은 자신의 가족 중 예수님을 안 믿는 큰 형님이고, 다른 한 사람은 예수님을 믿는 흑인이다. 기독교의 구원론에 의하면 큰 형님은 지옥에 속한 사람이고, 흑인 홈리스는 천국에 속해 있다. 이때 한국인 기독교인이 옷 한 벌이 있다면, 두 사람 중 누구에게 먼저 주어야 하겠는가? (이 질문은 흑인 기독교인에게도 똑같이 적용된다. 흑인을 더 사랑해야 하나? 아니면 한국인을 더 사랑해야 하나?)

바울 같으면 누구에게 먼저 옷을 주었겠는가? 예수님을 배반한 자신의 동족 유대인인가, 아니면 자신이 전도한 타인종 기독교인인가? 예수님은 어찌하셨을까? 성경은 이에 대해 무엇이라고 대답하고 있는지 살펴보자.

미국 L.A.에 사는 한국인 기독교인이 다운타운에서
헐벗은 2명의 홈리스를 만났다.
그 중 한 사람은 자신의 가족 중 예수님을 안 믿는 큰형님이고,
다른 한 사람은 예수님을 믿는 흑인이다.
기독교의 구원론에 의하면 큰 형님은 지옥에 속한 사람이고,
흑인 홈리스는 천국에 속한 사람이다.
이때 누구를 먼저 도와주어야 하겠는가?
예수님이나 바울은 어찌하셨을까?

II. 예수님의 동족, 유대인 사랑의 예

질문: 예수님은 동족인 유대인과 이방인 중 누구를 더 사랑하셨는가?

정통파 유대인이셨던 예수님은 온 인류를 구원하러 오신 하나님의 아들이시다. 따라서 그는 모든 민족을 사랑하신다. 그럴지라도 예수님은 이 땅에 오셔서 행하신 복음 사역에서 동족인 유대인과 타민족 사이에 사랑의 우선순위는 없었는가? 분명히 있었다. 몇 가지 예를 들어 보자.

예수님께서 열두 제자를 가르치시고 복음을 전하기 위해 파송하실 때 먼저 그 복음을 누구에게 전하도록 명령하셨는가? 이방인인가, 사마리아인인가? 둘 다 아니다. 이스라엘 집의 잃어버린 양(유대인)들이다(마 10:5-6). 예수님은 이방인보다도 먼저 자신의 동족 유대인을 더 사랑하셨다.

> 예수께서 이 열둘을 내어 보내시며 명하여 가라사대 이방인의 길로도 가지 말고 사마리아인의 고을에도 들어가지 말고 차라리 이스라엘 집의 잃어버린 양에게로 가라. (마 10:5-6)

다른 예를 보자. 예수님은 하나님을 배반한 동족 유대인을 더 사랑하셨는가 아니면 이방인 가나안 여인을 더 사랑하셨는가? 마태복음 15장 21-28절의 말씀을 보자.

> 예수께서 거기서 나가사 두로와 시돈 지방으로 들어가시니 가나안 여자 하나가 그 지경에서 나와서 소리질러 가로되 주 다윗의 자손이여 나를 불쌍히 여기소서 내 딸이 흉악히 귀신들렸나이다 하되 예수는 한 말씀도 대답지 아니하시니 제자들이 와서 청하여 말하되 그 여자가 우리 뒤에서 소리를 지르오니 보내소서 예수께서 대답하여 가라사대 나는 이스라엘 집의 잃어버린 양 외에는 다른 데로 보내심을 받지 아니하였노라 하신대 여자가 와서 예수께 절하며 가로되 주여 저를 도우소서 대답하여 가라사대 자녀의 떡을 취하여 개들에게 던짐이 마땅치 아니하니라 여자가 가로되 주여 옳소이다마는 개들도 제 주인의 상에서 떨어지는 부스러기를 먹나이다 하니 이에 예수께서 대답하여 가라사대 여자야 네 믿음이 크도다 네 소원대로 되리라 하시니 그 시로부터 그의 딸이 나으니라. (마 15:21-28)

본문에서 예수님은 유대인과 이방인 사이에 얼마나 커다란 사랑의 차이를 두셨는지 살펴보자.

첫째, 예수님은 가나안 여인의 애타게 부르는 소리에 일절 대답하지 않으셨다.

예수님도 이방인보다 동족인 유대인을 더 사랑하셨다. 유대인이 자신을 고소했음에도 불구하고 하나님께 그들의 죄를 용서해 달라고 기도하셨다. 사진은 정통파 유대인 고등학교에서 아침기도 시간에 토라(성경)를 읽는 모습.

둘째, 가나안 여인에 대한 제자들의 청에 대해 예수님은 "나는 이스라엘 집의 잃어버린 양 외에는 다른 데로 보내심을 받지 아니하였노라"고 단호히 거절하셨다. 이 말씀은 하나님이 예수님을 이 땅에 보내실 때 "이스라엘 집의 잃어버린 양만을 구원하라"라는 사명만을 주셨다는 말씀이다.

이것은 하나님께서도 예수님에게 예수님의 동족 유대인을 다른 인종보다 먼저 사랑하라고 하셨다는 증거다. 따라서 예수님은 먼저 하나님을 배반한 지옥에 속한 유대인을 더 사랑하셨다. 왜냐하면 예수님은 유대인이셨기 때문이다.

셋째, 그 여자가 절하며 돕기를 청하나 예수님은 "자녀의 떡을 취하여 개들에게 던짐이 마땅치 아니하니라"라고 대답하셨다. 즉, 예수님은 가나안의 이방 여인을 개처럼 취급하셨다. 예수님은 전형적인 유대인이셨다. 탈무드에 의하면 유대인은 하나님 말씀을 이방인에게 가르치는 것을 금한다.

넷째, 그 여자가 "개들도 제 주인의 상에서 떨어지는 부스러기를 먹나이다" 하니 예수님께서 "여자야 네 믿음이 크도다 네 소원대로 되리라" 하셨다.

그뿐인가? 유대인은 빌라도에게 예수님을 십자가에 매어 죽이라고 고함쳤다. 그런데도 불구하고 예수님은 동족인 유대인을 얼마나 사랑하셨던가?

> 예루살렘아 예루살렘아 선지자들을 죽이고 네게 파송된 자들을 돌로 치는 자여 암탉이 제 새끼를 날개 아래 모음같이 내가 너희의 자녀를 모으려 한 일이 몇 번이냐 그러나 너희가 원치 아니하였도다. (눅 13:34)

마지막 십자가를 지시고 골고다 언덕으로 가시는 길에서도 따라오는 '백성과 및 그를 위하여 가슴을 치며 슬피 우는 여자의 큰 무리'에게도 "예루살렘의 딸들아 나를 위하여 울지 말고 너희와 너희 자녀를 위하여 울라"(눅 23:27-28)고 말씀하셨다. 자신의 고통보다는 앞으로 닥칠 동족, 유대 민족의 고난을 먼저 생각하시지 않으셨는가? 예수님은 세상의 구원자 이전에 자신의 핏줄인 부모님을 생각하시는 효자이셨으며 또한 민족주의자셨다.

물론 예수님께서 자신의 모친과 동생들이 전도 현장에 찾아오셨을 때 "누가 나의 형제요 자매인가?"라고 반문하시고, "누구든지 하늘에 계신 내 아버지의 뜻대로 하는 자가 내 형제요 자매요 모친이니라"라고 말씀하셨다(마 12:46-50). 그러나 예수님은 마지막 십자가의 고통 중에서 임종을 앞두시고 어머니의 노후를 책임지시는 효를 보이셨다(요 19:25-26). 예수님은 타고난 효자이셨다.

"네 부모를 공경하라"(출 20:12)라고 하신 이는 하나님이시다. 자신의 부모를 공경하는 사람은 부모님의 친구분들과 부모 세대를 공경한다. 즉, 선조들을 공경한다는 말이다. 선조들을 공경하는 사람은 자신의 동족을 사랑하는 민족주의자가 된다.

그러므로 한국인 2세들도 하나님의 명령과 예수님이 행하신 일을 따라 육신의 부모를 먼저 공경하고, 부모 세대인 1세대를 공경하고, 자신의 뿌리인 한국인 동족을 먼저 사랑하는 민족주의자가 돼야 한다.

**예수님은 마지막 십자가를 지시면서도 이렇게 말씀하셨다.
"예루살렘의 딸들아 나를 위하여 울지 말고 너희와 너희 자녀를 위하여 울라."
그분은 먼저 하나님 아버지와 부모에게 효자이셨으며 민족주의자였다.
따라서 한국인 2세들도 예수님처럼 자신의 육신의 부모를 먼저 공경하고
부모 세대인 1세대를 공경하고,
자신의 뿌리인 한국인 동족을 사랑하는 민족주의자가 돼야 한다.**

III. 정통파 유대인 바울의 동족 사랑의 예

질문: 정통파 유대인이었던 바울은 비기독교인 유대인과 기독교인인 헬라인이나 로마인 중 누구를 더 사랑하였는가?

바울은 유대주의 신앙을 갖고 있었으나 후에 예수님을 만나고 개종하여 기독교인이 되었다. 기독교의 구원론에 의하면 예수님을 믿지 않았던 당시 유대인은 비록 유대인이라 해도 지옥에 속한 사람들이다. 신약 시대에는 누구든지 예수님을 믿지 않고 구원받아 천국에 갈 방법이 없기 때문이다(행 4:12). 이에 비하여 비록 이방인인 헬라인과 로마인이라 해도 바울이 전한 복음을 받아들여 구원받은 사람들은 바울과 동일하게 천국에 속한 사람들이다. 정통파 유대인 출신 바울은 비기독교인 유대인과 기독교인인 헬라인과 로마인 중 누구를 더 사랑했는가? 물론 바울도 예수님처럼 동족인 유대인을 더 사랑하셨다. 먼저 로마서 9장 1-3절 말씀을 보자.

내가 그리스도 안에서 참말을 하고 거짓말을 아니 하노라 내게 큰 근심이 있는 것과 마음에 그치지 않는 고통이 있는 것을 내 양심이 성령 안에서 나로 더불어 증거하노니 나의 형제 곧 골

바울은 유대인으로 태어나 유대인 교육을 받고 성장했다. 바울은 기독교로 개종한 뒤 이방 선교를 하면서도 자신을 핍박했던 동족 유대인을 더 사랑했다. 사진은 유대인 유력 인권단체 부총재인 랍비 쿠퍼 씨와 대담하는 저자(Wiesenthal Center).

> 육의 친척을 위하여 내 자신이 저주를 받아 그리스도에게서 끊어질지라도 원하는 바로라. (롬 9:1-3)

바울은 회심한 뒤에도 동족인 유대인을 너무나 사랑했다. 그리고 예루살렘에 있는 유대인들에게 복음을 전했다. 그러나 번번이 그는 동족들에게서 배반과 함께 고난을 당했다. 바울은 나중에 깨닫게 된다. 자신은 이방을 위한 택한 그릇(행 9:1)이었다는 것을 말이다.

그는 이스라엘 밖 이방 지역에서 이방인에게 전도할 때도 고난을 당했지만, 이방에 흩어진 유대인 회당에서 복음을 전할 때에도 동족인 유대인들로부터 형용하기 힘든 고난을 당했다. 그럼에도 불구하고 그는 항상 마음에 큰 근심이 있는 것과 그치지 않는 고통이 있는 것을 그의 양심이 성령 안에서 그로 더불어 증거한다(롬 9:2)고 고백했다.

한국인 기독교인은 누구를 더 사랑해야 하는가?

실 례 \ 구 분	지옥에 속한 사람	천국에 속한 사람
한국인 기독교인	비기독교인 한국인 홈리스	기독교 타인종 홈리스
바울의 경우	비기독교인 유대인	바울, 헬라인 기독교인 + 이방 기독교인
예수님의 경우	비기독교인 유대인 (예수님을 배척한 유대인)	가나안 여인(이방인)

예수님이나 바울은 동족 유대인이 지옥에 속했더라도 그들을 더 사랑하셨다.
천국에 속한 이방인을 더 사랑하시지 않았다.
따라서 한국인 기독교인도 다른 종족의 기독교인보다 한국인을 더 사랑해야 한다.

그 원인은 무엇인가? 자신의 동족 유대인에 대한 사랑 때문이었다. 그는 유대인이 자신을 도와주고 사랑하는 것이 아니라, 그토록 괴롭혔던 유대인이지만 그들의 구원을 위해 이렇게 절규한다. "나의 형제 곧 골육의 친척을 위하여 내 자신이 저주를 받아 그리스도에게서 끊어질지라도 원하는 바로라"(롬 9:3). 그는 유대 민족을 위해 죽기를 자처하는 민족주의자였다.

그뿐 아니라 바울은 이방인 기독교인들이 자신의 동족을 멸시하지 않도록 동족 유대인들을 이렇게 변호한다. 기독교의 원 뿌리는 유대인이며 그들이 참감람나무이다. 신약의 성도들은 다만 그들 중 몇몇 꺾인 가지(유대인) 대신 접붙임을 받은 것에 불과하다. 그리고 하나님의 은혜로 참감람나무의 진액을 함께 받는 자들이다. 그러므로 우리는 가지가 뿌리를 보전하는 것이 아니라 뿌리가 가지를 보전한다는 사실을 명심해야 한다(롬 11:16-24).

또한 가지 얼마가 꺾여졌는데 돌감람나무인 네가 그들 중에 접붙임이 되어 참감람나무 뿌리의 진액을 함께 받는 자 되었은즉 그 가지들을 향하여 자긍하지 말라 자긍할지라도 네가 뿌리를 보전하는 것이 아니요 뿌리가 너를 보전하는 것이니라 그러면 네 말이 가지들이 꺾이운 것은 나로 접붙임을 받게 하려 함이라 하리니 옳도다 저희는 믿지 아니하므로 꺾이우고 너는 믿으므로 섰느니라 높은 마음을 품지 말고 도리어 두려워하라 하나님이 원 가지들도 아끼지 아니하셨은즉 너도 아끼지 아니하시리라… 네가 원 돌감람나무에서 찍힘을 받고 본성을 거스려 좋은 감람나무에 접붙임을 얻었은즉 원 가지인 이 사람들이야 얼마나 더 자기 감람나무에 접붙이심을 얻으랴. (롬 11:17-24)

구약의 정통파 유대인이었던 모세는 어떠한가? 모세도 자신의 민족이 패역하게 하나님을 배반했을 때 자신의 민족을 위해 죽기를 각오했다. 모세는 하나님에게 "합의하시면 이제 그들의 죄를 사하시옵소서 그렇지 않사오면 원컨대 주의 기록하신 책에서 내 이름을 지워 버려 주옵소서"(출 32:32)라고 간구했다.

모세도 예수님이나 바울처럼 민족주의자였다. 이것은 무엇을 뜻하는가? 육신의 핏줄이 그만큼 중요하다는 증거이다. 핏줄의 중요성에서 효도교육과 동족교육이 시작된다. 이것은 다른 사람과 다른 민족을 사랑하지 말라는 이야기가 아니다. 주님 안에서 모든 사람과 모든 민족이 다 사랑의 대상이지만 사랑에도 우선순위가 있다는 말이다.

잠언에도 "네 친구와 네 아비의 친구를 버리지 말라"(잠 27:10b)는 교훈이 있다. '네 친구'는 같은 동족(유대인) 2세 동료를 말하고, '아비의 친구' 는 같은 동족(유대인) 1세를 말한다. 따라서 유대인 2세들은 자신들끼리 먼저 서로 사랑하고 버리지 않는다. 그리고 1세를 존경하고 사랑한다. 어떠한 경우라도 아버지 세대를 버리지 않는다.

한국인은 어떻게 살아야 하는가? 한국인 2세들도 자신들끼리 먼저 서로 사랑하고 버리지 말아야 한다. 그리고 1세를 존경하고 사랑해야 한다. 어떠한 경우라도 아버지 세대를 버리면 안 된다. 하나님께서는 민족의식이 있고 역사의식이 있는 사람을 크게 사용하신다. 우리의 2세들에게도 먼저 동족인 한국인을 사랑하도록 가르쳐야 한다. 한국인 기독교인도 정통파 유대인이었던 바울의 신앙과 자신의 동족을 사랑하는 민족의식을 본받아야 한다. 한국인 기독교인도 정통파 한국인이 돼야 한다. 그리고 상대적이긴 하지만 바울처럼 한국인 기독교인의 신앙과 자신의 동족을 사랑하는 민족의식을 본받아야 한다.

그런데 미국의 많은 한인 2세 지도자들이 1세들을 비판하면서 1세 교회를 떠나는 이유가 무엇인가? 1세들이 2세 교육에 실패했기 때문이다. 왜 실패했는가? 성경적 쉐마교육을 제대로 실천하지 못했기 때문이다. 한인 2세들은 때때로 1세 교회를 떠나는 이유로 "1세들은 너무 한국적이다.", "권위주의적이다.", "교회 내에서 많이 싸운다.", "세금을 안 낸다." 등등 1세들의 약점을 지적하기도 한다. 약점이 있기는 유대인도 마찬가지다. 오히려 현실에 안 맞는 생활을 하기는 정통파 유대인이 더 심하다. 미국뿐 아니라 전 세계 남의 나라에 나그네로 살면서도 자신들의 절기에는 학교에도 안 가고 직장에도 안 나가니 말이다. 세상에 약점 없는 개인이나 민족은 없다.

해결 방법은 무엇인가? 우리는 2세들에게 1세들이 설사 약점이 있다 해도 1세 부모와 한국 민족을 먼저 사랑하도록 가르쳐야 한다. 그리고 한국인의 장점을 더 많이 보도록 가르쳐야 한다. 한국인의 장점은 약점에 비해 얼마나 많은가? 교회를 지키기 위한 순교 정신, 하루에 잠을 3시간씩 자면서도 헌신적인 교회 봉사, 자신은 못 먹고 못 입으면서도 분에 넘치게 드리는 헌금 생활, 집을 팔아 바치는 건축 헌금, 부모에 대한 효도, 자녀에 대한 무조건적인 사랑, 대부분의 각 교단에서 세계 최대의 교회가 있는 나라 한국, 전 세계 선교사 파송수가 미국 다음으로 많은 나라(2000년 통계). 하나님께서 20세기에 가장 크게 쓰신 민족 중 하나가 아닌가? 감히 2세들이 꿈인들 꿀 수 있겠는가?

이런 외형적 성장이 있기까지 1세들이 고난 속에서 얼마나 하나님께 울부짖고 몸부림쳤는지 기억해야 한다. 왜 2세들은 이러한 1세들의 눈물의 기도와 헌신을 모르고 비판만 하는가? 현재 한국이나 미국에서는 젊은 2세들이 1세들의 약점을 성토하는 데 열중이다. 왜 그런가? 1세들이 2세들을 잘못 가르쳤기 때문이다. 너무나 억울한 일이 아닐 수 없다.

많은 2세들이 부모 세대가 교회에서 싸우는 것을 가장 큰 약점으로 꼽는다. 물론 그것은 약점이다. 하지만 뒤집어 보면, 죽기 살기로 싸우는 것도 그만큼 교회에 관심과 애착이 있기 때문이다. 만약 관심과 애착이 없다면 그렇게 시간적으로 물질적으로 손해 보면서까지 싸우겠는가? 그러면서도 교회는 성장한다. 싸우는 것을 권장하지는 않지만 이해는 할 수 있다는 것이다.

동족을 사랑하는 민족의식은 한국인 선교사들에게도 그대로 적용된다. 한국인 기독교인이 한국에서 동족에게만 복음을 전할 수는 없다. 하나님으로부터 이방의 구원을 위해 선교의 부름을 받을 수도 있다. 그리하여 한국에서 아프리카로 떠나 그곳에서 선교 사명을 감당하는 한국인 선교사라도 바울처럼, 동족인 한국인을 먼저 사랑해야 한다. 새벽마다 한국 민족교회의 쇠잔을 걱정하며 "항상 마음에 큰 근심이 있는 것과 그치지 않는 고통이 있는 것을 그의 양심이 성령 안에서 그로 더불어 증거한다"(롬 9:2)라고 고백해야 한다. 그리고 한국인 동족의 구원을 위해 바울처럼 이렇게 절규하며 기도해야 한다. "나의 형제 곧 골육의 친척을 위하여 내 자신이 저주를 받아 그리스도에게서 끊어질지라도 원하는 바로라"(롬 9:3).

바울은 이방인뿐만 아니라 동족 유대인으로부터도
형용하기 힘든 고난을 당했다. 그럴지라도 그는 유대인의 구원을 위해
이렇게 절규한다.
"나의 형제 곧 골육의 친척을 위하여 내 자신이 저주를 받아
그리스도에게 끊어질지라도 원하는 바로라"(롬 9:3).
그는 유대 민족을 위해 죽기를 자처하는 민족주의자였다.
한국인 2세들도 동족을 먼저 사랑해야 한다.

훌륭한 지도자는 훌륭한 국민과 한 세트를 이룬다.
지도자는 사람들을 통해 자기 자신을 표현하지만,
사람들도 지도자를 통해 자기 자신을 표현하는 관계에 있다.
그러므로 위대한 인물 밑에 있는 사람들은 자신들의 지도자에 대해
불평을 말하기 전에, 자신의 모습을 거울에 비춰 보아야 한다.

_마빈 토카이어의 유대인 격언집

제5장

대한민국 국민의 민족관과 국가관 그리고 세계화

I. 사랑의 우선순위
II. 국수주의의 위험성과 샐러드 볼 이론
III. 대한민국 국민의 민족관과 국가관
IV. 분단 상황에서 대한민국 국민의 국가관과 대북관계

I. 사랑의 우선순위

우리는 세계화, 국제화 시대에 살고 있다. 이러한 환경에서 "애국심은 타민족과 어울리는 데 부담이 되지 않느냐?"라는 의문을 제기할 수 있다. 과연 그런가? 물론 애국심을 잘못 정의하면 부담이 될 수도 있다. 그러나 기독교인의 애국심은 일반적인 것과 다르다. 어떻게 다른지 알아보자.

세계 인류 이전에 국가와 민족이 있고, 그 이전에 이웃과 가정이 있다. 그리고 가정 이전에 '나'가 있다. 따라서 애국심 문제를 풀기 위해서는 먼저 '나(我)'에 관한 올바른 인식이 있어야 하고, 다음에 자신의 가정, 그 다음에 이웃과 자신이 속한 민족에 대해 인식해야 한다. 즉, 사랑의 우선순위가 중요하다. 차례대로 설명해 보자.

첫째, '나'는 누구인가? 하나님께서는 '나'의 생명에 대해 무엇이라고 말씀하셨나?

예수님은 '나'의 생명이 천하보다도 귀하다고 말씀하셨다(마 16:26). 왜냐하면 '나'의 생명은 하나님의 형상을 따라 하나님이 창조하셨기 때문이다. 따라서 인간은 자신의 생명을 사랑해야 한다. 이것이 바로 자아 형성 및 자아 존중(Self-Esteem)의 첫걸음이다.

자신의 생명이 귀한 줄 알아야 남의 생명도 귀한 줄 안다. 반대로 자신의 생명을 업신여기는 사람은 남의 생명도 업신여긴다. 이것이 생명경시 현상이다. 하나님이 주신 생명이기 때문에 기독교인은 절대 자기 멋대로 자살을 해서도 안 되고 남의 생명을 해쳐서도 안 된다. 그리고 기독교인은 아무리 천한 거지나 타민족의 사람이라도 그들을 귀하게 여겨야 한다.

그렇다면 '나'와 '너'의 관계에서 '나'는 '너'에게 어떻게 행해야 하는가? 하나님은 하나님의 선민에게 "네 이웃을 네 몸처럼 사랑하라"(레 19:18; 마 22:39)고 말씀하셨다. 이 말씀은 '나'와 '너'의 관계에서 기독교인이 행해야 할 중대한 행동지침이다. "네가 네 몸을 귀하게 여기는 것처럼 남도 귀하게 여기고 사랑하라."라는 말씀이다. 여기에서 중요한 사랑의 순서는 먼저 자신이 자신의 몸을 귀하게 여기는 것이다. 즉, 자기 자신을 사랑하라는 것이다. 그리고 그 다음 순서로 이웃을 사랑하라는 것이다. 따라서 자기 자신을 사랑하지 않는 사람이 남을 사랑하는 것은 성경적인 순서가 아니다. 이는 자신을 속이거나 혹은 잘못된 인간관계이다.

이러한 사랑의 논리는 자신이 속한 가족과 민족에도 마찬가지로 적용된다. 자기 자신이 우선이고, 다음이 가족이고, 그 다음이 이웃이고, 그 다음이 민족이다. 그리고 마지막이 타민족을 포함한 세계 인류이다.

둘째, '자신의 가족'과 '이웃'의 관계를 어떻게 정립하느냐의 문제이다.

이것은 '자신의 가족'과 '이웃' 중 어느 쪽을 먼저 사랑해야 하는가

하는 우선순위의 문제다. 저자가 유대인의 효도교육에서 언급한 것*
처럼 유대인은 자신의 부모를 먼저 사랑하지 않고 남을 사랑하는 것
을 가증하게 여긴다. 가족 안에서도 다른 가족보다 '부모'를 더 사랑
해야 한다.

셋째, '자신의 가족' 속에서는 부모 이외의 형제들과 친족들이 있다.
기독교인은 '이웃'보다 '가족'을 먼저 사랑해야 한다. 정통파 유대
인이었던 사도 바울은 디모데전서 5장 8절에 "누구든지 자기 친족 특
히 자기 가족을 돌아보지 아니하면 믿음을 배반한 자요 불신자보다
더 악한 자니라"라고 단언했다. 왜냐하면 불신자도 자신의 가족을 사
랑하고 돌보는데, 성도가 가족을 저버리는 것은 말도 안 되는 일이기
때문이다.
기독교인은 먼저 자신의 가족을 사랑하고 그 다음에 이웃을 사랑해
야 한다. 이는 특히 신앙의 모범을 보여야 하는 목회자 가족부터 실천
해야 한다. 그리고 성도들은 가족을 희생시키는 목회자만을 존경할
것이 아니라, 가족을 귀하게 여기고 먼저 가족에게 사랑을 실천하는
목회자를 존경하는 풍토를 만들어야 한다.

넷째, 이웃과 이웃 사이에도 사랑의 순서가 있다. 어느 이웃을 먼저
사랑해야 하는가?
이 질문에 답하려면 먼저 '믿음의 공동체'인 예수님을 믿는 이웃과
불신자인 이웃을 구별해야 한다. 어느 쪽을 먼저 사랑해야 할까? 바울

---

* 자세한 내용은 'IQ는 아버지 EQ는 어머니 몫이다' 시리즈 '유대인의 효도교육' 참조.

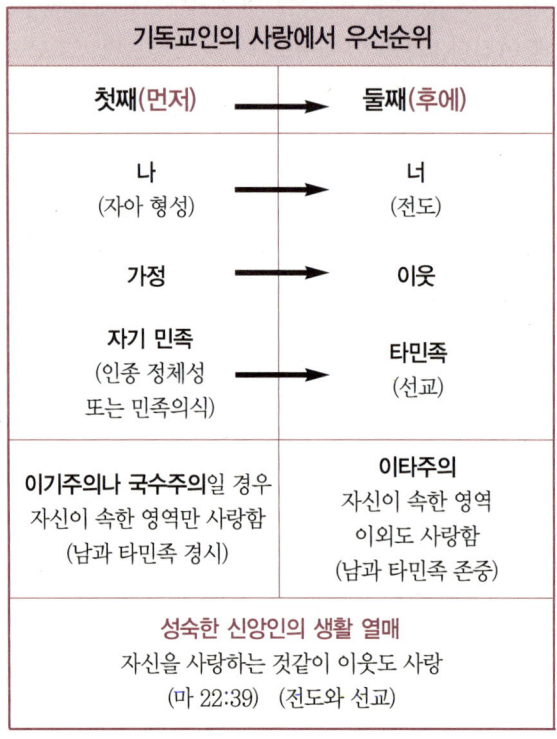

은 선행을 베푸는 순서도 나와 나의 가족이 먼저고, 그 다음이 똑같은 믿음의 공동체인 믿음의 가정들이라고 말했다. 그 다음이 불신자인 이웃이다. "우리는 기회 있는 대로 모든 이에게 착한 일을 하되 더욱 믿음의 가정들에게 할지니라"(갈 6:10). 이는 정통파 유대인이 자선(쩨다카)을 행하는 범위의 순서와 같다.*

---

* 자세한 것은 '유대인의 어머니 교육' 중 '유대인의 선행교육' 참조.

다섯째, 자신의 민족과 타민족에 대한 사랑의 순위 문제이다.

'내'가 있고 '너'가 있는 것처럼, '자신의 가정'에도 '부모'와 '가족'이 있다. 그리고 '자신의 가정'이 있고 '이웃'이 있는 것처럼, '나의 민족'이 먼저 있고 '타민족'이 있다. 따라서 불신자들도 자기 민족을 사랑하는데 기독교인이 자기 민족을 사랑하지 않으면 되겠는가? 이 말은 기독교인은 불신자보다 더 자기 조국을 사랑하는 애국자여야 한다는 뜻이다.

결론적으로 사랑의 우선순위는 첫째 '나'에서 시작하여 둘째 부모, 셋째 가족, 넷째 믿음의 공동체, 다섯째 불신자인 이웃, 여섯째 자신의 민족 그리고 마지막 일곱째 타민족이다. 따라서 우리는 먼저 하나님의 창조의 질서에 따른 사랑의 우선순위를 인지하고 이에 순종해야 한다. 물론 하나님의 특별한 사역을 위해 부르심(calling)이 있을 때에는 바울처럼 순종해야 한다.

**사랑의 우선순위는
첫째 '나'에서 시작하여 둘째 부모, 셋째 가족, 넷째 믿음의 공동체,
다섯째 불신자인 이웃, 여섯째 자신의 민족, 일곱째 타민족이다.
우리는 먼저 하나님의 창조의 질서에 따른
사랑의 우선순위를 인지하고 이에 순종해야 한다.**

II. 국수주의의 위험성과 샐러드 볼 이론

1. 기독교인과 비기독교인의 민족주의의 차이점

모든 인간은 자신의 민족을 사랑할 수 있다. 왜냐하면, 혈통이 중요하기 때문이다. 비기독교인도 기독교인처럼 자기 민족을 사랑할 수 있다. 둘 다 민족주의자가 될 수 있다. 그러나 비기독교인의 민족주의와 기독교인의 민족주의는 자신의 민족을 사랑하는 일에서는 동일하지만, 그 사랑의 목적과 범위에서는 다르다. 왜냐하면, 비기독교인은 혈통만을 중요시하지만 기독교인은 혈통과 함께 "네 이웃을 네 몸처럼 사랑하라"(레 19:18; 마 22:39)는 하나님의 가르침을 중요시하기 때문이다.

물론 비기독교인이라 하여 모두 그런 것은 아니지만, 대체로 비기독교인은 자기 자신이나 자기 가정, 자기 민족만 사랑하는 이기주의자나 국수주의자가 되기 쉬우나, 기독교인은 먼저 '나'와 '내 가정', '내 믿음의 공동체' 그리고 '내 민족'을 사랑하는 것처럼 '자신의 이웃'과 '타민족'도 사랑해야 할 의무가 있다. 이것이 바로 성숙한 신앙인이 행해야 할 성령의 열매이다. 여기에는 자신의 희생이 따른다.

그러나 자신을 사랑하지 않거나 또는 자신의 가족이나 민족을 사랑

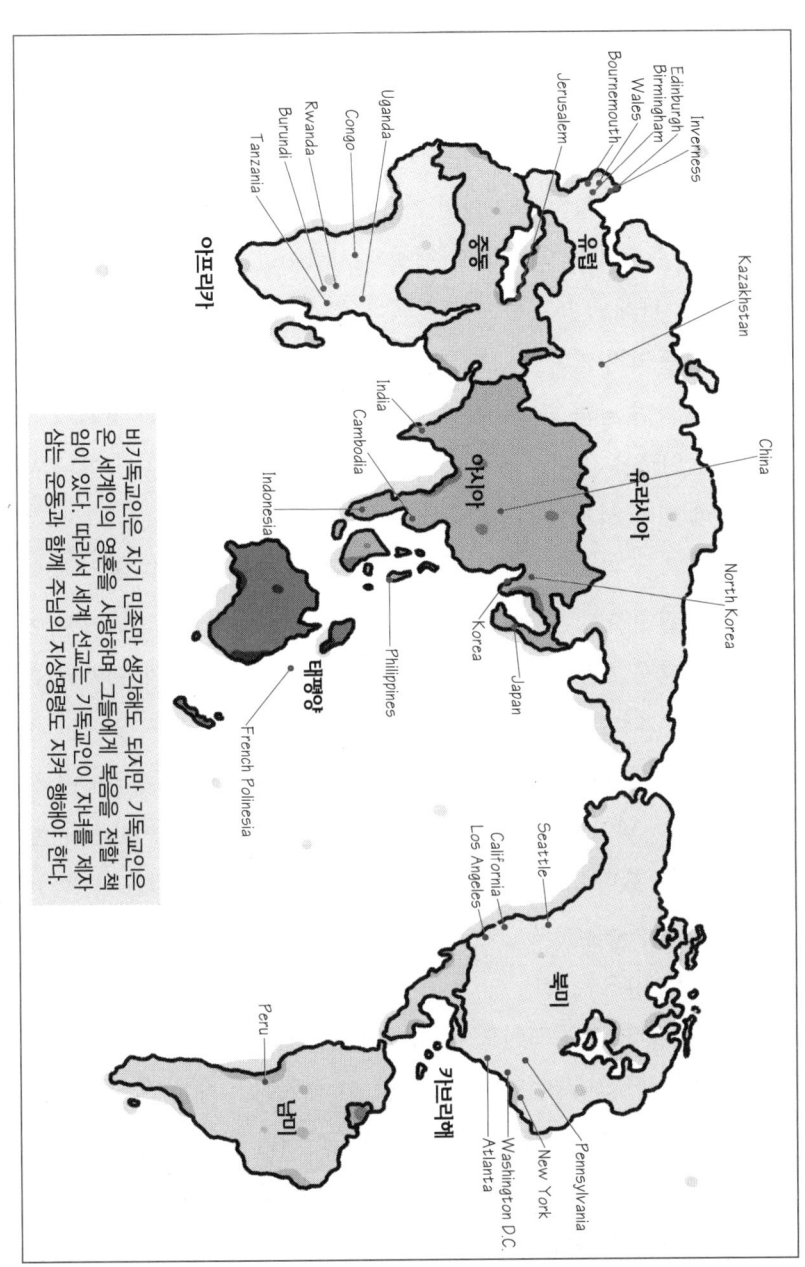

비기독교인은 자기 믿음만 생각해도 되지만 기독교인은 온 세계인의 영혼을 사랑하며 그들에게 복음을 전할 책임이 있다. 따라서 세계 선교는 기독교인이 지녀를 체지 삼는 운동과 함께 주님의 지상명령도 지켜 행해야 한다.

하지 않으면서 남을 사랑하고 타민족을 사랑한다는 것은 잘못된 사랑의 순서이다. 이런 사람은 자아 형성과 인종 정체성 의식이 잘못 형성된 사람이다. 이러한 사람은 수직문화의 사람이 아니다.

　반면 자신을 사랑하고 자신의 가족과 민족을 사랑하는 사람은 자아 형성과 인종 정체성 의식이 잘 형성된 사람이다. 이런 사람은 예수님과의 믿음 관계도 뚜렷하게 정립되어 있기 때문에 수평문화에 의해 신앙이 흔들리지 않는다. 그리고 영적 만족감도 높다(현용수, 1993). 올바른 성도라면 남과 타민족을 사랑하기 위해서라도 자신과 자신의 가정, 자기 민족을 먼저 사랑해야 한다. 이러한 투철한 믿음이 있는 사람이어야 이방 선교도 사명과 기쁨으로 잘 수행할 수 있다.

　자기 민족을 자신의 생명보다 더 사랑한 바울이 그 대표적인 예다. 바울은 특별히 이방 전도를 위해 택함 받은 사도이다. 그리고 그는 이방인의 영혼을 사랑하며 복음을 전파했다. 그러나 자신의 동족인 유대인 사랑은 더 유별났다. 자신의 동족이 예수님을 믿고 구원받은 천국 백성이 되게 하기 위해 "나의 형제 곧 골육의 친척을 위하여 내 자신이 저주를 받아 그리스도에게서 끊어질지라도 원하는 바로다"(롬 9:3)라고 절규했다. 그는 종교가 다르다는 이유(유대인은 유대교이지만 바울은 기독교로 개종했음)로 동족인 유대인에게 그렇게 심한 핍박을 당했으면서도 말이다.

　따라서 한국의 기독교인도 종교가 다른 유교나 불교를 믿는 한국인도 사랑해야 할 의무가 있다. 한 핏줄 한 동족이기 때문이다. 그들이 예수님을 믿지 않는다고 인격적으로 모욕하거나 무시해서는 더욱 안 된다. 이렇게 자신의 정체성이 뚜렷하고 자신의 민족을 사랑하는 개인이나 인종들이 기독교인이 될 때 더 확실한 믿음의 소유자가 될 것이며, 그들이 주님 안에서 서로 도울 때 다양성 속에서 강력한 하나됨을 이룰 수 있다.

비기독교인도 기도교인처럼 자기 민족을 사랑할 수 있지만
그 사랑의 목적과 범위에서는 다르다.
비기독교인은 **혈통**만을 중시하지만,
기독교인은 **혈통**과 함께 "네 이웃을 네 몸처럼 사랑하라"는
하나님의 말씀에 따라 이웃과 타민족도 사랑해야 한다.

2. 다문화 속에서 함께 사는 샐러드 볼 이론

다문화 속에서 각 인종이 함께 살며 최대의 좋은 사회를 이루는 가장 확실한 모델은 무엇인가? 그것은 각 인종의 다양한 특성을 없애고 한 가지 특성만을 갖게 하는 용광로의 '멜팅 폿' 이론(Melting Pot Theory)이 아니고, 다양한 특성을 인정하고 서로 조화를 이루는 '샐러드 볼' 이론(Salad Bowl Theory)이다.

'샐러드 볼' 이론이란 샐러드 볼에 담긴 각종 과일과 채소들이 각각 특유한 맛을 내야 하는 것처럼 각 인종들은 각각 특성을 살려야 한다는 것이다. 그러나 전체적으로는 샐러드가 색깔과 영양 면에서 조화를 이뤄 아름다운 하나가 되듯이 각 인종들의 특성이 조화를 이루어 아름답고 평화로운 지구촌을 만들어야 한다. 왜냐하면 하나님께서는

용광로 이론과 샐러드 볼 이론의 차이점

분류	용광로 이론	샐러드 볼 이론
원리	다양한 내용물을 집어 넣어 용해시킨 뒤 하나의 내용물로 나오게 한다.	다양한 내용물들이 각각 특성을 갖고 있으며, 색깔과 영양면에서 전체적으로 조화를 이룬다.
적용	개인이나 가정 및 민족의 특성을 무시하고 하나로 통일하고자 한다.	각 개인이나 가정 및 민족의 특성을 가지고 모든 공동체를 위하여 조화를 이루며 협력한다.
결과	하나님의 창조 원리에 어긋난다.	다양성 속의 하나의 개념(고전 12장)이며, 바람직한 성경적 모델이다.

개인마다 인종마다 특성을 주셨기 때문이다. 하나님은 한국인을 한국인으로 창조하셨다. 따라서 하나님은 한국인이 한국인처럼 살기 원하시지 영국인이나 일본인처럼 살기를 원치 않으신다. 이는 하나님이 어떤 이에게는 음악적 재능을, 어떤 이에게는 미술적 재능을 준 것과 같은 논리이다. 음악인은 음악으로, 미술인은 미술로 하나님에게 영광을 돌리듯 영국인은 영국인으로, 한국인은 한국인으로 하나님께 영광을 돌려야 한다.

이러한 논리는 각 개인이 갖고 있는 개성이 서로 다른 것에도 적용된다. 하나님은 인간을 창조하실 때 모든 사람을 획일적인 성격으로 만들지 않으셨다. 각 사람에게 서로 다른 개성을 주셨다. 각 개성에는 장점도 있고 단점도 있다. 각자 개성들의 단점은 배제하고 장점만을 존중해야 한다. 그리고 그 장점들을 더 개발하여 하나님의 영광을 위

하나님은 모든 인종을 특색 있게 창조하셨다. 따라서 다문화권 속 한국인은 한국인 기독교인의 특색을 지니면서 타민족과 함께 화합하며 살아가는 지혜를 터득해야 한다. 사진은 다인종이 함께 섞여 공부하는 미국 초등학교의 학생들.

해 서로 연합하여 선을 이루도록 해야 한다. 바울이 설명한 몸은 하나인데 지체는 여럿이라는 원리는 바로 다양성 속의 하나를 이루라는 것을 뜻한다(고전 12장).

한국 사람끼리도 각 지방, 즉 충청도, 경상도, 전라도마다 특성이 있다. 그 지방의 특성에는 장점도 있고 단점도 있다. 단점은 배제하고 장점만을 서로 존중하고, 각 지방의 장점을 연합하여 하나님의 영광을 위하여 선을 이루어야 한다. 주님 안에서 충청도 사람은 충청도 사람다워야 하고, 경상도 사람은 경상도 사람다워야 하고, 전라도 사람은 전라도 사람다워야 한다. 모든 지방 사람들의 특성이 획일적이어서는 사회가 역동적이지 않거니와 크게 발전하지도 못한다. 이것은 하나님이 원하시는 바가 아니다.

각 지방 사람들은 자신의 고장을 먼저 사랑해야 한다. 그러나 기독교인은 맹목적으로 자기 지방을 사랑하는 것이 아니고, 하나님 나라와 국가의 전체 이익을 먼저 생각해야 한다. 그리고 타지방 사람들도 사랑해야 한다. 그 이유는 전체가 하나됨 속에서 자신이 처해 있는 지체의 입장을 최우선으로 지켜야 하기 때문이다. 바울의 설명을 들어보자.

> 이제 지체는 많으나 몸은 하나라 눈이 손더러 내가 너를 쓸데 없다 하거나 또한 머리가 발더러 내가 너를 쓸데없다 하거나 하지 못하리라 이뿐 아니라 몸의 더 약하게 보이는 지체가 도리어 요긴하고 우리가 몸의 덜 귀히 여기는 그것들을 더욱 귀한 것들로 입혀 주며 우리의 아름답지 못한 지체는 더욱 아름다운 것을 얻고 우리의 아름다운 지체는 요구할 것이 없으니 오직 하나님이 몸을 고르게 하여 부족한 지체에게 존귀를 더하사 몸 가운데서 분쟁이 없고 오직 여러 지체가 서로 같이하여 돌아보게 하셨으니 만일 한 지체가 고통을 받으면 모든 지체도 함께 고통을 받고 한 지체가 영광을 얻으면 모든 지체도 함께 즐거워하나니 너희는 그리스도의 몸이요 지체의 각 부분이라.
> (고전 12:20-27)

하나님은 각 개인, 각 지방, 각 민족에게 특성을 주셨다. 각자는 그 특성을 더욱 개발하여 하나님의 영광을 위해 연합하여 선을 이루도록

샐러드 볼을 개성과 민족에 비유

샐러드 볼의 중요성
고추·양파·배추·당근
사과·무·토마토 등

개인 개성의 중요성
한씨·김씨·현씨·박씨
강씨·송씨·이씨 등

각 민족 특성의 중요성
한국인·인도인·멕시코인
독일인·유대인·케냐인 등

각 내용물의
좋은 특성을 살려
전체 조화를 이룬다.

각 개인의
좋은 특성을 살려
전체 조화를 이룬다.

각 민족의
좋은 특성(문화)을 살려
전체 조화를 이룬다.

각 개체마다 특성이 강할수록 그가 속한 공동체가 더 역동적이다.

해야 한다. 서로 자신의 분수를 넘어 우월감을 갖고 타인의 것을 미워하거나 업신여기는 것은 하나님의 창조 질서를 파괴하는 것으로서, 결국 하나님과 하나님이 창조하신 전체를 해치게 된다는 사실을 명심해야 한다.

하나님은 동질성이 있는 그룹(Homogeneous Group)을 통해 더 크게 역사하신다(Homogeneous group provides a degree of cohesiveness). 왜냐하면 문화, 학력, 인종, 전공 및 연령 등에서 동질성이 있는 그룹이 더 결속력이 강하기 때문이다. 이런 그룹이 성령을 받아도 더 크게 받고, 주님의 사역을 해도 더 크게 할 수 있다.

따라서 동질성의 특성을 서로 존경하고 더 개발하도록 도와주어야 한다. 그리고 서로 연합하여 하나님의 영광을 위해 쓰임 받도록 노력해야 한다. 샐러드 볼 이론의 장점이 여기에 있다. 따라서 한국인 2세들을 한국어나 한국 예절을 지키는 한국인의 특성을 가지도록 교육시켜야 한다.

하나님은 각 개인, 지방, 민족에게 특성을 주셨다(다양성 속의 하나).
각자는 그 특성들을 더욱 개발하여 하나님의 영광을 위해
서로 연합하여 선을 이루어야 한다.
자신의 분수를 넘어 우월감을 갖고 타인의 것을 미워하거나 업신여기는 것은
하나님의 창조 질서를 파괴하는 것으로서
결국 하나님의 영광을 가린다는 사실을 명심해야 한다.

3. 한국인의 국제결혼 열풍, 세계화와 국익에 도움이 되는가

A. 문제 제기: 한국에 급증하는 외국인 이주자들, 이대로 좋은가?

한국에도 결혼 이민을 통한 다문화 가정이 매년 급증하고 있다. 미국 동포 자녀들의 국제결혼 열풍이 이제 한국에도 퍼지고 있다. 2006년에는 전체 결혼 중에서 국제결혼이 4만 3121건으로 약 13.6%를 차지했다. 신혼부부 10쌍 중 1쌍 이상이 국제결혼인 셈이다. 특히 농촌의 경우 지난 해 무려 35.7%가 국제결혼이었다

(http://ref.daum.net/item/11144568, *국제결혼 10% 시대, 외국 신부들이 울고 있다.* 2007년 6월 27일).

뿐만 아니라 외국인 인구 수도 점점 불어나고 있다. 행정자치부 통계에 의하면, 외국인 주민도 2007년 5월 현재 72만 2686명으로 주민등록상 인구의 1.5%를 차지하고 있는 것으로 조사됐다. 이는 2006년 53만 6627명보다 35%가 늘어난 것으로 우리나라가 급속히 다문화 사회가 되고 있음을 보여 준다. 조사결과 전체 외국인 주민 가운데 외국인 근로자가 35.9%(25만 9805명)으로 가장 많았다. 이어 국제결혼 이주자 12.2%(8만 7964명), 국제결혼 가정의 자녀 6.1%(4만 4258명) 등이었다. 외국인 중 국적 취득자는 7.5%(5만 4051명)이었다. 국적별로 보면 중국 국적이 52.4%로 가장 많았고 동남아시아(23.7%), 남부아시아(4.6%), 미국(3.4%), 일본(3.3%), 대만(2.9%) 등이 그 뒤를 이었다. 이 중 중국과 동남아시아 출신은 늘고 있지만 기타 국가 출신은 줄고 있어 일부 국가 집중현상이 나타나고 있다(뉴스21, *외국인 주민 1년새 35% 증가… 인구 1.5% 차지*, 2007년 8월 2일).

유엔은 한국이 2050년까지 1159만 명의 외국인을 이민으로 받아들일 것이며, 외국인 이민자 및 그 후손의 비율이 2050년에 한국 전체 인구의 21.3%에 이를 것이라고 전망하고 있다. 이러한 유엔의 전망처럼 현재 이 순간에도 우리 사회는 국민이 미처 인식하지 못하는 사이에 이민 국가가 되고 있다(동아일보, *2006년 외국인 인력정책, 인류애-국익 조화를*, 2006년 6월 9일).

이런 가운데 유엔 인종차별철폐위원회(CERD)는 "한국이 단일민족을 강조하는 것은 한국 땅에 사는 다양한 인종들 간의 이해와 관용, 우호 증진에 장애가 될 수 있다."고 우려했다. 또 "현대 한국 사회의

다(多)인종적 성격을 인정하고 교육, 문화, 정보 등의 분야에서 적절한 조치를 취하라."고 한국에 권고했다(조선일보, 유엔 "한국, 인종차별 없애라", 2007년 8월 20일). 즉 "다문화 사회를 적극 수용하기 위해 인종 차별을 없애라."는 권고였다.

이 보도가 나오자, 한국에서는 "탈민족주의라는 세계화 흐름에 적극적으로 발 맞춰야 할 때"라는 각성에서부터 "그래도 단일민족의 민족주의를 지켜야 한다."는 반발까지 나온다.

한국은 현재 다른 민족과 혈통적으로 문화적으로 섞이는 것이 유행처럼 번지고 있다. 그리고 자신의 한국 이름을 미국식 이름으로 바꾸는 이들도 있다. 한걸음 더 나아가 그렇게 하지 않는 사람을 시대에 뒤떨어진 사람으로 보는 견해도 있다. 이것이 세계화 시대에 옳다고 생각하는 모양이다.

여기에서 2가지 질문을 던질 수 있다.

질문 1: 한국이 다문화 사회로 진입하기 위한 탈민족주의가 세계화와 국익에 도움이 되는가? 아니면 해가 되는가? 해가 된다면 왜 민족주의를 지켜야 하는가?

질문 2: 한국은 왜 유엔 인종차별철폐위원회(CERD)로부터 "인종 차별을 없애라."는 권고를 받았는가? 피할 길은 없는가?

이스라엘 유대 민족의 예를 들며 답을 찾아보자.

한국이 다문화 사회로 진입하기 위한 탈민족주의가
세계화와 국익에 도움이 되는가? 아니면 해가 되는가?
해가 된다면 왜 민족주의를 지켜야 하는가?

B. 이스라엘의 다문화 사회 대처 방법

앞의 2가지 질문에 대한 답을 찾기 위해 왜 이스라엘의 예를 참조해야 하는가? 몇 가지 이유가 있다.

첫째, 이스라엘의 국민은 거의 유대인이다. 유대인만큼 다문화 경험이 많은 민족은 없기 때문이다.
둘째, 그들의 다문화 대처 방법은 역사적으로 성공한 사례로 수천 년 동안 검증되었기 때문이다. 그리고
셋째, 그들의 다문화 대처 방법은 성경에 근거했기 때문이다.

유대인은 아브라함 때부터 가나안으로 이민을 가서 4200년 동안 타민족과 함께 살면서도 어떻게 타민족과 동화되지 않고 생존할 수 있었는가? 일단 유대인은 모든 면에서 섞이는 것(mix)을 싫어한다. 하나님이 유대인만의 독특한 구별된 삶을 원하시기 때문이다. 다른 말로 말하면, 하나님은 그들의 혈통적 순종(pure blood)과 순결(purity)을 원하신다.

> 너희는 내 규례를 지킬지어다 네 육축을 다른 종류와 교합시키지 말며 네 밭에 두 종자를 섞어 뿌리지 말며 두 재료로 직조한 옷을 입지 말지며… (레 19:19)

> 너는 소와 나귀를 겨리하여 갈지 말며, 양털과 베실로 섞어 짠 것을 입지 말지니라. (신 22:10-11)

그래서 옷감도 한 가지 실로 짠 것만 사용한다. 음료수도 여러 가지를 섞어 마시지 않는다. 섞인 것도 분리한다. 생선도 뼈를 분리한 뒤 요리를 한다. 물론 이방인과의 결혼을 싫어한다(스 10:18-19; 느 13:23-31). 혼혈을 싫어하기 때문이다. 사마리아인과 결별을 한 이유도 포로기 때 가나안에 남은 이들이 적군에게 점령당한 뒤 여인들이 혼혈아들을 낳았기 때문이었다. 신앙이 좋은 유대인일수록 더 하다. 부득이하게 이방인과 결혼을 할 경우, 먼저 유대교로 개종하기 위해 까다로운 유대인의 율법에 맞춰 교육을 시킨다. 그리고 합격을 하면 개종시킨 뒤 결혼식을 올린다. 그리고 철저하게 자기네 백성으로 만든다. 나오미의 며느리 룻도 이방의 여인이었지만, 자기네 백성으로 만들어 후일 그녀의 이름이 예수님의 족보에도 오르게 되었다(마 1:5).

자기네 백성으로 만드는 방법은 유대교라는 종교교육이다. 이것이 그들의 가장 중요한 정체성 교육이다. 민족의 정체성을 갖게 하기 위해 유대인 부모는 자녀들에게 하나님의 말씀(토라) 교육을 철저히 시켜 '말씀 맡은 자'(롬 3:2)로 키운다. 그들의 순결 보존은 이 말씀교육에서 나온다. 즉 이 말씀 교육이 이루어지지 않을 경우 그들의 순결은 기대할 수 없다. 물론 정체성 교육에는 언어와 전통문화 교육도 포함된다. 따라서 유대인의 민족주의를 위한 정체성 교육은 종교교육이고, 종교교육의 핵심은 하나님의 말씀교육이다. 여기에서 그들의 사상과 문화가 형성된다. 따라서 종교는 사상의 어머니다.

유대인이 아브라함 때부터 4200년 동안 단일민족을 유지할 수 있었던 것은 바로 그들의 정체성 교육으로 하나님의 말씀교육을 자손 대대로 시키는 데 성공했기 때문이다. 그들의 후예가 오늘날의 이스라엘 국가를 만들었다. 세계에서 단일민족과 민족주의를 가장 많이 강조하는 나라는 이스라엘임을 발견할 수 있다.

그런데도 불구하고 유엔 인종차별철폐위원회(CERD)는 이스라엘에게는 "인종 차별을 없애라."는 권고를 하지 않고 왜 한국에게는 주었는가? 이스라엘은 어떻게 그 권고를 피할 수 있었는가?

첫째, 유대인은 매사에 법을 잘 이용한다. 유엔이 원하는 대로 법을 만들어 다인종과 다문화와 더불어 사는 정책을 인정하고 살고 있다. 현재 이스라엘에는 적대관계에 있는 아랍인의 혈통을 가진 아랍인은 물론, 한국인까지 다인종이 살고 있다. 그들의 종교도 다양하다. 이스라엘의 하아레쯔의 발표에 의하면, 2004년 현재 이스라엘 인구의 81%가 유대인, 12%가 모슬렘, 3.5%가 기독교인, 1.5%가 드루즈인, 1.5%가 무신론자, 0.5%가 기타 종교다(크리스천 투데이, 이스라엘 유대인 *44% "종교와 무관"*, 2006년 5월 10일).

1948년 유대인들은 이스라엘이라는 나라를 건국하기 위해 어쩔 수 없이 타민족도 수용할 수밖에 없었다. 이스라엘 정부는 국민의 모든 이들에게 법적으로 동등한 권리와 의무를 부여하고 있다. 다시 말해 인종차별과 편견이 없는 정책을 쓰고 있다.

둘째, 유대인은 타인종에 대한 차별을 금한다. 그리고 그들에게 편견을 갖지 말고 친절하게 대하도록 교육시킨다. 물론 한국인에게도 친절하다. 누가 그렇게 가르치라고 했는가? 바로 하나님이 그렇게 명령하셨다.

> 너는 이방 나그네를 압제하지 말라 너희가 애굽 땅에서 나그네 되었었은즉 나그네의 정경을 아느니라. (출 23:9)

> 너희는 나그네를 사랑하라 전에 너희도 애굽 땅에서 나그네 되었었음이니라. (신 10:19)

그래서 안식일 유대인 가정에 초대를 받으면 정중하게 잘 대접한다. 예를 하나 들어 보자. 저자가 주관하는 쉐마지도자클리닉은 3차 학기로 진행된다. 1차 학기는 인성교육, 2차 학기는 쉐마교육, 3차 학기는 미국 유대인 공동체의 체험학습으로 이어진다.

유대인의 안식일 절기 체험을 위해 안식일이 시작되는 금요일 저녁에 유대인 가정을 방문하면, 그 가정에서 30명 정도의 한국인들에게 약간씩 먹을 것과 마실 것을 대접한다. 시장기를 면하게 하기 위함이다. (집이 좁아서 모두 앉아 식사를 할 수 없다. 선 채로 일부 중요한 순서를 1시간 정도 참관하고 나온다.) 이것은 한국인들이 자기 집에 온 손님에게 무엇이라도 먹여 보내려는 심성과 같다.

셋째, 이스라엘 정부는 물론 유대인 개개인이 인종차별에 대한 언행을 대내외적으로 무척이나 삼가고 있다. 이것이 타국인과 함께 사는 지혜다. (물론 개개인에 따라 타인종에게 불친절한 경우도 있다. 특히 정통파 남자들은 타인종 여성에게 불친절한 경우가 많다. 이방 여성을 조심하기 위함이다.)

> 유대인은 자신만의 순수 혈통을 강조한다.
> 유대인의 민족주의를 위한 정체성 교육은 종교교육이고,
> 종교교육의 핵심은 하나님의 말씀교육이다.
> 여기에서 그들의 사상과 문화가 형성된다.

C. 한국의 급속한 다문화 사회, 어떻게 대처해야 하나

위에서 유대인의 다문화 사회에 대한 대처 방법을 소개했다. 앞으로 한국인들은 어떻게 대처해야 하나? 몇 가지로 정리해 보자.

첫째, 먼저 민족주의를 이어가기 위해 한국인의 혈통을 지키는 것이 중요하다.

왜냐하면, 가족의 혈통 유지는 자신의 종교성과 정체성에 깊은 관계가 있기 때문이다(현용수, *문화와 종교교육*, 쉐마, 2007). 따라서 한국인의 혈통은 한국인의 동질성(특성)을 지키는데 유익하다. 유대민족도

혈통이 지켜졌을 때 그들의 정체성과 문화 전수가 더 잘 됐다. 반면 타민족과 결혼했을 때는 정체성이 흐려져서 심각한 위기를 맞았다(느 13:24-25).

만약 한국 민족이 역사적으로 중국인과 결혼을 많이 하여 중국인의 혈통을 더 많이 가졌다면, 굳이 한국인의 정체성을 지킬 이유가 없을 것이다. 오히려 후손들은 세속적 출세를 위해 대국(大國)인 중국에 편입하는 것이 더 좋을 수 있다고 생각할 수도 있다. 그때는 대한민국이라는 나라가 존재해야 할 이유도 없어진다.

둘째, 민족주의를 이어가기 위해 한국인의 혈통에 걸맞은 한국인의 정체성 교육을 시켜야 한다.

만약 아무리 순수한 혈통을 가졌다 해도 자신의 수직문화적 사상이 결여된다면, 그 종족의 정체성을 갖고 있기 힘들다. 민족주의의 핵심 가치인 동족애와 애국심도 없어진다. 그렇게 되면 주변 강국에 흡수될 수밖에 없다.

만약 한국 민족이 자신의 정체성 없이 중국이나 일본의 사상에 동화되었다면, 역사적으로 굳이 한국 민족이 독립할 이유가 있었겠는가? 그렇다면 아마도 한국인이 중국이나 일본에 편입되어 현재는 한족(漢族)의 사상과 문화를 갖고 중국인처럼 행동하거나, 일본의 사상과 문화를 갖고 일본인처럼 행동하지 않겠는가? 물론 그럴 경우 한국어나 한글도 세계에서 사라졌을 것이다. 그리고 누가 물으면 자신은 '한족'이나 '일본인'이라고 대답할 것이다. 실제로 중국이나 일본에 거주하는 한국인 중에 그 나라에 동화되어 한족이나 일본인처럼 행동하는 사람이 많다고 한다. 물론 이런 사람들은 미국에도 있다. 혈통과 정체성 교육을 무시하고 자녀들에게 그것을 가르치지 않았기 때문이다.

이것은 무엇을 뜻하는가? 모든 단일민족들이 순수한 혈통을 가졌기 때문에 훌륭한 것이 아니고, 그 중에서도 수직문화적 정신적 사상과 문화를 가르쳐 보존한 단일민족만이 훌륭한 것이다. 따라서 한국인이 단일민족의 혈통을 가진 것도 중요하지만, 그 혈통에 이어져 내려오는 수직문화적 정신적 정체성이 얼마나 깊고 넓은지, 그리고 그것을 얼마나 자손 대대로 가르쳐 보존시키느냐가 더 중요하다. 물론 정체성 교육을 제대로 받은 사람들은 순수 혈통을 지키지 말라고 해도 잘 지킨다는 것을 명심해야 한다.

한국인이 단일민족이라는 민족주의가 없었다면 4300여 년이라는 긴 세월 동안 강대국과의 수많은 전쟁 속에서 어떻게 나라를 유지하며 살아남을 수가 있었겠는가? 그렇게 힘겨운 전쟁들을 겪으며 온갖 치욕을 맞보지 않았는가? 따라서 이 시대에도 한국인의 민족주의가 없다면, 살아남을 수가 없다는 것을 명심해야 한다.

중국이나 일본이 민족주의를 내세우며 보수 지향적으로 가는 이유가 여기에 있다. 그런 것도 모르고 지난 10년 동안(김대중과 노무현 대통령 시절, 1998~2007) 보수를 몰아내고 진보로 나라를 이끈 것은 매우 잘못한 것이다. 물론 그동안 보수 세력에 잘못이 있었다. 잘못된 부분은 바로 잡았어야 했다. 그런데 보수 자체를 혐오하여 그들을 '수구세력'이라고 몰아세워 전체 보수층을 타파하는 것은 중국이 정치적 고립을 타파하기 위해 엘리트 집단을 파괴했던 문화혁명*과 같은

---

* 중국의 문화혁명(혹은 10년 동란): 1966년부터 1976년까지 계속된 혁명으로 "공자가 죽어야 나라가 산다."라는 구호 아래 그동안 중국의 정신적 사상의 근본이었던 유학 사상을 가진 지식인을 숙청한 사건이다. 현재는 잘못을 인정하고 복원 중이다.

것이다.

  한 민족이 정신적 사상과 문화를 잃는 것이 얼마나 위험한가? 그 예로 잃어버린 유대인의 10지파를 들 수 있다. 그들은 아시리아의 포로로 잡혀간 뒤 그곳에 동화되어 말씀을 자손들에게 대물림하는 데 실패했다. 동화되었다는 말은 먼저 혈통적으로 원주민들과 결혼하여 섞이게 되었다. 그 후 자연히 문화적으로 아시리아 문화에 동화되었다. 그러므로 그들은 유대인의 역사에서 흔적도 없이 사라졌다.

  그러나 바빌로니아로 잡혀간 유대인의 두 지파는 혈통적으로 순수함을 지켰다. 물론 일부는 원주민 여인들과 결혼한 이들도 있었다. 그러나 그들이 예루살렘으로 돌아올 때는 에스라가 눈물을 머금고 모두 이혼하게 했다(스 10:18-19; 느 13:23-31). 뿐만 아니라 유대인 지도자들은 자손들에게 하나님의 말씀을 전수하여 말씀 맡은 자들(롬 3:2)로 키워 다시 예루살렘으로 돌아오는 데 성공했다. 그들의 혈통을 통해 예수님이 오셨다.

  이것은 무엇을 뜻하는가? 표면적 유대인이 유대인이 아니요, 이면적 유대인이 유대인이란 뜻이다(롬 2:28-29). 즉 육체에 외형적으로 할례만 했다고 유대인이 아니라, 심령에 거룩한 하나님의 말씀을 맡은 자가 진정한 유대인이란 뜻이다. 아무리 유대인이라 해도 말씀을 맡지 않으면 더 이상 유대인이 될 수 없다는 것을 뜻한다. 따라서 한국인도 혈통만 한국인(표면적 한국인)이라고 모두 한국인이 아니고, 한국인의 수직문화적 정체성(사상과 문화)을 갖고 있는 한국인(이면적 한국인)이어야 진정한 한국인이 될 수 있다.

> 만약 한국 민족이 자신의 정체성 없이 중국이나 일본의 사상에 동화되었다면,
> 역사적으로 굳이 한국 민족이 독립할 이유가 있었겠는가?
> 한 민족이 정신적 사상과 문화를 잃는 것이 얼마나 위험한가?
> 그 예로 잃어버린 유대인의 10지파를 들 수 있다.

셋째, 뿐만 아니라 한국 정부는 유엔의 CERD를 비롯한 국제기구나 국제 사회와의 마찰을 피하기 위해 그들이 요구하는 법적 제도를 만들어 실천해야 한다.

한국 정부는 물론 한국인 개개인이 인종차별에 대한 언행을 대내외적으로 삼가야 한다. 이것이 타국인을 대하는 지혜다. 한국인은 본의 아니게 인종차별적 표현을 해서 불이익을 당하는 수가 있다. 다문화권에서 살아보지 않았기 때문에 그들과 함께 사는 지혜가 부족하다.

논란이 된 '순혈(pure blood)'과 '혼혈(mixed blood)' 부분도 CERD가 앞장서 거론한 것이 아니라, 우리측 보고서에서 먼저 언급됐다. 보고서는 "한국은 단일민족 국가로 소수민족 차별을 찾기 힘들다."면서 "하지만 단일 민족성에서 우러나온 '순혈'에 대한 한국인의 자부심이 '혼혈'에 대한 차별을 유발하고 있다."고 주장했다. 이 보고서를 검토한 CERD가 "순혈과 혼혈이라는 단어는 인종적 우열주의를 퍼뜨린다는 점에서 우려된다."고 지적한 것이다(조선일보, 유엔 인종차별철폐위 *"단일민족 강조… 개선 조치를"*, 2007년 8월 25일). 유대인 같으면 이런 표현을 했겠는가? 쓸데없는 단어를 삽입하여 꼬투리를 잡힌 것이다.

넷째, 이미 한국에 거주하는 외국인이나 방문한 외국인에게 우호적

이며 친절해야 한다.

　친절은 인류의 보편적 가치다. 한국인은 전통적으로 처음 보는 타인이나 외국인에게 웃음을 보이지 않기 때문에 불친절하다는 오해를 받을 소지가 많다. 앞으로 세계화를 위해 웃는 연습도 해야 한다. 한국에 거주하는 외국인들은 나름대로 이유가 있을 것이다. 어쨌든 그들은 나그네다. 그들을 무시하는 편견 역시 바람직하지 못하다. 그들의 권리 역시 인정하고 존중하며 더불어 사는 지혜가 필요하다.

　한국인은 그동안 무의식 속에 특정 외국인들을 깔보는 우월감이 있었다. 그리고 그들에게 언행으로 아픔을 주는 경우가 있었다. 이것은 인종차별이다. 분명히 잘못된 것이다. 고쳐야 한다. 그런 점에서 민족주의와 인종차별은 구별되어야 한다. 1960년대에서 1980년대까지 가난한 한국의 대학 출신 엘리트들이 외화를 벌어들이기 위해 중동이나 독일 등 외국에 나가 얼마나 비참한 생활을 했던가? 그때의 고난의 역사를 기억하여 잘 사는 한국을 방문한 배고픈 외국 나그네들을 선대해야 한다(출 23:9). 그들은 오늘의 우리를 기억하여 또 자신들의 역사에 기록할 것이다.

　다섯째, 그렇다면 이미 한국에 거주하는 외국인에게는 어떤 교육을 시켜야 할까? 그들을 우리 사람으로 만들어야 한다.

　이를 위해 그들과 그들의 자녀에게 한국의 역사와 언어교육은 물론 한국의 수직문화 교육도 시켜야 한다. 한국을 구체적으로 알게 하고, 한국에 동화시키기 위해서다. 그리고 그들 스스로 대한민국 국민임을 자랑스럽게 생각하게 만들고, 어느 때든 애국심을 갖고 국익에 도움을 줄 수 있도록 교육시켜야 한다. 언제까지나 그들을 나그네로 살게 하는 것은 결코 피차 도움이 되지 않는다. 그렇게 해야 설사 그들이 자기 민족의 뿌리는 갖고 있다 해도 한국을 자신이 선택한 자신의 나라로 생각하고 한국을 위해 봉사하는 좋은 시민이 될 수 있을 것이다.

특히 중국의 조선족이나 일본, 러시아 및 기타 다른 나라에서 살다가 온 같은 한국 핏줄은 한국 정부가 한국인과 동일하게 대해야 한다. 물론 이를 돕는 특별법도 만들어야 한다. 한국인의 핏줄을 한국 정부가 외면한다면 누가 관심을 갖겠는가?

결론적으로 한국이 현재 필요에 의해 타민족을 많이 받아들이거나 타민족과의 결혼을 부추기는 것은 바람직하지 못하다. 설사 결혼을 한다 해도 그것을 알고 해야 한다. 후일 그들과 겪어야 할 문화 충돌이나, 그들 자녀의 정체성 때문에 많은 문제들이 일어날 수 있다는 것을 알고 있어야 한다. 그들의 인구 수가 점점 더 불어나 감당하기 힘들 때가 오게 마련이다. 그때에는 이미 늦는다는 것을 기억해야 한다. 따라서 한국인은 유대인처럼 자신의 혈통과 전통문화를 지키면서도 타민족과 충돌하지 않고 조화를 이루며 살아가는 지혜가 필요하다. 그리고 "한국에 누가 이민 오느냐"의 문제도 중요하다. 한국 정부는 미국 정부처럼 자신의 나라에 유익한 사람들을 제한적으로 받아들여야 한다.

이미 한국에 정착한 외국인들에게는 인종차별을 제도적으로 없애야 한다. 그리고 교육을 통해 훌륭한 한국 시민으로 동화시켜 한국인의 자긍심을 갖게 하고 국익에 도움이 되도록 노력해야 한다.

이미 한국에 거주하는 외국인에게는 어떤 교육을 시켜야 할까?
그들을 우리 사람으로 만들어야 한다.
어느 때든 애국심을 갖고 국익에 도움을 줄 수 있도록 교육시켜야 한다.
언제까지나 그들을 나그네로 살게 하는 것은 결코 피차 도움이 되지 않는다.

국제결혼한 한국 여성의 딸 교육

2001년 9월 미국 동부에서 그리스계 미국인 아버지와 한국계 어머니 사이에서 태어난 일곱 살 된 예쁜 혼혈아를 만났다. 그 아이의 어머니는 다음과 같은 이야기를 자랑스럽게 전해 주었다. 그 아이가 한국계 교회에 갔을 때였다. 한인 2세 어린이들이 그 아이에게 영어로 말했다.

"너는 백인인데 왜 한인 교회에 오니? 미국 교회로 가라!"

그 아이는 당당하게 한국말로 이렇게 답했다.

"너희들 한국말 할 줄 아니? 나는 한국말 잘 한다. 한국말도 모르는 너희들이 어떻게 한국인이냐? 너희나 미국 교회로 가라!"

한국계 어머니는 딸을 한국인의 특성을 가진 딸로 키웠다. 샐러드 볼 이론처럼 사과는 사과 맛이 나야 하고 고추는 고추 맛이 나야 한다. 한국 민족의 2세들이 한국인의 특성도 없이 어찌 한국인이라고 말할 수 있겠는가? 설사 타민족과 결혼을 했어도 자녀에게 문화적 정체성 교육을 시키는 것은 중요하다.

_현용수

4. 국수주의는 세계 평화의 적이다

개인은 자신이 속한 단체나 민족에 소속감이 있어야 자긍심이 높다. 각자가 자기 민족을 사랑하는 애국심과 민족주의는 장점 중의 장점이다. 그렇다면 무엇이 문제인가? 각 민족이 자신의 우월감만을 앞세우고 타민족을 경시하며 자신들의 유익만을 구하는 비뚤어진 민족주의가 문제다. 이런 '비뚤어진 민족주의'를 '국수주의'라고 말한다. 이러한 잘못된 민족주의의 남용 때문에 민족간 분쟁이 일어난다. 이것이 바로 자신만을 위하는 국수주의자들의 잘못된 행위다.

우리는 역사를 통해 국수주의자들의 위험성을 너무나 잘 알고 있다. 그 예로 일본과 독일의 역사적 과오를 들 수 있다. 그들은 세계적으로 자타가 공인하는 우수한 민족이다. 그들은 우수한 민족의 공통점인 청결, 내핍 생활, 정직, 근면, 자기 절제 및 남을 돕는 생활에 철저했다.

그런데도 일본과 독일은 제1차, 2차 세계대전의 주범이라는 사실에 주목해야 한다. 그들은 자신들의 지식이 다른 민족보다 앞서 있다는 자만심으로 민족의 우월주의에 도취되어 있었다. 그리고 상대적으로 타민족을 열등하게 여기고 경멸(hatred)하는 사상을 갖고 있었다. 특히 지도자급에 그런 위험한 사상을 갖고 있었던 사람들이 많았다. 그 결과 전 세계 수많은 다른 민족들에게 엄청난 인명 손실과 아픔을 안겨 주었다. 국수주의의 해독이다. 국수주의는 세계 평화의 적이다. 기독교인은 절대로 국수주의자가 되어서는 안 된다.

유대인의 격언은 이것을 이렇게 설명한다. "지식이 하나님에 대한

자기 민족의 우월성만을 강조하고 타민족을 경멸하는 국수주의는 세계 평화의 적이다

유대인을 600만 명이나 학살한 독일의 국수주의자 히틀러. 그는 1930~1940년대 유대인뿐만 아니라 인접 국가 국민들에게 커다란 상처를 남겼다.

국수주의의 표본인 일본은 한국뿐 아니라 전 아시아와 미국에 커다란 상처를 남겼다. 사진은 일제 치하에서 고난 당하는 한국인 독립군.

복종보다 강해졌을 때 인간은 싸우거나 서로 피를 흘리거나 한다." 인간의 지식이 하나님의 말씀보다 더 강하게 작동할 때 우월성을 갖고 교만해져서 이웃에게 피해를 입히게 된다는 말이다(Tokayer, 탈무드 2, 랍비가 해석한 모세오경, p. 65).

여기에서 우리가 한 가지 더 생각해 볼 것이 있다. 당시 독일은 보수 기독교 국가였다. 그런데도 그들이 세계대전의 주범이 된 이유는 무엇인가? 대략 3가지로 설명할 수 있다.

첫째, 독일 국민이 인민을 잘 선동하는 미치광이 지도자에게 속은 것이다. 이것은 무엇을 뜻하는가? 인기가 좋은 지도자가 반드시 훌륭한 지도자는 아니라는 점이다. 민주주의의 함정이 여기에 있다.

둘째, 신앙이 좋다는 기독교인도 얼마든지 판단이 흐려져서 악한 지도자에게 속을 수 있다는 것을 보여 준다. 그러므로 항상 깨어 마귀의 올무에서 벗어나 하나님께 사로잡힌 바 되어 그 뜻을 좇아야 한다(딤후 2:26).

셋째, 당시 히틀러의 정책에 일부 교회(천주교회와 개신교회)가 동조했다. 이것은 무엇을 뜻하는가? 기독교인도 얼마든지 교만해질 수 있다는 교훈을 준다. "그런즉 선 줄로 생각하는 자는 넘어질까 조심해야 한다"(고전 10:12). (물론 당시 악에 대항하는 양심적인 기독교인들도 많았다. 예: 본 회퍼)

따라서 기독교인은 이웃과 인류를 사랑하며 세계 평화를 이루는 데 공헌해야 한다. 왜냐하면 기독교인 한 사람 한 사람은 예수 그리스도의 지체(members of one body)로서 평화(peace)를 위해 부르심을 받은 자들이기 때문이다(골 3:15b). 사랑하는 성도들이 모두 파괴가 아니라 평화를 위해 부르심을 받았으니 얼마나 감사한 일인가?

결론적으로 한국인 기독교인은 한국 민족을 먼저 사랑하되 자기 민족만이 우월하다는 생각으로 타민족을 업신여기는 국수주의자여서는 결코 안 된다. 우리는 서로 용납하는 관용(tolerance)의 민족이 되어야 한다. 중국인도, 일본인도 예수님 믿고 구원받아 천국 가야 할 백성이다. 그런 의미에서 한국인 선교사가 중국이나 일본에 가서 복음을 전할 사명도 있다. 그들에게 복음을 전하기 위해서라도 한국 민족이 역사 속에서 없어지면 안 된다. 오히려 하나님을 위한 세계 선교를 위해서도 한국 민족이 과거 외침에 의한 고난의 역사를 기억하고 힘을 길러 세계의 지도자가 돼야 하지 않겠는가?

자신의 우월감만을 앞세우고 타민족을 경시하며
자신들의 유익만을 구하는 비뚤어진 민족주의가 '국수주의'다.
민족주의의 남용은 타민족에게 아픔을 준다.
일본과 독일은 타민족들에게 엄청난 아픔을 준 제1·2차 세계대전의 주범이다.
기독교인은 이웃과 인류를 사랑하며 세계 평화를 이루는 데 공헌해야 한다.

지식과 하나님의 말씀
Tokayer

이브란 히브리어로는 '땅 위에 있는 만물의 어머니'라는 뜻이다. 하나님은 아담과 이브를 낙원에서 추방할 때 아담에게 다음과 같이 말씀하셨다.

> 네가 네 아내의 말을 듣고 내가 너더러 먹지 말라한 나무 실과를 먹었은즉, 땅은 너로 인하여 저주를 받고 너는 종신토록 수고하여야 그 소산을 먹으리라. (창 3:17)

이것은 에덴동산 이야기 중에서도 가장 유명한 구절이어서 자주 인용되지만, 이 이야기는 지식을 얻는 것보다는 하나님에게 복종하는 것이 더 중요하다는 유대교의 종교적인 가르침을 나타내고 있다.

인간은 사고력을 갖추고 태어난다. 머리는 당연히 써야 하지만 그 전에 하나님의 가르침이라는 규율을 지키지 않으면 안 된다. 유대인들에게는 "지식이 하나님에 대한 복종보다 강해졌을 때 인간은 싸우거나 서로 피를 흘리거나 한다."는 격언이 있다. 지식만 가지고 인간은 살아 갈 수 없다는 것이다.

예컨대 유대인 측에서 볼 때 나치 독일은 지식이 하나님이 정해

준 규율보다 앞섰던 세계였던 것이다. 생활 수준도 매우 높았고 지적 수준도 세계에서 가장 높은 나라였다. 그럼에도 불구하고 그런 악을 저지를 수 있었던 것은 지식 쪽이 앞서 있기 때문이었다. 오늘날에도 이 세상에 에덴동산을 재현하려면 지식보다도 먼저 하나님이 정해준 규율을 지키는 일이 앞서야 한다.

_탈무드 2(부제: 랍비가 해석한 모세오경), 동아일보, 2007

III. 대한민국 국민의 민족관과 국가관

인성교육을 잘 받은 자녀들은 한 국가의 미래를 책임져야 할 인재풀이다. 그들은 대한민국의 국민으로서 어떠한 국가정체성과 국가관을 갖고 있어야 하는가? 특히 대한민국은 남한과 북한이 분단 상황에 있다. 이때 가져야 할 올바른 국가관은 무엇인지 알아야 한다.

1. 올바른 국가관: 이웃과 이웃 사이, 국가와 국가 사이의 차이점(국가관의 시각에서 9·11 테러 후 미국의 대응은 어느 것이 옳은가)

대한민국 국가관은 어떤 것이어야 하는가? 여기에서 모든 분야를 논할 수는 없다. 따라서 자신의 나라와 다른 나라가 분쟁 관계에 있을 때 인성교육적 측면에서 어떤 시각으로 대처해야 하는가를 다뤄 본다. 왜냐하면 많은 이들이 이웃과 이웃 사이, 국가와 국가 사이의 차이점에 대해 잘 모르고 있기 때문이다. 이를 미국이 당한 '9·11 테러'를 예로 들어 설명해 보자.

"네 원수를 사랑하라"는 계명은 원칙적으로 개인에게 적용된다. 국가는 국민을 보호하기 위해 외적을 응징할 책임이 있다. 사진은 아랍권 지도자 오사마 빈 라덴이 주도한 테러로 화염에 휩싸인 미국 뉴욕의 쌍둥이 빌딩. 2001년 9월 11일.

    2001년 9월 11일, 이슬람 중 급진주의에 속한 빈 라덴이 미국 뉴욕에 있는 세계무역회관 쌍둥이 빌딩을 강타했다. 이것은 미국의 적이 국가를 테러한 사건이었다. 이때 한편에서는 그들에게 보복하자는 주장을 했고, 한편에서는 그들을 용서하고 사랑하자고 주장했다. 대한민국 국민으로서 그리고 기독교인으로서 어느 쪽이 옳은가? 이것은 한 나라의 국가관에 관한 주제다.

    현재 이런 혼돈이 생기는 이유는 기독교적 시각에서 사랑과 평화를 남용하고 있기 때문이다. 어떤 이들은 예수님이 말씀하신 "네 이웃을 네 몸처럼 사랑하라"(레 19:18; 마 22:39)는 성경구절을 상기시키며 빈 라덴을 용서해야 한다고 한다. 사랑만이 문제의 해답이라고 말한다. 그럴듯하게 들린다. 그리고 여기에 동조하지 않으면 '매파(전쟁을 좋아

하는 강경파)'라고 몰아붙인다. 이들은 무엇을 혼동하고 있는 것인가?

신약 성경에서 예수님과 바울이 말씀하시는 사랑과 용서는 개인과 개인 문제다. 신약에서의 복음은 개인의 구원에 초점이 맞춰져 있기 때문이다. "네 이웃을 네 몸처럼 사랑하라"는 말씀은 광의로 국가와 국가 간에도 일부 적용될 수 있지만, 구체적으로는 개인과 개인 또는 한 국가 내의 집단과 집단 사이에 더 우선적으로 적용되는 말씀이다. 가정에서 가족끼리, 이웃과 이웃끼리 그리고 자신과 타민족 사이라 해도 개인끼리의 갈등이 생길 때 용서와 사랑으로 문제를 풀라는 말씀이다. 즉 사랑은 인간관계의 기본법이다.

그러나 국가 대 국가에서는 국가의 평화와 번영을 위해 힘이 있어야 한다. 그 모델이 바로 구약 성경의 이스라엘 나라 백성, 유대인의 국가관이다. 유대인의 국가관은 이스라엘의 역사에 잘 나타나 있다.

유대인의 성경적 국가관을 살펴보자. 유대인 역시 개인과 개인 사이에 지켜야 할 도리와, 국가와 국가 사이에 지켜야 할 도리로 나뉘어 있다. 개인적으로는 고아와 과부와 나그네를 보살피며 사랑을 행해야 한다. 자신의 동포끼리뿐만 아니라 "이방인을 학대하지 말라"(출 22:2; 레 19:3; 신 24:1)는 말씀대로 이방인에게 용서와 사랑으로 행할 것을 가르친다.

그러나 국가와 국가끼리의 대결에서는 언제나 강한 국가를 지향했다. 그래야 주변에서 이스라엘을 괴롭히는 불레셋이나 바빌론을 무찌를 수 있었다. 하나님이 주신 땅을 지키는 것은 바로 하나님의 영광을 위한 것이다.

성경의 예로는 다윗이나 솔로몬을 들 수 있다. 그들이 하나님의 말

세계 평화를 해치는 테러와 민족에게 큰 아픔을 주는 독재자는 인류의 적이다.
사진은 9·11 테러의 장본인인 빈 라덴(왼쪽)과 전범으로 체포되어 이라크 법정에 선 이라크의 독재자 후세인.

씀에 따라 하나님만을 의지했을 때에는 강대국이 되어 세계의 중심이 되었다(삼하 5:10; 대상 11:9, 14, 29:28-30). 그리고 이방 다른 나라들을 다스렸다. 현대의 이스라엘도 성경적 국가관에 따라 강한 힘의 국가를 지향한다.

물론 하나님을 믿는 나라가 강한 나라라고 해서 그 힘을 남용하여 약소국을 힘으로 압제해서는 안 된다. 오히려 약한 나라를 긍휼히 여기고 도와주어야 할 책임이 있다. 이스라엘 역사를 살펴보면 주변 나라가 먼저 침공하지 않는 한 먼저 침공하지 않았다. 또 자신들이 아무리 부강해도 이웃 나라를 침공해서 영토를 늘린 적이 없다. 언제나 하나님이 주신 영토만을 지킨 것이다. 이것이 국가 간 윤리의 기본이다.

근본적으로 선을 행해야 하는 기독교 국가일지라도 국가는 기독교적 선을 행하고 복음의 영향을 많이 끼치기 위해서라도 강해야 한다. 그리고 기독교인 국민이라면 강한 국가가 되도록 국가의 지도자와 국가를 위해 기도해야 할 의무가 있다. 더구나 국가의 최고 지도자는 국민의 생명과 재산을 보호할 권리와 의무가 있지 않은가?

왜 성경에 구약과 신약이 함께 있는가? 신약의 중심 주제는 복음으로 개인의 영혼을 구원하는 것이고, 구약은 구원받은 영혼의 선민교육과 국가관을 심어주는 것이다. 따라서 미국이 9·11 테러 이후에 빈 라덴을 응징한 것은 필요한 일이다. 이것은 부시 대통령 개인의 문제가 아니라 국가의 문제이기 때문이다. 근본적으로 국제 사회가 더 견고하고 오랜 평화를 갖게 되는 방법은 무엇인가? 크게 2가지가 필요하다.

첫째, 사랑과 인내를 갖고 이웃나라와 대화하는 외교의 방법이다.
둘째, 상대방이 불법을 행할 때, 국익과 정의를 위한 심판의 도구로 힘을 사용하는 방법이다.

때로는 냉엄한 국제사회에서 정의 없는 평화의 구호는 허구일 뿐이다. 이것은 무슨 뜻인가? 먼저 개인이나 국가나 약자가 강자에 대해 억울한 일이 없게 하려면 불법을 저지른 자에게 벌을 주는 정의구현이 우선이라는 뜻이다. 물론 정의라는 심판의 도구를 사용하기까지는 기독교 국가답게 오랜 사랑의 인내가 필요하다. 평화적 방법을 모두 동원한 다음 최후의 방법이어야 한다.

만약 일본이 한국을 침략했을 때 적국 일본을 사랑해야 한다고 하여 "너를 송사하여 속옷을 가지고자 하는 자에게 겉옷까지도 가지게 하라"(마 5:4)는 예수님의 말씀에 의거하여 한국 땅을 송두리째 내주고 일본의 노예로 전락하는 것이 하나님의 뜻인가? 결코 그럴 수는 없다.

우리는 일본인에게 구원의 복음을 전하기 위해서라도 강한 국가가 되어야 한다. 예수님을 잘 믿는 한국이 부강하여 남을 도와주어야지 도움만 받아서는 하나님의 이름을 높일 수 없다.

"네 이웃을 네 몸처럼 사랑하라"는 말씀은 원칙적으로
개인 간의 갈등이 생길 때 용서와 사랑으로 문제를 풀라는 말씀이다.
기독교 국가는 기독교적 선을 행하고
복음의 영향을 많이 끼치기 위해서라도 강해야 한다.
국민은 강한 국가가 되도록
국가의 지도자와 국가를 위해 기도해야 할 의무가 있다.
그러나 다른 나라에게 아픔을 주는 국수주의여서는 안 된다.

2. 한국인은 왜 미국 편에 서야 하는가

역사적인 시각에서도 기독교인은 미국편에 서야 한다. 약 6천여 년의 인류 역사를 살펴보면 그 시대마다 몇몇 강대국이 존재했다. 이집트, 바빌론, 그리스, 로마, 중국, 영국, 독일, 일본, 미국 등이다. 시대마다 주도권을 쥔 강대국이 얼마나 선하고 악하냐에 따라 주변 국가들이 평화를 누리기도 하고 고통을 당하기도 했다.

현재 미국은 어떠한가? 물론 미국도 역사 속에서 악을 행한 경우가 있었다. 그러나 노근리 사건처럼 전쟁 중에 일어난 일에 대해 그들은 실수를 인정하고, 사과하고, 때로는 보상을 한다. 어쨌든 그런 약점에도 불구하고 미국은 역사적으로 어떤 강대국보다 주위 약소국을 덜 괴롭히고, 선하고 긍정적인 일을 많이 한 강대국이다.

만약 미국이 아니었다면 어떻게 제1차, 제2차 세계대전에서 악의 무리들을 물리칠 수 있었겠는가? 또 미국이 아니었다면 어떻게 6·25전쟁(1950~1953년) 때 북한 공산주의 세력을 물리치고 자유민주주의 대한민국이 탄생할 수 있었겠는가? 만약 미국이 없었다면 전 세계적으로 얼마나 많은 인명이 죽고 수많은 인류가 고통을 받았겠는가?

미국은 개신교인 청교도들이 성경에 근거하여 세운 나라이기 때문에 기본적으로 선한 강대국이 될 수밖에 없다. 역사적으로 빈곤이나 재해로 어려움을 겪는 나라들을 구제하는 데 가장 앞장서는 나라도 미국이다. 전쟁 이후 많은 한국인들이 미국이 보내 준 구호품에 의지해 살았다.

미국은 한국만 도운 것이 아니다. 2000년 한해만 보아도 미국은 세계 각국에 인도주의적 원조와 식품을 주는 데 30억 달러(한화 3조 6천억 원)을 사용했다. 1997년과 2000년 사이에 개발도상국가의 발전을 위해 매년 360억 달러(한화 43조 2천억 원)를 사용했다. 미국은 2000년도에 공식개발원조[Official Development Assistance (ODA)]에 100억 달러를 사용했고, 2001년부터 2003년까지 에이즈(HIV/AIDS) 예방과 치료에 54%, 기초교육(Basic Education)에 50%, 교역과 투자에 38%, 농업에 38%를 증가시켰다. 미국의 원조 대상국은 2001~2003년 사이 22% 증가했는데, 그 원조금은 주로 아프리카에 30%, 아시아와 중동에 39%, 라틴 아메리카와 캐리비안에 29%가 사용될 것이다(www.whitehouse.gov, *Helping Developing Nations*, 2003, 11월 5일). 세계 어느 나라가 약소국을 이처럼 많이 도와주고 있는가?

뿐만이 아니다. 만약 미국이 잘못된다면 미국만 피해를 입는 것이 아니라, 전 세계적인 재앙이 될 것이다. 한 예로 증권시장을 들 수 있다. 미국의 환율이 오르거나 내리면, 혹은 금리가 오르거나 내리면 한국은 물론 아시아 및 전 세계의 증권시장이 출렁인다. 미국이 기침을 하면 한국은 독감에 걸린다는 얘기가 그래서 나온 것이다. 그래서 미국이 잘 되는 것이 바로 세계가 잘 되는 것이다.

다른 국가 국민들에게 묻고 싶다. 현재 미국이 강대국이 되는 것이 싫다면 세계 여러 나라 중 어느 나라가 강대국이 되기를 원하는가? 러시아, 중국, 일본, 아니면 북한인가? 어느 나라가 세계 강대국이 되어야 약소국의 고통이 줄어들겠는가?

결론은 역시 미국이다. 미국처럼 강대국이면서 약소국에게 관대한 나라도 드물다. 미국은 조그만 나라 쿠바를 결코 힘으로 굴복시키지 않았다. 쿠바의 독재자가 그렇게 오랫동안 비아냥거렸음에도 말이다.

내가 미국에 살기 때문에 미국을 두둔하는 것이 아니다. 객관적으로 평가하더라도 미국이 강대국으로 남아 있어야 이 세계가 더 나은 정의와 평화를 누릴 수 있다. 그리고 전 세계에 기독교의 불변의 진리들이 퍼져 나갈 수 있다.

자신의 국가 국민들에게 독재를 행하여 괴롭히는 전 세계의 깡패 국가 지도자들에게 '인권'을 말하고 '공의'를 행하라고 말할 수 있는 나라도 미국이다. 전 세계에서 헌신하는 수많은 선교사들이 위험을 당했을 때에도 그들에게 가장 강력한 도움을 줄 수 있는 나라도 역시 미국이다.

특히 한국은 더욱 미국 편에 서야 하는 이유가 있다. 한국은 반만년 역사에서 930여 회의 외침을 당해 왔다. 누가 이 나라를 괴롭혔는

지혜로운 한국인의 선택은 무엇인가?

질문 1: 한국은 역사적으로 다음 국가 중 누구에게 가장 많은 피해를 받았는가?
　　　　　중국, 일본, 소련(러시아), 미국
질문 2: 한국은 위의 어느 나라와 함께 가야 하는가?
질문 3: 한국이 위험에 처하면 위의 어느 나라가 도와줄 가능성이 큰가?

가? 주로 주변나라인 중국, 일본, 몽골, 러시아다. 지정학적으로 볼 때 앞으로도 그들의 위협이 있을 수 있다. 한국의 안보를 지켜줄 수 있는 나라는 어느 나라인가? 미국뿐이다. 앞으로도 특별한 변수가 없는 한 미국만이 진정한 우방으로 남을 것이다. 그러므로 한국은 당연히 미국과 함께 가야 한다.*

물론 무조건 미국을 찬양하라는 뜻은 아니다. 민주사회에서 더 나은 미국을 위한 비판은 얼마든지 필요하다. 그러나 반미만을 위한 비판은 위험하다. 객관성이 있는 공정하고 긍정적인 비판이 필요하다. 미국이 저지른 5~10%의 부정적인 오류를 부각시켜 90~95%의 긍정적인 공헌을 잊게 만들면 안 된다.

그렇다면 미국은 왜 세계 여러 나라들을 도와주면서 때때로 제3세계 사람들로부터 비난을 받는가? 여러 가지 이유가 있겠지만 그들이 힘이 약한 타민족이나 국가를 돕는 목적은 좋았지만, 일부 지도자들이 돕는 과정에서 우월적이고 권위주의적인 자세를 취한 적이 있기

---

* 더 자세한 이유는 이어지는 3. D. '전후 한국에 50년간 평화가 유지된 것은 햇볕정책 때문인가' 참조.

때문이다. 그것들이 약자들의 마음에 상처를 주었다. 약자는 도움을 받을 때는 고맙게 생각하지만 세월이 지나면 감사보다는 마음의 상처가 더 생각난다. 물론 모든 약자들이 다 그런 건 아니지만 10명 중 9명이 감사를 잃어버리기 쉽다(눅 17:12-19).

   결론적으로 더 이상 반미를 외치는 것은 국익은 물론 우리 자신에게도 해롭다. (이 이론은 다른 나라에서 살고 있는 한인에게는 물론, 다른 민족들에게도 적용된다.)

미국이 강대국이 되는 것이 싫다면
어느 나라가 강대국이 되기를 원하는가?
러시아, 중국, 일본, 이라크, 아니면 북한인가?
어느 나라가 강대국이 되어야 약소국이 고통을 덜 당하겠는가?

IV. 분단 상황에서 대한민국 국민의 국가관과 대북관계

1. 왜 한국의 국가 정체성이 흔들리는가

한국은 현재 보수와 진보의 갈등이 첨예화되어 정국이 혼란에 빠져 있다. 대한민국의 '주적'을 누구로 보느냐를 놓고도 50대 이상의 노인 세대와 50대 미만의 젊은 세대의 시각이 다르다. 6·25전쟁이 남침이냐 북침이냐에 대한 견해도 다르다. 기독교 신앙을 갖고 있느냐에 관계없이 노인 세대와 젊은 세대의 생각은 한참이나 거리가 있다.

지난 10년간 한국 사회는 점점 더 사회주의 성향이 강해지고 있다. 이는 국가 정체성이 흔들리고 있다는 이야기다. 그런데 왜 어른 세대의 보수 민족주의자들이 목소리를 내지 못하고 일부 사회주의 논리에 끌려가고 있는가? 몇 가지 이유가 있다. 저자 주 저자는 여기에서 노인 세대와 젊은 세대로 나누어 비교한다. 그러나 모든 노인 세대가 보수며 우파가 아니듯, 모든 젊은 세대가 진보이며 좌파라는 뜻은 아니다. 보편적으로 그렇다는 뜻이다. 오해가 없기를 바란다.

첫째, 노인 세대는 보수의 정당성을 주장하려 해도 논리가 빈곤한 것이 문제다. 그 사이에 젊은 세대는 좌파들이 앞세우는 '민족은 하나'와 '우리의 소원은 통일'과 같은 말에 쉽게 현혹된다. '민족은 하나', '우리의 소원은 통일'처럼 한국인의 감성을 자극하는 말도 없을 것이다. 중도를 취하던 이들조차 오랜 세월 분단 상태로 있었고 고난의 역사(6·25전쟁)가 점차 잊혀지는 시점에 그들의 주장이 맞는 것 같기도 하다. 특히 고난을 전혀 모르는 어린 학생들은 이런 말을 들으면 민족의 분단을 방치하고 통일을 미루는 듯한 기성세대가 미워지기도 할 것이다.

이때 보수주의자들은 섣부른 통일 주장이 위험하다는 것을 알면서도, 그것을 반박할 만한 마땅한 논리적 근거가 정리되어 있지 않기 때문에 젊은 세대의 주장을 무조건 반대하는 것처럼 보일 수 있다.

둘째, 과거 정권을 잡았던 일부 보수층이 독재를 통한 인권유린이나 반공정책을 정치에 이용하는 과정에서 많은 선한 사람들에게 큰 상처를 입힌 사실이 두고두고 약점이 되고 있다. 한국의 진보 세력은 과거 무자비한 독재 정권에 맞서 싸우다가 반작용으로 생겨난 자생적 좌파들이 많다. 독재가 좌파를 키운 셈이다. 이 시대를 살아온 우리 모두의 아픔이다.

그러나 우리가 분명히 알아야 할 것은 반공이란 정책을 색깔론으로 정치에 남용한 것이 잘못이지, 반공정책 자체가 잘못은 아니라는 점이다. 공산주의를 찬양하며 북한의 정책에 동조하는 이는 아직도 한국에서 이적행위임에 틀림없다.

셋째, 보수와 진보의 논쟁은, 논쟁의 중심 주제(본질적인 주제)를 이해하지 못하고 늘 지엽적인 소주제(비본질적인 주제)를 놓고 다투는 데 그치는 모습을 보여준다. 논쟁을 할 때 중심 뼈대를 보는 중심 주제가 있고 지엽적인 소주제가 있다. 소주제를 너무 부각시키면 중심 주제의 중요성이 희석된다. 따라서 논쟁을 할 때는 두 주제를 혼동하지 않게 몇 가지 뚜렷한 선을 긋고 나가야 한다.

그런데 흔히 논쟁이 진행되는 과정을 보면 젊은 세대는 소주제를 부각시켜 중심 주제를 뒤집어 버린다. 예를 들어 국가관에 대해 논쟁이 벌어지면 젊은 세대는 기성세대의 약점들, 즉 소주제들(예: 권위주의나 독재 및 친일파 청산 실패 등)를 부각시키고 그것을 침소봉대하여 기성세대의 중심 주제의 논리 자체를 무너뜨리는 식으로 몰아간다. 이런 논쟁에서 늘 보수 세력이 밀리고 있다.

넷째, 정치인들은 젊은이들의 표를 의식하여 할 말을 제대로 못 하고 있다.

다섯째, 보수라는 사람들은 수직문화가 몸에 배기도 했지만, 기득권을 의식하고 이기적이어서 몸을 사린다. 즉 전면에 나서서 자신의 주장을 펼치려고 하지 않는다. 피해를 보기 싫어하는 일종의 현실도 피형이 많다.

반면 진보 세력은 똘똘 뭉친다. 희생을 무릅쓰고 집요하게 공격한다. 그들은 공격적 전략이나 기민성에서 기성세대를 훨씬 능가한다. 현대 기기(컴퓨터와 인터넷 등)를 활용하는 데 달인들이다.

2. 성공한 대한민국의 건국과 정체성:
   보수 한국인의 국가관이 옳은 이유

이제 인성교육적 측면에서 올바른 국가관은 어느 것인지 알아보자. 저자주 이 항목에서는 자세한 역사적 고증은 피하고 올바른 국가관에 대한 주제만을 다룬다. 이것을 설명하려면 자유 대한민국의 건국의 뿌리를 알아야 한다. 그 뿌리는 정체성의 문제다.

대한민국은 2008년 건국 60주년을 맞았다. 이승만 전 대통령이 공산화된 북한을 포기하고 1948년 8월 15일 남한 단독정부 건국을 천명하면서 대한민국이 시작되었다. 대한민국은 자유시장경제 논리를 따른 국민에 의한, 국민을 위한, 국민의 자유민주주의를 표방했다. 그래서 이승만을 '건국의 아버지'라고 부른다.

건국 2년 뒤인 1950년 6월 25일 북한 공산주의자들이 남한을 침공했다. 이때 한국 민족은 역사상 유래 없는 동족상잔의 고난을 겪어야 했다. 이것은 이념(이데올로기)의 차이 때문에 생긴 대재앙이었다. 그 후유증은 현재도 이어진다.

이승만 초대 대통령은 분단과 전쟁, 빈곤과 혼란 등 최악의 조건에서 살아남기 위한 '강한 국가(strong state)'를 세우는 데 주력했다. 한국이 미국과 같은 자유민주주의 국가로 발전하는 데 한계를 드러낸 것도 이 때문이다. 이후 박정희 정권도 마찬가지다.

김충남은 대한민국의 건국 60주년을 기념하는 국제학술회의 '민주공화국의 탄생'에서 이승만 정부의 공헌을 이렇게 요약했다(김충남, 건국과 이승만, 조선일보, 2008년 7월 24일).

1) 공산세력의 침략과 같은 건국 초기의 온갖 도전과 위기를 극복하고 나라를 지켰으며,

2) 민주주의와 시장경제를 중심으로 한 근대국가의 법적·제도적 장치를 마련했고,

3) 한·미 동맹을 통해 안보의 기틀을 다지고 국군을 창설했으며,

4) 농지개혁과 교육혁명 같은 사회경제적 개혁을 단행해 국가 건설의 기초를 다졌다.

이러한 기초 위에 박정희 정권은 남한의 국민과 함께 고도의 압축 경제성장이란 기적을 이루어 냈다. 그 결과 대한민국은 건국 60주년을 맞으면서 세계 140개 신생국 중 유일한 제도개혁 성공 국가로 기록되었다(조선일보, *140개 신생국 중 유일한 제도개혁 성공 국가 기록*, 2008년 7월 24일).

1960년대 초까지 국가 예산의 85%를 미국에 의존했던 나라가 지금은 국내총생산(GDP, 8874억 달러) 세계 13위, 무역액 규모 세계 12위가 되었다. 1인당 개인소득(GNI)이 1953년도에 67달러였으나 현재는 2만 달러를 넘는다. 그러나 서구에서는 200년 걸린 근대화를 60년만에 해냈다(중앙일보, *1948년…해방 후 5년의 선택이 대한민국 운명 갈랐다*, 2008년 7월 19일). 50~60년 전 한국이 바라본 희망의 모델은 필리핀이었다.

6·25전쟁이 남긴 폐허에서 싹을 틔운 대한민국 증권시장도 반세기 동안 온갖 풍파를 견디며 급성장, 이젠 전 세계가 주목하는 '자본시장의 꽃'을 활짝 피웠다. 경제 발전에 힘입어 세계 10위권 시장으로 도약했다. 1960년대 100억~200억원 대에 머물던 거래대금은 1970년

대에 1조원을 돌파하는 기염을 토했다. 지금은 상장기업 수가 유가증권시장 887개, 코스닥시장 1063개 등 모두 1950개로 2천 개 돌파를 눈앞에 두고 있으며, 거래대금은 하루에만 7조~8조원에 달한다[연합뉴스, (대한민국 60년) 세계 10위로 도약한 증시, 2008년 7월 27일].

이처럼 성공적인 대한민국 역사에서 오늘날 왜 보수와 진보, 어른 세대와 젊은 세대로 나뉘어 첨예한 대립을 하고 있을까? 그것은 가정에서 기성세대가 자녀들에게 역사의식과 국가의 정체성인 국가관을 가르쳐 전수하는 데 실패했기 때문이다. 즉 국가관에서 세대차이가 났기 때문이다. (물론 이승만 정권이 친일파 청산에 실패한 것이나 박정희 정권의 독재는 큰 흠으로 남는다.)

3. 흔들리는 한국인의 국가관을 바로잡을 논리

왜 한국 젊은이들의 국가관이 흔들리고 있는가? 물론 잘못 가르치는 쪽의 책임이 크다. 왜 젊은이들은 그들의 잘못된 논리에 현혹되는가? 그들의 논리는 무엇이 왜 잘못되었는가? 그 이유를 설명하고 바른 논리를 제시해 주어야 한다.

그렇다면 대한민국 국민들에게 올바른 국가적 정체성을 심어주기 위해 어떤 국가관을 가르쳐야 하는가? 바른 국가관을 정립하기 위해 젊은이들이 혼동하고 있는 몇 가지 중요한 주제들을 문답식으로 정리하며 바른 대안을 제시해 보자.

A. 한국은 '민족 사랑'과 '대한민국 국가를 지키는 것' 중 어느 것이 우선인가

대한민국의 국민으로서 올바른 국가관을 갖기 위해서는 다음 첫 번째 질문에 답해야 한다. 한국은 현재 한국 민족끼리 민족 사랑이 우선인가? 아니면 자유 대한민국 국가를 지키는 것이 우선인가? 대부분 좌파 쪽에 있는 이들은 민족 사랑이 우선이라고 답한다. [물론 여기에서의 민족은 자유 대한민국의 국민들과 북한(조선민주주의 인민공화국)의 국민들이 모두 포함된다.] 그러나 그렇지가 않다. 정답은 자유 대한민국인 국가를 지키는 것이 우선이다.

왜 대한민국 국가를 지키는 것이 우선인가? 이를 설명하려면 먼저 대한민국 생존의 역사를 알아야 한다. 실제로 6·25전쟁은 세계 제2차 대전 이후 가장 치열했던 세계적인 전쟁이다. 6·25전쟁은 이웃 나라가 한국을 침공한 것이 아니라, 같은 한국 민족인 북한(조선민주주의 인민공화국)이 남한을 공격한 전쟁이다. 즉 같은 한국 민족끼리의 싸움이다. 전쟁이 시작된 1950년부터 1953년 휴전까지 자유 대한민국을 지키기 위해 한국인 300만 명이 희생되었다. 3년여 동안 세계 16개국의 유엔군이 참전하여 유엔군만 62만 8833명(미군 5만 4246명 포함)이 죽었다(워싱턴D.C. 한국전쟁기념관).

이들은 무엇을 위해 목숨을 바쳤는가? 우리 부모 형제들은 무엇을 위해 그토록 희생을 치르며 혹독한 고통을 견뎌야 했는가? 그 답은 명확하다. 자유 대한민국을 지키기 위해서다. 반공을 국시로 한 국가의 정체성을 지키기 위해서다.

여기에는 같은 민족이지만 북한의 국민은 포함되지 않는다. 그들은

한국인의 정체성 회복을 위한 국가관

대한민국 국민에게
어느 것이 우선인가?

- 민족 〈 국가 (자유 대한민국)
- 통일 〈 국가 (자유 대한민국)

남한의 국민을 괴롭힌 주적의 국민이었다는 사실을 잊어서는 안 된다. 분단된 상황에서 한국인은 '민족'과 '국가'의 차이를 분명하게 알고 어느 것이 더 중요한지 그 이유를 알아야 한다.

"자유는 공짜가 아니다.(Freedom is not Free.)"

워싱턴 D.C. 한국전쟁기념관에 새겨진 명언이다. 만약 북한이 현재처럼 민족이 우선이라고 주장한다면, 왜 남한을 침공하여 고귀한 남한의 동족을 죽였는지 해명해야 할 것이다. 물론 북한은 이에 대해 미제국주의자들로부터 억압받는 남한 동포들을 해방시키기 위해서라고 항변한다. 그것이 논리적으로 말이 안 된다는 것을 알면서도, 반복해서 자주 듣다 보면 헷갈리게 되는 것이 사람의 마음이다. 이것도 북한의 고도 심리 전술이다.

B. 한국은 '남북통일'과 '대한민국 국가를 지키는 것' 중 어느 것이 우선인가

대한민국의 국민으로서 올바른 국가관을 갖기 위해서는 다음 두 번째 질문에 답해야 한다. 한국은 현재 남북통일이 우선인가? 아니면, 자유 대한민국이라는 국가를 지키는 것이 우선인가? 많은 이들이 통일이 우선이라고 생각한다. 물론 여기서 통일은 자유 대한민국과 북한(조선민주주의 인민공화국)과의 통일이다. 그러나 정답은 자유 대한민국인 국가를 지키는 것이 우선이다.

그 이유는 무엇인가? 남한(대한민국)과 북한(조선민주주의 인민공화국)의 통일노선이 다르기 때문이다. 남한은 자유 대한민국식 시장경제와 국민의 정부 체제를 원하는 반면, 북한은 공산주의식으로 남한(그들의 표현으로는 남조선)을 적화하여 해방시키기를 원한다.

이 통일노선은 6·25전쟁을 일으킨 근거였고, 현재도 조금도 변함이 없다는 사실을 알아야 한다. 그 근거로 현재 북한의 남침 적화통일 야욕을 그대로 드러내고 있는 노동당 규약 전문을 살펴보자. 전문 내용은 다음과 같다.

> 조선 로동당은 프롤레타리아 독재를 실시하며 사회주의, 공산주의 건설의 총 로선으로서 천리마운동과 사상·기술·문화혁명을 추진한다.
> 조선 로동당은 남조선에서 미 제국주의의 침략 군대를 몰아내고 식민통치를 청산하며, 남조선 인민들의 사회주의화와 생존권 투쟁을 적극 지원하고 조국의 자주적 평화적으로 민족 대 단결의 원칙에 기초하여 통일을 이룩하고 나라와 민족의 통일적 발전을 이룩하기 위해 투쟁(전쟁)한다.

미국을 우두머리로 하는 제국주의와 지배주의를 반대하며 평화와 민주주의, 민족적 독립과 사회주의의 공동 위업의 승리를 쟁취하기 위하여 투쟁(전쟁)한다.

이런 상황에서 어떻게 통일이 우선일 수 있겠는가? 이런 위협이 계속되는 한 통일보다는 자유 대한민국을 지키는 것이 더 중요하다. 여기에서 우리는 '통일'과 '국가'의 차이를 알고 그 중 어느 것이 더 중요한지 그 이유를 알아야 한다.

이를 더 구체적으로 설명하기 위해 역사적인 예를 들어 보자. 6·25 전쟁 바로 이전의 김구 선생과 이승만 박사의 예를 들 수 있다. 김구 선생은 이념에 관계없이 무조건 남북이 통일을 하자는 의견이었다. 반면 이승만 박사는 남한 단독정부를 수립하자는 의견이었다.

이승만 박사는, 북한이 공산주의 이념을 버리고 자유 대한민국 같은 나라를 만들 수 없다는 사실을 예견했기 때문이다. 만약 그때 대한민국이 건국되지 않았다면 남한은 공산화되어 김일성, 김정일의 통치 하에 있게 되었을 것이다.

60여 년이 지난 지금 다시 냉철한 판단이 요구된다. 이념에 관계없이 일단 남북통일부터 하자는 의견을 따를 것인가? 통일이 지연되더라도 자유 대한민국을 지키자는 의견을 따를 것인가? 한국인이라면 당연히 후자를 선택해야 한다.

따라서 자유 대한민국을 지키는 것이 '민족 사랑'이나 '남북한 통일'보다 더 우선한다. 그런데 좌파 이데올로기에 물든 사람들은 '민족'과 '통일'처럼 감성적인 말을 앞세워 한국인들을 현혹하고 있다. 특히 역사의식이 성숙하지 못한 사람들일수록 이런 주장에 쉽게 넘어간다. 한편 그들은 자신의 의견에 반대하는 사람들을 반민족주의자

또는 반통일주의자로 몰아붙인다.

어리석은 자는 고난을 당해 보고 자신의 행동을 후회하지만, 지혜자는 고난의 역사의 배워 고난을 피한다.

좌파 이데올로기에 경도된 사람들은 '민족'과 '통일'처럼
감성적인 말을 앞세워 한국인들을 현혹하고 있다.
특히 역사의식이 성숙하지 못한 사람들일수록 이런 주장에 쉽게 넘어간다.
한편 그들은 자신의 의견에 반대하는 사람들을
반민족주의자 또는 반통일주의자로 몰아붙인다.

C. 통일은 언제 해야 하는가

자칭 민족을 사랑한다는 많은 사람들이 무조건 남북한의 통일을 주장한다. 더 이상 통일을 미루는 것은 반민족주의자라고 말한다. 그러나 보수층은 "아직 통일의 때가 아니다."라고 말한다. 그렇다면 통일은 언제 해야 하는가?

남북한 통일을 부부생활에 비유해 보자. 만약 부부가 이념이 달라 이혼을 했다면, 다시 합치기 위해서는 어떤 순서를 밟아야 하겠는가? 먼저 정신적인 이념을 통일한 후에 육적인 통합(통일)이 있어야 한다. 이념적 통일 없이 육적 통합을 이룬다면 더 큰 분쟁과 아픔이 있을 뿐이다. 그럴 때는 차라리 헤어져서 사는 것이 훨씬 더 평화롭다. 남북

한 통일도 마찬가지다. 통일은 북한이 남한을 무력으로 해방시키려 하는 것, 즉 공산화의 의지를 포기할 때 가능하다.

만약 북한이 남한을 적화통일하겠다는 정책을 버리고 중국처럼 개방한다면 왜 통일을 망설이겠는가? 남한은 북한을 많이 도와주어야 한다. 한 동족이기 때문이다. 그러나 그동안이라도 상호체제를 인정하면서 남한과 북한과의 대화와 교류는 가능하다. 한민족의 동질성을 회복하는 것과 상호 유익한 것들을 우선할 수 있다.

예를 들면 이산가족 찾기나 문화적 교류, 학문적 교류, 경제적 교류 등을 말한다. 여기에는 남한이나 북한이나 모두 자신들의 이념을 상대에게 심으려는 흑심을 품어서는 안 된다. 공동의 이익을 위해서다. 뿐만 아니라 남한은 북한 동포들의 굶주림도 도와야 한다. 여기에서 분명히 선을 그어야 할 것은 북한 정권과 북한 동포는 구분해서 고려해야 한다는 점이다. 이것이 진정한 민족주의자다.

**어리석은 자는 고난을 당해 보고 자신의 행동을 후회하지만,
지혜자는 고난의 역사를 배워 고난을 피한다.**

D. 전후 한국에 50년간 평화가 유지된 것은 햇볕정책 때문인가

개인적으로는 김대중 전 대통령이 큰 인물이라고 생각하지만 그의 햇볕정책은 실패했다고 평가한다. 김대중 정권은 햇볕정책을 부각시키며 북한에 5억 달러의 현금을 건넸다. 그 결과 한반도에 평화가 유지되었다고 주장한다. 이어 노무현 정권도 동일한 노선을 유지했다. 그러나 분명한 사실은 휴전 뒤 한반도에 평화가 유지될 수 있었던 것은 햇볕정책 때문이 아니라 미군이 한반도에 주둔했기 때문이다.

미국과 북한 둘 중 누가 친구이고 누가 적인가? 나의 부모 형제와 나를 때리고 협박하고 아프게 하는 사람은 누구인가? 적의 핵무기 위험에서 우리를 구해 줄 사람은 누구인가? 만약 이 물음에 대해 정말 북한이라고 말하는 사람이 있다면 그는 남한을 떠나 북한에서 살아야 할 것이다.

대한민국이 북한의 군사적 위협으로부터 살아남는 방법은 무엇인가? 힘이 있어야 한다. 힘을 갖는 데는 2가지 방법이 있다.

첫째, 남한 스스로 자유민주주의 체제에서 막강한 힘을 키우거나,

둘째, 자유민주주의 체제를 지원하는 또 다른 힘을 빌려야 한다.

첫 번째 방법은 한계가 있다. 또 북한 뒤에는 중국과 러시아라는 거대한 세력이 버티고 있다. 이것은 한국의 역사가 증명한다.

그러면 어쩔 수 없이 두 번째 방법을 택해야 한다. 그 방법이 무엇인가? 중국, 일본, 러시아 군대를 남한에 주둔시키는 것인가? 아니다. 미국 군대의 힘을 빌려야 한다. 다시 말하건대 전후 50년간 한반도에 평화가 유지된 것은 햇볕정책 때문이 아니고 미군이 휴전선을 지키고

있었기 때문이다.

평화(Peace)를 유지하려면 힘이 있어야 한다. 정의(Justice)를 지키기 위해서다. 정의 없는 평화는 위선이다. 촛불 시위를 한다고 평화가 오는 것이 아니고 힘을 키워야 평화가 온다. 진정으로 미국을 싫어한다면 미국을 한국에서 나가라고 하기 전에 북한을 이길 수 있는 힘을 키워야 한다. 한 걸음 더 나아가 중국이나 일본을 견제할 수 있는 힘도 키워야 한다.

그렇지 못하면 조금 불편하더라도 그리고 자존심이 상하더라도 참아야 한다. 그렇다고 굴욕적인 대미관계를 유지하라는 뜻은 절대 아니다. 물론 미국이 불평등하게 했을 경우 이를 바로 잡을 필요도 있다.

결론적으로 미군의 한반도 주둔이 한반도의 평화를 가져오게 되었고, 이런 안보를 근거로 외국 기업인들이 한국에 투자를 하여 급격한 한국의 경제성장을 가져왔다. 그리고 미군 때문에 중국이나 일본도 한국을 만만하게 볼 수 없게 만들었다.

그러나 지난 10년 동안 한국과 미국의 관계가 소홀해진 틈을 타 중국에서는 동북공정을 준비하고, 일본은 독도를 자신들의 소유라고 우기고 있다.

중국은 현재 동북공정을 준비하면서 압록강과 두만강 국경 지역에 많은 군사병력을 배치해 놓고 있다. 앞으로 힘없는 북한을 접수한다면 그리고 한반도 전체를 위협한다면 누가 한국을 도와 줄 수 있겠는가? 일본도 힘이 강대해진다면 한반도를 침공할 가능성이 많다. 오죽하면 북한의 김정일도 통일 후에도 미군이 한반도에 주둔하는 것이 필요하다고 말하겠는가? 그도 한반도의 주변 정세를 읽고 있기 때문이다.

일본은 자신들의 안보를 위해 미국을 얼마나 잘 이용하고 있는가?

중국의 위협을 막기 위해 일본에 미군 주둔 비용을 75%까지 지불하고 있다. [참고로 한국은 50% 정도를 지불하고 있다.(연합뉴스, *동북아 균형자론은 한·미동맹 기반*, 2005년 5월 12일)].

이제 한국은 중국과 일본 사이에 샌드위치의 재앙을 맞고 있다. 이 재앙은 설사 북한과 통일을 한다고 해도 이기기 힘든 것이다. 자녀들에게 잘못된 국가관과 가치관을 가르친 대가다. 이를 어찌할꼬!

저자 주 그렇다고 외교적으로는 국익을 위해 중국이나 일본을 적대국처럼 대하라는 뜻은 아니다. 그들과도 친선외교를 해야 한다.

전후 50년간 한반도에 평화가 유지된 것은 햇볕 정책 때문이 아니고, 미군이 38선을 지키고 있었기 때문이다.

4. 유대인의 시각에서 본 북한의 인권

유대인이 가장 중요하게 여기는 가치는 무엇인가? 천하보다 귀한 인간의 생명이다. 인간의 생명은 하나님의 창조물로 하나님의 형상을 닮았기 때문에 소중하다. 그뿐 아니라 유대인은 동물을 죽일 때에도 가장 짧은 시간에 고통 없이 죽이도록 법으로 정해져 있다. 하나님이 창조하셨기 때문이다. 성경에서 나온 정신이다.

왜 하나님께서 인간에게 율법을 주셨는가? 그것은 강자의 횡포를 막고 약자를 보호하기 위한 '생명 사랑 정신'이다. 즉, 하나님이 성도에게 주신 십계명의 근본 정신은 하나님이 창조하신 '생명을 사랑하라'다. 따라서 '생명 사랑 정신'은 바로 유대인의 성경적 법철학이다.

인간이 서로 사랑할 수 있는 지혜는 우리의 생활에서 남의 생명을 귀히 여기는 데서부터 시작된다. 남의 생명을 귀하게 여기기 위해서 십계명에 나타난 살인, 간음, 도둑질, 거짓 증거 및 이웃을 탐하면 안 된다. 남의 생명을 존중한다는 말은 남의 인격, 소유, 물질을 모두 존중한다는 말이기 때문이다.

따라서 남을 아프게 한다는 사실 자체가 하나님을 아프게 하는 것이다. 그리고 가난하고 병든 사람을 돕는 것 자체가 하나님을 돕는 것이다. 왜냐하면 모든 인간은 하나님의 형상대로 지음 받았기 때문이다.

유대인은 자신의 생명의 가치를 귀중하게 여기지 못하는 사람은 남의 생명도 귀중하게 여기지 못한다고 믿는다. 그러한 사람은 남의 생명을 귀중하게 여기지 못하므로 남을 쉽게 해칠 수 있기 때문이다. 이것이 오늘날 만연한 인간의 생명 경시 풍조의 원인이 된다.

여기에서 우리가 주목할 부분은 하나님의 형상을 닮은 인간의 생명을 존중하고 사랑하는 것 자체가 하나님을 사랑하는 것이라는 점이다. 그리고 더 나아가 하나님이 창조하신 자연을 보호하고 가꾸는 일도 하나님을 사랑하는 일이다. 이것은 모두 하나님의 영광을 위해 하나님이 창조하신 생명을 사랑하는 정신에서 기인한다.

그런데도 우리는 같은 북한 동포의 아픔에 얼마나 무관심하고 있었는지 반성해야 한다. 세계기독교연대(CSW) 자료에 따르면, 북한은 1995~1998년 북한주민 최다 300만 명이 굶어 죽었고 기근과 진료결핍으로 1993~1999년 사이에 평균수명이 73세에서 67세로 대폭 감소됐다. 현재 전체 주민(약 2200만)의 60% 이상이 영양실조에 걸렸다고 한다. 그 중 50%가 어린이들이다. 인육을 먹는 관습이 늘고 있고, 김정일 정권은 국제구호식량 대부분을 100만 군대를 위한 군량미로 돌려주는 것이 공공연한 비밀이다. 탈북민 30만 명은 중국에 숨어 제3국 망명기회를 노리고 있다. 체포된 탈북자는 강제송환 후 고문·투옥·처형 등 학대를 받고 있고 중국 정부로부터의 도움은 기대할 수 없다."
(크리스천 투데이, *북한주민 최다 300만 명이 굶어 죽어*, 2003년 7월 3일).

북한에서는 1995~1998년 사이 3년간 300만 명, 2000년까지 5년간 350만 명이 죽었다. 그 후 현재까지 8년간 죽어간 사람도 수백만 명이 되지 않겠는가? 6·25전쟁 때 남북한 전체 희생자 300만 명을 훨씬 웃도는 희생이다. 스탈린이 평생 죽인 사람도 300만 명이다. 히틀러는 유대인만 600만 명을 죽였다.

대구 지하철 참사 때(2003년 2월) 대구 시민 120명의 죽음으로 온 나라가 경악하며 아파했는데, 300명이 아니고 3만 명도 아니고 350만 명 이상이다. 그리고 그들도 타민족이 아닌 한 피를 나눈 한국 민족이다.

미국산 쇠고기를 먹고 죽은 사람이 나온 것도 아닌데 실체가 희박한 광우병 위험 가능성만 가지고 매일 수천, 수만 명의 사람들이 모여 촛불 집회를 열었다. 그렇다면 왜 북한 동족의 죽음에는 무관심한지 묻고 싶다.

통일 뒤에 더 큰 문제가 발생하리라는 것을 예견해야 한다. 전문가에 의하면, 통일이 된다고 해도 지금 영양실조에 걸린 어린이들이 제대로 성장하지 못할 가능성이 매우 크다고 한다. 영양실조에 시달린 1200만 명을 어떻게 남한 사람들이 치유하며 보살펴 줄 수 있겠는가? 그들의 육체적 정신적 회복이 너무나 시급하다. 당장 그들을 구제하려는 노력을 하지 않는다면 한국은 통일이 된다 해도 엄청난 통일 비용을 지불하게 될 것이다.

유대인은 한 유대인이 포로가 되어 죽어 가면 온 세계 유대인이 함께 아파하며 그를 구하기 위해 최선을 다하며 헌금을 한다. 우리는 이제 무엇을 어떻게 해야 하는가? 양식 있는 진정한 민족주의자라면 누구의 편에 서야하는가? 앞으로 통일이 되는 그날, 남한 국민과 해외 동포는 북한 동포 300만 명을 굶어 죽게 한 방관자 내지는 방조자였다는 죄를 면키 어려울 것이다. 더 이상 동족의 죽음 앞에 방관자가 되는 죄를 범하면 안 된다. 이제는 북한 동포에게 구호품을 보냄과 함께 북한의 인권에 대해 말해야 한다.

5. 역사의 심판은 반드시 온다.

북한 인권과 탈북자를 도운 사람들이 일부 그릇된 민족주의자들로부터 비난을 받지만 장차 통일이 되는 그날, 의인으로 부상할 것이다. 역사의 평가는 후대가 내리고 기록하는 것이다. 현실에 눈치를 보거나 안주하지 말고 역사의 부름에 의연하게 일어날 때다.

우리는 북한 젊은이들의 삶을 바로 알아야 한다. 2003년 대구에서 열린 유니버시아드대회(8월 20~30일)에서 여대생 응원단의 애절한 모습을 기억할 것이다. 김정일 사진이 비를 맞자 울며 그 사진 관리자들에게 폭언을 하며 달려들던 모습을……. "그분의 사진이 비를 맞으면 안 되요."라며 자신들의 옷과 수건으로 비를 훔친 뒤 감히 접지도 못하고 가져가는 모습을……. 이것이 북한 주민들의 모습이다.

만약 그래도 북한 정권이 옳고 좋다면 대한민국을 떠나야 한다. 더 이상 남한 국민들에게 특히 어린이들에게 북한의 이념을 미화하여 가르치지 말아야 한다.

여기에서 마지막으로 생각해 보아야 할 것이 있다. 북한 정권은 60년이 넘도록 어떻게 자신들의 이념을 자녀세대에게 그대로 전달할 수 있었을까? 그들은 자손 대대로 세대차이 없는 공산주의 교육과 김일성 일가 숭배교육을 시키는 데 성공했기 때문이다.

반면 남한에서는 왜 젊은 사회주의자들이 그렇게 많이 생겼는가? 남한의 부모 세대들은 자손들에게 세대차이 없는 자유 대한민국의 국가관과 반공 교육을 시키는 데 실패했기 때문이다. 이것은 오늘의 현실을 살아가고 있는 1세대의 잘못이다. 그 죄과를 현재 젊은 세대들로부터 받고 있는 것이다.

이제 이런 현실에 분노만 할 것이 아니라 미래를 준비해야 한다. 예방책은 무엇인가? 어떤 교육 방법으로 준비해야 하는가? 북한이 다음 세대에게 의식을 전수한 방법은 독재에 의한 그리고 외부와의 차단에 의한 교육이었다. 자유 대한민국이 그런 교육 방법을 따를 수는 없다.

그렇다면 남한은 어떠한 교육 모델을 따라야 하는가? 유대인처럼 1세대와 2세대 사이에 종교적 사상적 세대차이 없는 교육을 처음부터 다시 시키는 일이다. 그것은 바로 쉐마교육이다.*

---

* 쉐마교육에 대한 자세한 내용은 《잃어버린 지상명령》(현용수, 쉐마, 2006) 제1권 제3부 '하나님이 유대인에게 주신 지상명령, 쉐마' 참조.

> **저자 주** 다음의 글은 저자가 〈중앙일보〉 시론에 기고한 것이다. 독자들에게 도움이 되기를 바란다.

5%의 오류와 95%의 공헌

현용수

한국은 현재 진실게임이 온 나라를 흔들고 있다. 역사 바로잡기, 황우석 교수 연구 논문의 진실성 시비, 사학의 비리를 막는 사학법 개정도 이래서 나왔다. 그간 한국은 정에 이끌려 공의가 제대로 서지 못한 것도 사실이다. 이것이 심화돼 일어난 부작용이 사회 전반에 깔려 있다. 이 때문에 처음에는 공의를 앞세운 진실 캐기에 국민은 시원함을 느꼈다. 그 결과 한층 투명한 사회가 된 것 또한 사실이다. 그러나 이제는 그 의도나 방법 면에서 도를 넘었다.

가장 우려되는 점은 대부분 5~10%의 오류를 파헤쳐 공의를 세운다는 명목으로 90~95%의 공헌을 파괴하는 데 있다. 이로 인한 국력의 손실은 엄청나다. 국내외 신인도가 추락한다. 공멸을 자초할 수도 있다.

오류를 무조건 덮자는 얘기가 아니다. 5~10%의 오류를 캐는 것도 중요하지만, 국익과 평화를 생각해 절제가 필요할 때는 절제하는 지혜도 필요하다는 것이다. 더 중요한 것은 90~95%의 공헌을 크게 살려야 한다는 것이다. 그래야 나라도 번영하고 공평하다.

외신에 따르면 대한민국의 현대사는 경이로운 성공의 표본이다. 그래도 약 10%의 오류가 있었다면, 90%는 성공적으로 보는 것이 타당하다. 이 역사 발전에 민주화 운동을 한 사람들이 10% 정도 기여했다면 나머지 90%는 대부분 보수세력이 했다고 봐야 한다.

노무현 대통령이 세계 정상들과 만나 어깨에 힘을 줄 수 있는 것도 그들의 공헌 때문임을 부정할 수 없다. 한국의 사학에 약 2% 미만(1874개 사학 중 비리 사학은 35개)의 오류가 있었다면, 98%의 긍정적인 공헌이 있다.

"신이 말씀하시기를, '내가 세상을 자비로만 창조했다면, 죄가 깃들 것이다. 그러나 만약 정의로만 세상을 창조했다면 세상이 어떻게 견뎌낼 수 있겠는가." 유대인의 미드라쉬에 나오는 말이다. 신의 공의 앞에 설 수 있는 사람은 하나도 없다는 말씀이다. 개인이나 가정이나 어느 공동체건 너무 까발리면 생존하기 힘들다. 깨끗하긴 하겠지만 따뜻한 평화가 없어진다. 가장 큰 손실은 열심히 사명을 갖고 사회와 국가에 공헌했던 사람들의 의욕을 빼앗는 것이다. 대부분 큰 공적을 이룬 분들은 공헌도 크지만 과정에서 오류도 있게 마련이다. 반면 큰일을 하지 않는 사람은 공헌도 적고 오류도 비교적 없다.

한국은 왜 공의와 자비의 조화된 사회를 만들기가 힘든가? 여러 가지가 있겠지만 가장 큰 원인은 가정과 학교에서 지식만 가르치고 지혜는 가르치지 않았기 때문이다. 지식은 도서관이나 학교에서 배우지만, 지혜는 역사·전통·철학·사상·종교·고전 등에서 배운다. 지식이 '무엇이냐(What)'에 대한 공부라면 지혜는 '어떻게 대처하느냐(How)' 하는 방법을 배우는 것이다.

지혜교육에서 사리를 분별하는 판단력을 배운다. 지혜로운 판단력은 삶을 승리로 이끄는 스승이다. 대부분 한국 국민은 현재 제각각 모든 일을 심판하는 판사의 입장을 자처한다. 그만큼 의식수준이 높아졌다는 증거다. 그렇다면 훌륭한 지혜 있는 판사의 자격은 무엇인가?

탈무드는 2가지를 제시한다.

첫째, 항상 겸손하고 언제나 선행만을 행하며, 정확한 판별력과 위엄을 갖추고, 지금까지의 이력이 깨끗해야 한다. 따라서 우리는 남을 비판하기 전에 자신을 살펴야 한다.

둘째, 반드시 진실과 평화를 모두 구해야 한다. 만일 진실만을 추종한다면 평화는 잃고 만다. 그러므로 진실과 평화를 함께 지킬 수 있는 방법을 찾아내야 한다. 이것이 바로 타협이다.

한국 사회는 양극으로 나뉘어 심각하게 대립하는 현상이 도를 넘었다. 정의와 평화를 함께 살릴 수 있는 솔로몬과 같은 지혜가 요구된다. 지도자뿐 아니라 온 국민도 마찬가지다.

_중앙일보, 2005년 12월 21일

제6장

결론

> **들어가며**
>
> 우리 민족의 자녀들은 후대의 한국을 위해 얼마나 귀한 존재들인가?
> 어떻게 그들을 훌륭한 하나님의 자녀로 키울 수 있을까? 현대는 한국이든 미국이든 좋든 싫든 다문화권 속에서 살아야 한다. 다문화 속에서 우리의 자녀를 어떻게 키워야 할까?
> 참으로 답하기 힘든 질문이다. 특히 한국인 기독교인으로 타민족과 어떻게 어울려 살아야 하는가? 제7부에서는 다문화 속의 한인 2세 교육 문제를 풀기 위해서 다음의 질문들을 구체적으로 다루었다.

질문 1: 지구촌의 평화와 발전을 위한 세계화 원리와 한국인의 세계화 원리 및 그 방안은 무엇인가?

질문 2: 나는 미국에서 미국인으로 살아야 하는가, 한국인으로 살아야 하는가?
(다문화권에서 한국인의 동화 모델은 무엇인가?)

질문 3: 한국인은 기독교인으로서 예수님을 믿지 않는 동족보다
예수님을 믿는 타인종을 더 사랑해야 하는가?

질문 4: 기독교적 민족주의는 국수주의와 무엇이 다른가?

질문 5: 대한민국 국민은 어떠한 민족관과 국가관 그리고 세계관을 가져야 하는가?

하나님께서는 인간에게 2가지 사명을 수행하도록 명령하셨다. 우리에게 악을 제거하고 하나님의 왕국을 위해 하나님이 창조하신 세상을 다스리고 정복할 문화적 사명(Cultural Mandate)과 인류를 구원할 구속의 사명(Redemptive Mandate)이 그것이다. 하나님께서는 이를 위해 세계 온 족속 가운데 우리를 한국인으로 살도록 창조하셨다는 점을 깊이 인식해야 한다. 그리고 한국인으로 세계의 평화와 번영에 기여하기를 원하신다. 한국인 기독교인은 자녀들이 어떻게 이를 수행할 수 있도록 키울 수 있을까?

우리 자녀들은 한국인의 정체성을 지닌 한국인 기독교인으로 키워야 한다. 다민족 속에서 사랑의 우선순위도 먼저 우리 동족을 사랑하도록 키워야 한다. 위에서 언급했듯이 성경 속의 모세도, 예수님도 그리고 바울도 모두 민족주의자였다. 육신의 핏줄이 그만큼 중요하다는 말이다. 올바른 세계화를 위해서도 한국인 자녀들은 한국인의 정체성을 가져야 한다. 그럼에도 불구하고 기독교인은 자기 민족만 사랑하고 자기 민족의 우월감에만 젖어 있는 국수주의자여서는 안 된다. 우리는 타민족도 함께 사랑하고 그들에게도 복음을 전수할 책임이 있다. 주님 안에서 모든 사람과 모든 민족이 사랑의 대상이지만 사랑에도 우선순위가 있다는 말이다.

미국에 거주하는 한국인은 다민족 속에서 어떻게 살아야 하는가? 유대인의 예를 보자. 그들은 외면적으로는 미국의 사회구조에 적극 동화하지만 내면적 정신의 뿌리는 유대인의 정체성을 갖고 살고 있다. 즉,

미국의 유대인은 유대인 뿌리를 지닌 자랑스러운 유대계 미국인(a proud Jewish American with Jewish heritage)으로 미국에 공헌하며 살고 있다. 미주 한인 동포들(코리안 아메리칸)도 한국인의 뿌리를 지닌 자랑스러운 한국계 미국인(a proud Korean American with Korean heritage)으로 살아야 한다. 마땅히 조국을 위한 애국심을 지녀야 하겠지만, 자신들과 자녀들이 거주하는 미국의 평화와 번영을 위해서도 기도하고 공헌해야 한다. 자신이 선택한 땅이기 때문이다. 그리고 미국에서 주인의식을 갖고 스스로 주체적 민족으로 서로 도우며 발돋움해야 한다.

미국의 선량한 시민이 되는 것은 물론, 유대인처럼 정계, 학계, 재계, 언론계 및 예술계 등에 좋은 영향력을 끼치는 걸출한 한국계 미국인들이 많이 배출되어야 한다. 이것은 미국을 위할 뿐 아니라 대한민국 조국을 돕는 길이기도 하다. 유대인이 자신의 조국을 돕는 것처럼 말이다. 그런 면에서 현재 코리안 아메리칸 교회들은 미국을 위해 얼마나 열심히 기도하고 있는가?

이 논리는 전 세계 173개국에 흩어진 663만 8338명의 한국인 교포들(중앙일보, 2005년 9월 9일)에게도 동일하게 적용된다. 자신이 속한 나라의 지도자를 위해 기도하고 자신이 속한 땅의 평화와 번영을 위해 기도해야 한다.

결론적으로 하나님께서는 한국 민족을 위한 민족의식과 역사의식이 있는 사람을 크게 사용하신다. 한국인 기독교인도 정통파 유대인이었던 바울에게서 그의 신앙과 동족을 사랑하는 민족의식을 본받아야 한다. 따라서 한국인 기독교인도 정통파 한국인이 되어야 한다. 그러면서도 세계 인류의 번영과 평화에 공헌할 수 있어야 한다.

제8부

4권의 인성교육을 마치며

I. 인성교육, 어떻게 적용할까
II. 신학교육의 패러다임도 바뀌어야
III. 미래 한국 민족교육을 위해 해야 할 일

I. 인성교육, 어떻게 적용할까

1. 유대인과 기독교인이 성경을 읽는 이유의 차이

유대인과 기독교인 사이에 여러 가지 차이가 있지만, 그 중 하나가 유대인은 실천하기 위해 성경을 읽고, 기독교인은 지식을 쌓기 위해 읽는 경우가 많다는 것이다. 물론 유대인들도 성경을 읽는 이유가 하나님 말씀에 대한 지식을 넓히고 그에 대한 영적 의미를 찾지만, 그들은 어떻게 하나님이 원하시는 대로 이 땅에서 그 말씀을 실천할까를 고민한다는 것이다. 그래서 유대인은 성경에 나타난 율법을 잘 실천하기 위해 율례와 법도를 많이 적어 놓았다. 그것이 탈무드다. 유대인은 이 탈무드를 매일 무시로 읽는다.

뿐만 아니라 기독교인은 성경을 영적 지식을 쌓게 하기 위해 교인들에게 강의는 많이 하지만, 유대인은 어떻게 하는 것이 하나님이 원하시는 삶인지를 알고 잘 실천하기 위해 여러 사람들이 모여 줄기차게 토론하게 한다. 물론 기독교인들도 말씀대로 실천하려고 노력은 하지만 유대인에 비하면 너무나 적은 것이 사실이다. 하나의 예를 들어보자. 창세기 1장 6-8절은 다음과 같다.

> 하나님이 가라사대 물 가운데 궁창이 있어 물과 물로 나뉘게 하리라 하시고 하나님이 궁창을 만드사 궁창 아래의 물과 궁창 위의 물로 나뉘게 하시매 그대로 되니라 하나님이 궁창을 하늘이라 칭하시니라 저녁이 되며 아침이 되니 이는 둘째 날이니라. (창 1: 6-8)

기독교인은 본문에서 하나님이 둘째 날 육지와 바다를 나누신 것(본문은 10절까지 이어짐)을 아는 지식만 가질 뿐이지, 그 말씀을 어떻게 생활에 실천할 것이란 상상을 못한다. 그런데 유대인은 똑같은 창세기 본문인데 어떻게 이 말씀을 삶에 적용하는가? 유대인 랍비 토카이어의 말을 들어보자.

창세기에서는 하나님은 반드시 하루가 끝날 때마다 "하나님이 보시기에 좋았더라."라고 쓰여 있다. 하지만 둘째 날만은 그 말을 하고 있지 않다. 그것은 그날, 하나님은 육지와 바다를 나누셨는데 그날 중에 완성을 보지 못하고 그 다음날까지 넘기셨기 때문이다. 이런 일로 연유해서 유대인들은 어떤 한 가지 일이 완성되거나 끝날 때까지는 절대로 '좋다'고 해서는 안 되는 것으로 알고 있다. 나에게도 다음과 같은 어렸을 때의 추억이 있다.

어느 날 학교에서 돌아와 숙제를 끝내지 못한 채 놀고 있을 때, 아버지께서 "숙제를 전부 마쳤니?"하고 물었다. 나는 다 마치지는 않았지만 "거의 다 했습니다."라고 대답했다. 그러자 아버지께서는 이 창세기 이야기를 하시며 "다 끝나기 전에는 좋다고 할 수 없어."라고 말씀하셨다. (Tokayer, 탈무드 2: 랍비가 해석한 모세오경, pp. 29-30)

물론 기독교인도 왜 둘째 날에는 "하나님이 보시기에 좋았더라."는 말씀을 하시지 않았을까에 대한 질문을 던질 수 있다. 그리고 학자들이 그 이유를 나름대로 설명할 수는 있다. 그리고 그것이 구속사적 입장에서 영적으로 어떤 의미를 갖고 있는가에 대해 연구할 수도 있을 것이다. 그러나 그것을 실생활에 어떻게 적용하며 살 수 있을까를 생각하는 것은 도저히 생각조차 할 수 없을 것이다.

이것이 바로 유대인과 기독교인의 차이이다. 따라서 유대인이 매사에 성경말씀을 읽으며 그 말씀을 생활에 적용하려는 노력은 기독교인들도 본받아야 한다. 이런 면에서도 유대인 자녀교육이 필요하다.

**유대인은 실천하기 위해 성경을 읽지만,
기독교인은 지식을 쌓기 위해 읽는다.**

2. 내가 읽고 변하고 이렇게 실천하라

많은 이들이 이 책을 읽고 또 쉐마교육을 받으면 자신이 변하고 자녀가 변하고 가정이 변한다. 특히 목회자가 변하면 가정뿐만 아니라 교회 전체가 변한다. 하나님의 은혜다. 그러나 간혹 이런 질문도 있다.

"그러면 어떻게 가정에서 적용해야 합니까?"

사실 이 책을 읽어 보면 대부분 이론뿐만 아니라 적용방법이 자세히 나와 있다. 그런데도 이런 질문들이 나오는 이유는 한국 교육이 그만큼 적용과 창조에 약하다는 증거다. 글은 글대로 읽고 생활에는 적용을 못한다는 얘기다. 설교는 설교대로 듣고 은혜를 받으나 행동으로 실천할 생각은 전혀 하지 않는다는 얘기다.

따라서 한국 교인들의 행동은 잘 변하지 않는다. 교육의 완성은 첫째 머리로 알고(이해하고, Cognitive), 둘째 가슴으로 은혜를 받으며(Affective), 셋째 발로 실천(Behavior)할 때 이루어진다. 한국인은 첫째와 둘째까지는 연결이 잘 되는데, 셋째의 행함이 약하다.

이제 인성교육에 관한 글을 마치며 정리도 할 겸, 독자들을 위해 이상적인 자녀교육을 위한 제언을 요약하여 제시하고자 한다. 단 제4권부터 시작하는 성경적인 적용은 8권 모두 마친 다음에 더 자세히 적기로 한다.

1) 수평문화를 차단한다. (단 수평문화 중 2단계인 현대 학문과 현대 과학은 제외)
   - 육적, 정신적, 영적 성결을 해치는 모든 물건을 제거한다.
   - 예: TV 시청 금지, 외설물 금지, 하나님을 섬기는 데 해가 되는 우상들 폐지 등.

2) 수직문화를 개발하고 만들어 철저하게 가르친다.
   - 내 것을 귀중하게 여기는 습관: 부모, 전통, 민족과 나라 사랑 등.

전체 주제: 예수님의 전인교육

지(IQ)・정(EQ)・체(PQ)・도덕(MQ)・영성(SQ)

"예수님은 그 지혜(지・IQ)와 그 키(체・PQ)가 자라가며
하나님(영성・SQ)과 사람(도덕・MQ)에게
더 사랑스러워(정・EQ) 가시더라." (눅 2:52)

- 종교교육: 3대 가정예배, 새벽예배, 각 기도회 및 구역예배 참석, 성경 암송 등.
- 전통(관습): 한국의 전통 중 우상을 섬기지 않는 문화. 예) 한복 입기, 큰절 하기, 산소 가꾸기, 한정식 먹기, 한국식 놀이 개발(제기차기, 윷놀이 등).
- 효도교육: 한국식 효도방법을 연구 개발하여 시키기. 가훈 만들고 실천하기.
- 이상(Idealism)을 따른다. 선과 악을 구별하여 정의를 구현하는 삶.
- 언어: 한국어, 한글 및 한문. (외국어도 배워야 함)
- 고전문학이나 고전음악: 한국 고전문학이나 고전음악, 서양의 고전도 포함.
- 한국사상, 철학: 한국의 사상이나 철학
- 고난 체험: 어려서부터 고생을 하며 사는 농촌 교육 및 물질 관리 교육. 일 년에 몇 번씩 금식 생활(예; 고난주간).
- 한국 역사: 역사의식이 있는 사람, 동족을 먼저 사랑하는 민족의식을 키운다.

3) 가정을 성전으로 만들자. [다음의 주제들은 《IQ는 아버지 EQ는 어머니 몫이다》(전3권)에 있지만 앞으로 각 권으로 출간 예정]
   - 왜 가정은 성전인가?
   - 육적, 정신적, 영적 성결에 도움이 되는 가정환경을 조성한다.
   - 하나님 이름과 예수님의 이름을 높이는 신본주의 사상으로 철저하게 무장시킨다.
   - 하나님의 전지전능하심, 무소부재하심을 마음에 각인시킨다.
   - 예수님은 하나님의 본체이시며 죄인을 위하여 죽으셨다가 부활하신 분임을 믿게 한다.
   - 왜 하나님에게 순종해야 하는가?

4) 아버지의 역할: 사상, 힘, 권위. 하나님의 말씀과 수직문화를 가르친다.
   - 시간 관리, 생업을 위한 훈련, 지혜 교육.

5) 어머니의 역할: 사랑과 정서와 눈물. EQ교육을 시킨다.
   - 예의범절 교육, 남을 돕는 생활.

6) 어느 학교에 보낼 것인가? 같은 신본주의 사상을 가진 철저한 기독교학교에 보낸다.

7) 기독교 절기를 유대인처럼 만들어 철저하게 가르친다.
8) 한국의 예절교육 내용을 정리하여 철저히 가르친다.
9) 신구약에 나타난 율법교육을 한국 기독교인에게 맞도록 정리하

여 철저히 지켜 행하도록 한다.

10) 하나님 앞에서 항상 생각하는 사람으로 키운다. (생각의 순서)
   첫째, 나는 누구인가?
   둘째, 부모님에 대한 생각
   셋째, 가족과 가문을 위한 생각
   넷째, 나라와 민족을 위한 생각
   다섯째, 인류의 번영과 평화를 위한 생각

인성교육에서 가장 중요한 요소 2가지를 선택하라고 한다면, 효도교육과 민족 사랑이다. 그런데도 이 2가지를 잊고 살아온 사람들이 많다. 모쪼록 이 책을 읽는 모든 독자들이 이를 꼭 실천하여 자신의 가정과 교회와 민족이 자자손손 하나님을 섬기며 의미 있게 살 수 있기를 간절히 기원한다.

교육은 첫째, 머리로 알고(이해하고, Cognitive), 둘째, 가슴으로 은혜를 받아(Affective), 셋째, 발로 실천(Behavior)할 때 완성된다. 한국인은 첫째와 둘째까지는 연결이 잘 되는데 셋째의 행함이 약하다.

II. 신학교육의 패러다임도 바뀌어야

미국 로스앤젤레스 근교에 위치한 한국계 신학교에 근무할 때였다. 학교를 미국 AABC(American Association of Biblical College)에 가입시키기 위해 유대계 미국 교수를 영입했다. 그는 모든 커리큘럼을 미국식, 특히 그가 다니고 있는 신학교에 맞추고 있었다. 그러나 저자는 한국의 역사와 문화 및 한국 교회사 등 한국 교포를 상대로 목회하는 데 필요한 신학교육을 시켜야 한다고 주장했다. 그러자 그는 완강히 거부했다. 나는 그에게 이렇게 얘기했다.

유대계 신학교는 유대인을 위한, 유대인에 의한, 유대인의 신학교가 아닌가? 유대인 신학교는 유대인의 정체성에 맞는 커리큘럼을 짜서 유대인 목회를 위한 랍비 배출에 초점을 맞추지 않는가? 그렇다면 한국계 신학생들이 한국인 동포를 대상으로 목회를 하기 위해서는 신학교가 한국인을 위한, 한국인에 의한, 한국인의 신학교가 되어야 하지 않겠는가? 따라서 한국인 신학교는 한국인의 정체성에 맞는 커리큘럼을 짜서 한국인 목회를 위한 영적 지도자 배출에 초점을 맞추어야 하지 않겠는가? 당신이 이 학교에 근무하는 이유는 무엇인가? 당신은 한국인 1세보다 영어도 잘하고 미국인을 대하는 기술(skill)이 낫기 때문에 이 학교가 미국에서 인정하는 기관에 가입할 수 있도록 돕

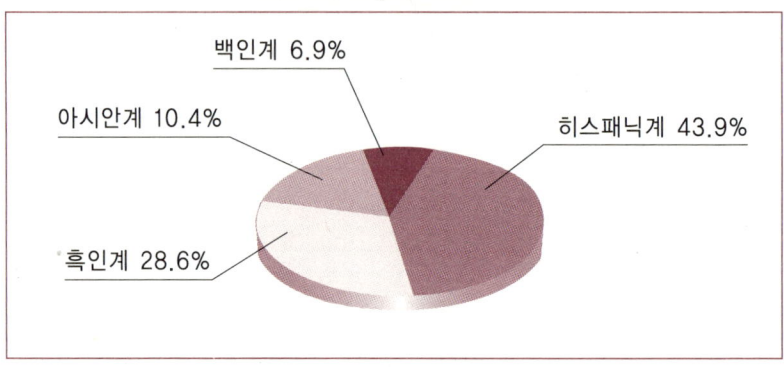

출처_ 미국신학협의회 발간, '2001-2002, 신학교육의 실상'

는 데 필요한 사람이다. 만약 저자가 유대계 신학교에서 일하면서 그 학교 커리큘럼을 저자에게 익숙한 한국계 정체성에 맞도록 작성한다면 말이 되겠는가?

현재 미주 한인 신학교뿐 아니라 한국 신학교들이 서구 사람의 문화와 정서에 맞는 미국 신학교를 모방하고 있다. 그리고 그것을 오히려 자랑하는 추세다. 물론 기독교의 근본을 이루는 조직신학은 각 인종에 관계없이 배워야 할 공통 신학교육의 내용과 방법이다. 그러나 실천신학이나 역사신학에서는 한국인 목회를 위한 신학 커리큘럼을 만들어야 한다.

미국에서 교회를 개척하여 한인 교회에 크게 영향을 끼치는 목회자들은 대부분 한국에서 신학을 공부하고 미국에 건너온 목사들이다. 김계룡 목사(미주 영락교회), 임동선 목사(동양선교교회), 장영춘 목사(뉴욕 퀸즈 한인장로교회), 조천일 목사(나성 필라델피아교회), 송용걸 목사(시카고 헤브론교회), 서삼정 목사(애틀랜타 제일교회), 이용걸 목사(필라델피아 영생교회) 등이다.

이에 반해 미국 신학교만 나온 사람들은 영어도 잘하고 희랍어와 히브리어도 더 잘하는데 왜 한인 목회에 실패하고 있는가? 그 이유는 한국인다운 한국인이 되는 교육을 제대로 받지 못했기 때문이다. 즉 한국의 수직문화가 약하기 때문이다. 수직문화는 신앙을 담는 그릇이라고 말했다. 그리고 수직문화는 그 민족의 정체성이다. 미국에서 신학을 전공한 사람들은 유명 신학교에서 학문적으로는 더 잘 수학했을지 몰라도(IQ 교육) 한국인이 가져야 할 한국적 큰 그릇(수직문화 교육 + EQ 교육)이 잘되지 못했기 때문에 한국 목회에는 힘이 든다.

그러면 미국에서 신학을 전공한 사람들이 모두 실패했는가? 아니다. 성공한 사람들도 있다. 그 이유는 무엇인가? 한국적 수직문화 교육을 철저히 받은 개성이 강한 사람들이다.*

미국의 유대계 신학교 커리큘럼은 어떻게 되어 있는가? 우선 교육의 내용이 유대인에 맞는 신학교육을 한다. 동시에 그들은 공부하는 나라도 미국과 이스라엘 두 나라를 오가며 마치게 한다. 따라서 미국의 유대인 학생은 미국에서 2년 공부를 마치면 1년은 이스라엘에서 살면서 그곳에서 공부해야 랍비가 될 수 있다. 이런 점에서 한국 신학교는 유대인에게 배울 점이 있다. 미국에서 신학교를 나온 한국계 1.5세나 2세들도 미국에서 신학을 마치면 한국에서 1~2년의 인턴 과정을 거친 후 미국에 와서 한인 2세들을 가르쳐야 세대차이를 막을 수

---

* 수직문화와 개성과는 서로 상관관계가 있다. 저자의 《문화와 종교교육》(1993) 참조.

있다.

미국 백인계 신학교의 허점은 무엇인가? 소수민족의 수직문화에 대한 고려는 전혀 없이 서구화된 신학교육만 가르치려고 고집하고 있다. 오히려 대부분의 교수들은 소수 인종의 문화 이야기를 하면 복음만 강조하고 이를 막는 경향이 많다. 그 이유는 미국 신학자들이 복음만 알지 각 인종의 수직문화가 복음에 미치는 영향을 모르고 있기 때문이다.

미국에 산재한 신학교도 이제 더 이상 백인들만의 신학교가 아니다. 신학교마다 다양한 인종이 급증하고 있다. 미국신학협의회(Association of Theological Schools; ATS)에서 발표한 '2001~2002, 신학교육의 실상' (The 2001~2002 Fact Book on Theological Education)의 신학교육 전반(ATS에서 인가한 신학대학원에 한하여)에 관련된 통계 자료에 의하면, 지난 5년 동안(1997~2001년) 입학률은 히스패닉계 학생은 43.9%, 흑인계 학생은 28.6%, 아시안계 학생은 10.4%, 백인계 학생은 6.9% 증가했다. 백인학생 입학률은 감소한 반면에 유색인종 학생들의 입학률은 급증했다.

그럼에도 불구하고 대다수의 소수인종 신학생들(특히 라틴계와 아시안계)은 자신들이 처해 있는 사회적 환경과 문화적 배경, 그리고 이민교회에 산재한 신학적 이슈와 목회적 과제들을 충분히 감안하지 않고, 기존의 미국 신학교육 체제 하에서 (미숙한) 영어로 신학수업을 받고 있는 현실이다. 신학교육에서 언어의 장벽은 단순히 학문만의 어려움이 아니라, 신학생들의 의식구조, 사고방식, 종교관, 언어구사와 표현방법, 그리고 신학의 체계적 정립과정에서 자신의 본질을 상실케 하는 위험과 본의 아니게 자신의 신학이 교육환경이나 학문의 강압에 의하여 서구화되는 모순을 낳게 한다.

이러한 위험성은 미국의 일부 양식 있는 신학계에서도 이미 염려하고 있다. 미국신학협의회(ATS)에서 일년에 두 차례 발간하는 〈신학교육(Theological Education)〉의 최근호(vol. 38, number 2, 2002)에서는 '신학교육에 종족과 인종 다양성의 약속과 도전(The Promise and Challenge of Racial and Ethnic Diversity in Theological Education)'의 주제(Issue Focus)하에 급증하는 소수인종과 민족들을 위한 신학교육의 부재와 문제점들 그리고 당면한 과제와 필요성들을 소주제별로 나누어서 신학교육자들이 논하고 있다(이원기, 세계 속 한국 새 패러다임 모색 필요해, 크리스천 투데이, 2003년 6월 11일).

한국 신학교육의 가장 큰 문제점도 역시 미국 및 서구에서 공부한 대부분의 학자들이 한국의 수직문화를 전혀 모른 채 자신들이 공부한 교육 내용 그대로를 학생들에게 전수하는 데 있다. 한국의 신학자들도 어느 교수에게 배웠느냐에 따라 그 교수가 배웠던 서구식 신학 풍토에 은연중 물들어 있다. 다시 말해 한국적인 것들이 전혀 없다. 물론 그 교수들이 신학이 먼저 개발된 서구에서 배웠다는 데 문제가 있는 것이 아니라, 배운 그것을 한국 문화에 접목하지 못하고 그대로 가르치는 데 문제가 있다. 한국계 신학교를 나온 목회자들 중 한국의 수직문화가 약한 사람들은 서양의 학자나 믿음의 선진들은 잘 알고 흠모하면서도 한국 기독교의 믿음의 선진들은 아예 모르거나 알아도 무시하는 경우가 많다.

이제 한국 신학교도 더 늦기 전에 신학교육의 패러다임을 수정해야 한다. 첫째는 인간의 바람직한 그릇을 만들기 위해 한국인다운 한국인을 만드는 교육이다. 둘째, 그 그릇에 담을 복음의 내용과 복음 전수의 방법을 가르쳐야 한다. 셋째, 복음을 받아들인 신자들을 어떻게 성숙한 한국인 기독교인으로 양육할 수 있는지, 그 양육 방법에 초점을 맞추어야 할 것이다.

미국에서 한인 교회를 개척하여 성공한 목회자들은
대부분 한국에서 신학 공부를 마치고 미국에 건너온 목사들이다.
반면 미국 신학교만 나온 사람들은 영어나 희랍어 및 히브리어는
더 잘하는데 왜 한인 목회에 실패하고 있는가?
그 이유는 한국의 수직문화가 약하기 때문이다.
수직문화는 신앙을 담는 그릇이며 그 민족의 정체성이다.
따라서 신학교에서 한국인 2세 사역자들에게
한국의 수직문화를 가르쳐야 한다.

III. 미래 한국 민족교육을 위해 해야 할 일

왜 현대교육은 점점 발달하는데 인간은 점점 더 타락하는가? 참인간 교육은 무엇인가? 왜 세대차이가 생기는가? 이 문제를 풀기 위하여 세 권의 인성교육론을 통하여 현대 교육의 문제점과 그 원인을 분석하고 그 해결책으로 '인성교육의 본질과 원리'를 제시했다. 또한 그 대안의 예로 '현대교육과 유대인 자녀교육은 무엇이 다른가'를 다루었다.

세대차이는 기독교교육의 적이다. 이 세대차이는 수직문화와 수평문화 중에서 수직문화를 지키지 못하고 수평문화인 이 세상의 표면 문화에 동화되기 때문에 생긴다. 수평문화를 이루는 4대 요소는 첫째 개인주의, 둘째 물질주의, 셋째 과학 만능주의, 넷째 쾌락주의 등이다.

참인간을 길러 내려면 두 종류의 학문, 즉 세상학문과 사상학문 중에서 사상학문을 먼저 가르치고 세상학문을 가르쳐야 한다. 그 예로 미국 교육과 유대인 교육의 과거와 현재를 대조하여 설명했다. 미국의 경우 과거 수직문화인 청교도 사상이 우선되었을 때에 세계의 경쟁에서 승리했으나 현재 성경교육을 마다하고 세상교육만 가르치므로 어둠의 세계로 빠져들고 있다. 그러나 유대인은 역사적으로 신본주의 사상이 항상 우선하므로 지금까지 승리하며 건재하다. 가족 간에 세대차이가 없다.

　결론적으로 이제 우리는 세대차이 없는 자녀교육을 위해 무엇을 어떻게 해야 하는가? 먼저 기독교인이 나서야 한다. 한국 역사의 희망은 기독교에 있다. 한국의 근대사가 이를 증명해 주고 있다.

　한국 근대사에서 가장 어려웠던 시대는 일제 시대였다. 당시 한국의 독립과 정의를 부르짖은 대표들이 대부분 기독교인이었다. 그때 한국의 종교 분포는 98.5%가 유교, 도교 및 샤머니즘 등이었다. 기독교인은 오직 1.5%에 불과했다(크리스천 저널, 1995년 2월 23일, 미주판). 그런데도 불구하고 3·1절 기미독립선언문 기초 위원 33명 중 16명이 기독교인이었음은 무엇을 뜻하는가? 하나님은 한국의 위기 때마다 한국을 구원하시기 위하여 하나님의 백성 기독교인이 먼저 나서기를 원하신다.

　모 대학에서 《명심보감》을 필수과목에 넣었다고 발표했다. 한국인의 인성교육(Pre-Evangelism)을 위해 다행한 일이다. 그러나 여기에 머물러서는 안 된다. 이것으로 인성교육은 가능할지 모르나 인간의 영혼 구원에는 미치지 못한다. 인간교육의 마지막 목표는 영혼의 구원에 초점을 맞추어야 한다. 한 생명이 천하보다 귀하기 때문이다. 성경만이 인간의 영혼을 하나님의 형상대로 변화시킬 수 있다. 왜 인성교육이 중요한가? 그 마지막 목적도 복음을 전수하기 위한 마음의 옥토를 만들기 위함이다.

　따라서 한국인의 인성교육 내용과 함께 기독교 사상과 기독교 윤리 도덕을 한국인에 맞도록 재정립해야 한다. 그리고 자녀들에게 가르쳐야 한다. 이 길만이 우리 민족교육을 살리는 길이다. 이 일을 위해 구약 성경에 기초한 유대인의 자녀교육 방법을 연구하여 신약과 함께 개신교에 맞게 적용해야 한다. 그리고 한국인 기독교에 맞도록 적용 프로그램이 나와야 한다. 저자는 이것을 한국 기독교식 탈무드라고 부른다.

저자는 이를 위해 먼저 2세 종교교육의 방향을 제시하는 《문화와 종교 교육》(쿰란출판사, 1993, 쉐마, 2007)이란 책을 집필했고, 두 번째 4권의 인성교육론, 세 번째 유대인의 성경적 자녀교육(쉐마 시리즈), 그리고 네 번째 왜 기독교교육에 유대인 자녀교육이 필요한가를 설명하기 위해 《부모여 자녀를 제자 삼아라》(아름다운세상, 2002; 쉐마, 2005)를 집필했다. 그리고 교육신학의 기초를 놓기 위해 《잃어버린 지상명령 쉐마》(쉐마, 2006)를 집필했다. 이제 마지막으로 한국 기독교식 탈무드를 집필해야 한다.

이러한 교육자료가 완성되면 한국에 있는 한국인 2세뿐만 아니라 전 세계 한국 민족 디아스포라에 배포하여 가르쳐야 한다. '전 세계 유대인이 하나'가 된 데에는 그들의 세대차이 없는 교과서인 토라와 탈무드가 하나라는 배경이 있었다.

전 세계에 흩어진 한국인 2세 디아스포라를 똑같은 복음, 똑같은 한국인 기독교 문화로 교육시킨 뒤 그들이 거주하고 있는 지역, 즉 남아메리카나 아프리카, 러시아, 중국 등에서 원주민을 위한 선교사로 일하도록 도와야 한다. 이는 초대교회가 전세계 유대인 디아스포라를 통하여 복음을 세계에 전파한 것과 같은 논리다.*

한국인 디아스포라 2세들은 그곳에서 오랫동안 살면서 이중화를 경험했을 뿐만 아니라 그곳 언어에도 능통하다. 이는 선교를 위한 한국

---

* 《부모여 자녀를 제자 삼아라》의 쉐마선교전략 참조.

민족의 보이지 않는 커다란 자산이다. 그들에게 그들이 소유한 자산에 확실한 복음과 복음에 대한 열정만 더한다면 해외 선교에 필요한 최고의 자격을 갖춘 일꾼이 될 수 있다. 이는 저자의 새로운 선교 전략이다. 해방 이후 하나님께서 우리 한국 민족을 세계로 흩어 놓으신 목적이 바로 세계 선교를 위해서가 아니겠는가?

미주 1세 교회는 1세가 이루어 놓은 교회를 물려줄 2세 교육에 거의 실패했다.
한국인 기독교인으로 키우지 못했기 때문이다.
따라서 자녀를 기독교인 이전에 올바른 한국인으로 키우기 위해
명심보감과 신언서판 교육도 필요하다.
기독교인이 된 후에는 성화를 위해 기독교 사상과 윤리 도덕을
한국인 기독교인에게 맞도록 한국인의 가치관과 성경의 가치관을 재정립하여
자녀들에게 가르치는 것이 시급하다.
이 일을 위해 구약 성경에 기초한 유대인의 자녀교육 방법을 연구하여
신약과 함께 우리 개신교에 맞게 적용해야 한다.
그리고 한국인 기독교에 맞도록 적용 프로그램이 나와야 한다.
저자는 이것을 '한국 기독교식 탈무드'라고 부른다.

> 1800년 이상 오랜 세월 동안 유대인은 습격으로부터
> 유대인 마을을 지키기 위해 간혹 높은 벽을 쌓긴 했지만,
> 스스로를 지키기 위한 칼이나 창을 갖고 있지 않았다.
> 그 이유는 나라가 없었던 유대인은
> 지켜야 할 땅이나 군대가 없었기 때문이다.
> 그래서 유대인이 자기의 문화를 지키기 위해 사용했던 무기는
> 오직 배움뿐이었다. 성경을 배움으로써 유대인이 되고,
> 아이들에게 성경을 가르치는 것으로 유대인임을 가르쳐왔다.
>
> _마빈 토카이어

에필로그

왜 인성교육에도 원리와 공식이 필요한가

인류 역사를 뒤바꿔 놓은 몇 가지 원리와 공식들이 있습니다. 첫째는 불의 원리를 발견했습니다. 둘째는 영국에서 증기의 원리를 발견하여 산업혁명이 일어났습니다. 셋째는 뉴턴의 만유인력 법칙의 발견으로 과학이 급속히 발전하였습니다. 네 번째는 아인슈타인의 상대성 이론(E = mc2)으로, 기존 지구 및 천체의 개념이 확 바뀌었습니다. 그리고 최근 1970년대 이후 컴퓨터의 발견일 것입니다.

언뜻 보기에는 평범한 일상생활에서 발견한 것들이 많습니다. 뉴턴의 발견도 그렇습니다. 사과가 나무에서 떨어지는 것은 누구라도 알고 있었습니다. 그러나 뉴턴은 그냥 지나치지 않았습니다. '왜 하필 사과가 위에서 밑으로 떨어질까?' 란 의문을 품으며 고민했습니다. 그 결과 만유인력의 법칙을 발견했고, 그것은 세계 과학의 획기적인 진보를 가져오게 했습니다. 그래서 원리와 공식이 그만큼 중요합니다. 아무리 일을 해도 원리와 법칙(공식)을 모르면 답을 찾지 못하고 시간과 에너지만 낭비합니다.

인성교육도 마찬가지입니다. 원리를 모르니까 답을 찾지 못하고 헤매고 있습니다. 여러분이 읽은 이 4권의 '인성교육 노하우' 시리즈는 인성교육의 원리와 공식입니다.

이미 생각이 깊은 분들이라면 "현재 교육이 잘못되어 가고 있는데……"라는 심증을 갖고 있었을 것입니다. 그런데 구체적인 원리와 공식이 없었던 관계로 꼭 집어서 논리적으로 설명을 할 수가 없었을 겁니다.

더구나 젊은이들이 허구이긴 하나 나름대로 논리를 가지고 현대의 장점을 설명하며 옛것을 반박하면 '내 생각이 잘못되었나?' 하고 주춤하기도 했을 겁니다. 한 걸음 더 나아가 정상적인 삶을 사는 분들 중에도 자신들이 손해 보는 것 같아서 옳은 수직문화를 버리고 젊은이들의 육적인 수평문화를 함께 즐기는 분들도 있을 겁니다.

여러분들에게 본서는 확실한 논리적 및 학문적인 답을 드립니다. 저자가 인성교육의 원리와 공식으로 수직문화와 수평문화의 개념을 발견한 것은 전적으로 하나님의 은혜입니다. 그리고 이의 정당성을 증명하기 위해 내면적 자신감과 외면적 자신감, IQ·EQ교육, 균형 잡힌 전인교육의 원리, 교육의 내용과 형식, 국제 사회에서의 세계화의 원리와 동화의 원리 및 한국인의 인성교육 내용 등을 정리했습니다. 물론 개중에는 다른 학자의 것들도 참조했습니다.

새로 개발한 한 이론이 인정받고 실천되기까지는 다음 4가지의 검증이 필요합니다.

1) 학문적으로 검증되었는가?
2) 현장에서 철학적, 사상적 및 문화적으로 적용할 수 있는가?
3) 역사적으로 검증되었는가?
4) 성경신학적으로 검증되었는가?

저의 이론은 지난 18여 년 동안 학계와 교계의 많은 검증을 마쳤습니다[학계 및 교계에 검증에 대해서는 《쉐마교육을 아십니까?》 쉐마, 2007 참조]. 그리고 4200년간 유대인의 삶과 그들의 역사에서 증명이 된 논리들입니다.

아울러 그동안 날카로운 질문들과 조언을 해주신 많은 학자님들, 목사님들 및 학교 교사님들을 만났습니다. 지면을 빌려 그분들에게 감사를 드립니다. 물론 처음으로 연구 개발한 것들이 많기 때문에 앞으로 더 다듬고 수정 보완해야 할 부분도 있을 것입니다.

이제 자녀들의 인성이 거센 수평문화의 파도에 휩쓸려 한없이 망가지는 현실을 보고만 있을 수는 없습니다. 망설임 없이 인성교육의 원리와 공식에 대입하여 어느 것이 옳고 그른지, 왜 그것이 옳고 그른지를 판단하여 설명하고 잘못된 자녀교육을 바로잡아야 합니다. 이제는 더 이상 허망한 철학에 속아 민족의 장래를 망치는 논쟁을 피하고 분연히 일어날 때입니다. 현재 수평문화에 물든 세대가 성인이 되었을 때를 생각해 보십시오. 아찔하지 않습니까? 이 나라가 어떻게 가꾸고 지켜온 나라입니까!

인류 역사를 뒤바꿔 놓은 몇 가지 원리와 공식들이 있습니다.
영국에서 발견된 스팀의 원리나 뉴턴의 만유인력 법칙의 발견으로
과학이 급속히 발전하였습니다.
그래서 원리와 공식이 중요합니다.
아무리 일을 해도 원리와 법칙(공식)을 모르면
답을 찾지 못하고 시간과 에너지만 낭비합니다.
인성 교육도 원리를 모르니까 답을 찾지 못하고 시간과 에너지만 낭비합니다.
이제 본서의 '인성교육의 원리와 공식'을 사용해 어느 것이 옳고 그른지,
왜 그것이 옳고 그른지를 판단하여 설명하고
잘못된 자녀교육을 바로 잡아야 합니다.

부록

1. 쉐마교육 체험기 및 실천기
2. 국악 찬양

부록1 쉐마교육 체험기 및 실천기

기독교교육학적 입장

미주 한인 2세 교육의 대안을 찾았다
함성택 박사

- 한미역사학회 회장
- 중부개혁신학교 부학장
- 미국 시카고 헤브론교회 장로
- 네브래스카주립대 졸업(석·박사, Ph.D.)
- 서울대학교 사학과 1년 수료 후 국립대만대학교 졸업

편집자 주: 함성택 박사는 고(故) 함석헌 선생의 친 조카로 한국 민족의 역사의식이 투철하여 역사학을 전공하고, 미국에 유학 온 뒤 북미주 이민 교회에서 2세 교육의 대안에 대해 고민하다가 쉐마에서 그 해답을 찾았다.

먼저 나의 자녀를 제자 삼자!

나는 미국 이민 2세들을 가르치는 교육자로서 일반 교육기관 및 교회에서 교육의 목적이나 방향을 제시하는 데 문제점이 있음을 발견했다. 이제 이민 역사가 깊어지면서 한국 교회와 가정, 동포 사회는 2세와의 세대차이, 대화의 단절, 세대교체의 문제를 심각

하게 겪고 있다. 대학을 졸업한 자녀들의 90% 이상이 교회를 떠나 신앙의 전승도 힘들게 됐다.

그 이유는 1세들이 자녀교육을 제대로 준비하지 못했기 때문이다. 자녀들에게 한국인의 정체성을 심어 주지 못했고, 한국 전통 기독교 신앙 및 민족문화의 유산을 넘겨 주지 못했기 때문이다. 어디서 대안을 찾아야 하는가? 현용수 박사님은 그 대안을 유대인에게서 찾았다. 어떻게 유대인은 수천 년 동안 전 세계를 유랑하면서도 그들의 신앙과 전통을 자자손손 전수하는 데 성공할 수 있었을까?

2002년 9월 16일부터 시작된 2주에 걸친 쉐마교육에 관한 강의와, 유대인 가정과 회당 및 학교 등 그들의 종교교육을 체험하는 현장 견학은 2세 교육의 문제들을 해결할 수 있는 방법을 충분히 보여 주었다. 현용수 박사님은 기독교교육 전문가로서 왜 유대인의 쉐마교육이 기독교인에게 필요한지를 성경적이며, 교육학적으로 명쾌하게 설명해 주었다. 그리고 민족 정체성의 필요성에 대해서는 철학적 및 인류문화학적으로 명료하게 설명해 주었다.

현 교수님의 강의 중 "왜 가정은 성전인가?"에서 가정이 어떠한 개념을 갖고 있으며, 왜 중요한지에 대한 신학적 답을 제시했고, 유대인의 지혜로운 아버지 교육과 유대인의 어머니 교육 및 유대인의 효도 교육은 나에게 지금까지 들어보지 못했던 새로운 교육의 영역에 눈뜨게 해줬다. 강의 때마다 현 교수님은 "자는 아이 다시 보자. 세대차이 있나 없나!", "먼저 나의 자녀를 제자 삼자."를 따라하게 하셨다.

쉐마교육은 이민 가정과 교회에서 실제적으로 사용할 수 있으며 내 자녀를 효자로 만들고, 또 그들을 수직문화의 계승자로 교육시킬 수 있다. 또 가정교육과 성경교육을 통해 복음을 성공적으로 전하고, 교회 성장과 랠프 윈터 교수가 말한 '땅끝 선교(E-3)'를 함께 이룰 수 있는 최상의 대안이다.

쉐마교육에 의한 2세 교육 없이는 동포 사회의 교회가 발전할 수 없으며, 세대교체를 이룰 수도, 우리의 전통문화를 이어갈 수도 없다. 왜냐하면 미국은 다문화권(Multi-cultural) 사회이고, 점점 세계화되어 가고 있기 때문이다.

유대인의 교육법을 배우면서 매우 중요한 사실을 깨달았다. 유대인은 고난의 역사를 가정교육과 쉐마교육, 또 박물관 교육을 통해 후손에게 가르쳐 올바른 민족적 인성교육의 가치관을 갖게 했다. 이에 비해 우리는 유대인과 같이 고난의 역사를 가졌지만 그것을 자녀에게 가르쳐 교육적 열매를 맺었는가에 대해서는 회의적이다. 우리 자신의 가치나 과거의 문화를 높이 평가하는 데 인색한 결과, 자녀들에게 전수하는 데 실패한 것이다.

현 박사님은 이런 우리에게 기독교적, 역사적인 면에서 가정과 교회에서 2세 교육의 중요성을 강조했다. 특히 한국의 발전과 교회 성장이 여기에 달려 있다고 주장한다. 그 이유는 '우리도 영적 유대인'(롬 2:25-29)이며 이스라엘 민족이 자녀들에게 쉐마교육을 시키고 율법을 지켰을 때 하나님의 축복이 있었던(신 28장) 것처럼, 우리도 쉐마교육을 할 때 하나님의 축복을 받을 수 있다는 것을 알기 때문이다.

안타까웠던 것은 우리는 성공한 민족으로 이스라엘 민족을 연상하지만 그들의 성공 뒤에 역사적 쉐마교육이 있었다는 사실을 깨닫지 못했다는 점이다. 나는 쉐마클리닉을 통해 재미 2세 교육의 교육철학과 방법의 문제점을 발견하고 그 대안을 유대인의 쉐마교육에서 찾았다. 그리고 이의 중요성과 시급성을 동시에 발견했다. 따라서 많은 지도자들이 쉐마교육 운동에 동참하여 한민족의 2세 교육을 살리는 데 협력하기를 간절히 소원한다.

안타까웠던 것은 우리는 성공한 민족으로
이스라엘 민족을 연상하지만
그들의 성공 뒤에 역사적 쉐마교육이
있었다는 것은 깨닫지 못했다는 점이다.
쉐마교육은 복음을 성공적으로 전하고
교회 성장과 랠프 윈터 교수의
'땅끝 선교 (E-3)'를 함께 이룰 수 있는 최상의 대안이다.

교회와 사회에 적용

왜 젊은 세대가 그토록 짧은 기간에 크게 변했는지 원인 발견

김영규 목사(정윤교회)

- 고려대학교 전자공학과 졸(BS)
- 총신대학교 신대원 졸(M.div.)

막막했던 인성교육의 원리 깨달아

쉐마지도자클리닉 제7기 1학기를 수강하면서 쉐마교육 이론 체계에 대해 어느 정도 눈을 뜨게 된 것을 감사드린다. 지난 2007년 정초에 현용수 교수님을 모시고 교회에서 부흥회를 가졌다. 이어서 쉐마목회자클리닉 제6기 2학기를 수강했다.

부흥회 때는 각 주제별로 섞어서 들었기 때문에 낱낱의 말씀에 대해서는 큰 도전을 받았지만, 전체 흐름을 제대로 파악하지 못했었다. 제2학기를 먼저 듣다 보니 역시 주제별로 감동을 받았지만 무엇을 어디서부터 실행에 옮겨야 할지 감이 잡히지 않았다. 다행히 이번 강의를 들으면서 어느 정도 눈을 뜨게 되었다. 이번 교육의 핵심은 인성교육이다. 이 강의를 듣기 전에는 인성교육이 중요하다는 것을 알았지만 왜 중요한지, 인성교육의 기능과 역할이 무엇인지, 인성교육은 어떻게 시켜야 되는지 알지 못했다.

교회가 경시해 온 전통적 가치들의 재발견

그런데 이번 강의를 듣는 가운데 모든 문제가 명쾌하게 풀렸다.

첫째, 수직문화와 수평문화의 개념이다. 이제까지 문화가 교회교육에 막대한 영향을 미치고 있다는 것은 알고 있었지만, 그 문화의 성격이나 대응 방법을 알지 못했다. 문화를 수직문화와 수평문화로 나누어 분석한 것은 정말 놀라운 발견이다. 왜 젊은 세대가 그토록 짧은 기간에 그토록 크게 변했는지, 수평문화의 영향을 알고 나니 이해가 된다. 반면 왜 기성세대가 신중하고 사려 깊게 행동하고, 믿음생활을 잘 하는지도 이해가 된다. 특히 큰 소득은 그동안 교회가 경시해 온 전통적 가치들을 재발견한 것이다. 유교적 아름다운 우리 민족의 전통, 선비문화, 고전, 역사, 민요 등등. 이제 교회가 예배, 찬송 및 모든 활동에서 수평문화적 요소들을 배제하고 수직문화적 요소들을 적극 수용할 것이다.

둘째, 인성교육의 의미를 정립하게 되었다. 예전에는 인성교육을 아이들 성품을 좋게 해 주는 교육 정도로 알고 있었다. 그런데 쉐마교육을 받으면서 엄청난 의미가 있음을 깨달았다.

인성교육은 정말 중요한 2가지 의미와 역할을 한다. 첫째로 Pre-Evangelism적인 의미다. 즉 복음을 받아들일 수 있는 옥토로서 마음 밭을 준비케 한다는 점이다. 둘째는 Post-Evangelism적인 역할이다. 즉 구원받은 성도가 그리스도의 형상을 닮아가도록 교육하는 것이다. 성화는 그리스도의 평생 과제요, 궁극적인 목표다.

셋째, 교육의 틀에 대한 깨달음이다. 나는 개인적으로 전통종교를 믿다가 예수님을 믿게 되었다. 그래서 예수님 믿은 후에는 제사를 비롯한 모든 유교의 전통적인 절기나 일상생활의 의전을 버렸다. 그래서 가정에서 딱히 의전이라고 할 만한 것이 하나도 없었다. 교회도 마찬가지다. 가톨릭 교회의 의식과 의전들을 비판하면서 의전을 없애는 것을 자랑으로 여겼다. 청년부에 열린 예배를 도입한 것도 그런 맥락에서였다. 그런데 이제 교육에서 형식과 틀이 얼마나 중요한지 알게 되었다. 특히 수직문화적인 틀의 중요성이다. 구약의 유월절과 초막절 등의 절기 의식이 갖는 의미처럼 교회도 예배, 찬송, 옷차림, 순서의 격식이 중요하다. 우리 교회는 금년 초부터 청년부의 열린 예배를 없앴다. 주일학교 예배를 장년예배에 통합시켰다. 식탁과 침상에서 성구를 소리 내어 읽도록 했다. 앞으로도 바람직한 교육의 틀을 세워갈 것이다.

넷째, 율법에 대한 새로운 인식이다. 과거 내가 배우고 가르친 것은 유대인들이 613개 조항의 율법을 까다롭게 지키도록 얽매고 있다는 것이었다. 이제 그들의 그러한 삶이 성화를 이루어 가는 중요한 교육의 틀임을 깨달았다.

성도는 물론 성령의 은혜로 거듭나고 성화된다. 그러나 성령은 말씀을 통로로 역사하신다. 그런 의미에서 613개 조항의 율법을 기독교적으로 재해석하고 응용하는 노력이 필요할 것 같다. 앞으로 이 부분을 연구해 볼 생각이다. 우리교회는 쉐마와 함께 지속적으로 변하고 있다. 이제 시작이다. 앞으로 남은 목회 기간 동안 가정과 교회를 완전히 쉐마 체제로 정립하여 후임자에게 물려줄 생각이다.

학교와 사회에 적용

교육 현장에서 보낸 허송세월을 반성하며
김지자 박사

- 서울교육대학교 명예교수
- 동아일보 기자 역임
- 서울대학교 사범대학 교육학 BA.
- 서울대학교 교육대학원 교육행정 M.Ed.
- 국립 필립핀대학교 대학원 지역사회개발 Ph.D.

한국 교육 현장에 한계 느껴

나는 사범대학 출신으로 평생을 교육대학교에서 후배들 양성에 헌신했다. 그러나 교육에 대한 신념과 이론들을 펼쳐 보고자 안간힘을 써 보았지만, 실증적 대안이나 현실적인 증거가 희박했던 현실 속에서 막상 교육 현장의 가르침이란 국내외 학자들의 이론들을 전수하는 수준에 머물러 있을 뿐, 교육의 진정한 역할이나 모습은 빛을 바래가고 있구나 하는 뉘우침과 우리 교육을 어떻게 본 괘도에 올려놓을 수 있을까 하는 과제를 안고 교단을 떠난 처지였다.

그런데 뜻밖에도 현용수 박사님의 책에서 그 대안들을 찾았다. 그리고 이번에는 책만 가지고는 적용상 확신과 방안이 확실치 못하다는 갈증과, 일반교사 및 부모교육에 어떻게 이 교육을 접목할 수 있을까 하는 소명감에 그리고 그 확실한 방안을 찾아야 한다는 깊은 갈구에서 참여했다.

이번 강의 중 크게 깨달은 것이 많다. 그 중에서도 Pre-Evangelism의 시기로서 13세 이전의 인성교육이 얼마나 중요한 것이지를 뼛속 깊이 깨닫고, 그간의 교육에서 얼마나 많은 허송세월을 했던가 뉘우치게 된 것이다. 아울러 논리와 사상철학과 역사의식 그리고 민족의식에 국가를 온전한 하나님의 백성으로 그리스도의 형상을 닮아가는 성화의 과정 등의 중요성도 확실히 깨닫게 되었다.

그 어느 곳에서도 이처럼 명료한 대안 배운 경험 없어

그러나 무엇보다도 감사한 것은 교육에서 내용 못지않게 그 내용 및 목적을 달성키 위한 방법 및 형식의 중요성을 유대교(유교, 가톨릭교의 의식을 포함)의 사랑과 구원을 율법이란 형식에 담아 구체적인 언어와 방식으로 가르쳐 '깊은 생각' 과 '바른 행동' 으로 나타나게 해야 함을 깨달은 것이다. 지금껏 그 어느 곳에서도 이처럼 명료한 대안을 배운 경험이 없다. 참으로 놀라운 가르침이셨다.

더구나 촛불시위 등으로 어지러운 국내 정세를 지켜보며 과연 "어찌할꼬, 어찌할꼬."하면서 가슴을 쳐 왔는데, 이번 현 교수님의 간절하고도 단호한 외침을 들으며 참으로 저런 용기와 지혜를 주신 하나님께 감사드린다. 더 나아가서는 "나도 저리 외칠 수 있는 용기를 주옵소서!" 하며 뜨거운 기도를 올렸다.

고결함, 정직성과 도덕성 그리고 참 진리에 근거하지 않은 수평문화에 젖어 있는 한국 사회를, 건전한 그리스도의 국가로 바꾸어 가도록 남은 여생 마지막 순간까지 불태우고픈 뜨거운 소망을 결단으로 표현한다.

자녀들도 변합니다

"하나님 저는 벼랑 끝에 서 있는 이 민족을 위해 무엇을 해야 합니까?"

이찬미(부산 은혜교회, 중학교 2학년)

이번 강의를 통해 배운 것과 깨달은 것과 입은 은혜가 얼마나 많은지 모릅니다. 또 얼마나 많은 후회와 양심의 가책이 저를 때리는지 모릅니다. 여기에 적기 부끄러운 과거가 있고 엄마는 모시고 오지 못한 것이 후회됩니다.

기도회 때 회개의 기도와 함께 눈물, 콧물이 마구 쏟아졌습니다. 그리고 이번에 정말 하나님 아버지의 뜻을 묻는 기도도 했습니다. 회개기도를 열심히 하고 난 뒤 "하나님, 저는 이 불쌍한 민족을 위해, 벼랑 끝에 서 있는 이 민족을 위해 무엇을 해야 합니까?"라고 기도했습니다. 예전에는 그저 하나님께 '주세요'라고 기도했는데 현용수 교수님의 강의 중 말씀을 듣고 나서 "아, 내 뜻을 구하면 망하는구나."라는 것을 알고 하나님 뜻을 구하는 기도를 하게 되었습니다.

이러한 기도 앞에 하나님은 쉐마사역자를 세우는 기도 시간에 벌떡 일어나게 하셨고, 강의 중간중간 앞으로 무엇을 해야 되겠다는 영감이 떠오르는데 하나님이 알려주신 일이라고 저는 믿습니다. 좀 먼 미래를 향해서는 쉐마학교를 세워야겠다는 꿈을 가집니다. 유치원, 초, 중, 고등학교, 대학교와 대학원은 현 교수님이 벌써 계획 중이시니 이러한 학교들을 세워 쉐마인재로, 유대인처럼 교육을 시켜 한국, 내가 태어났고 살고 있는 이 나라를 살리는 하나님의 나라로 이끄는 지도자들을 양성해야겠다는 꿈을 가집니다.

아버지가 쉐마교육을 들으셨다 할지라도 딸 된 내가 순종하지 않는다면 우리 아버지의 노력과 꿈은 물거품이 될 것입니다. 동생들은 누나의 영향을 많이 받는데 내가 모범을 보이지 않는다면 같이 저주의 길로 가는 꼴이 됩니다. 이것을 생각하니 아버지께 너무나도 죄송하고 아찔하기도 합니다.

쉐마 1학기를 듣고 가정예배를 실천하시고자 하시는 아버지를 도와드리기는커녕 가정예배 시간을 싫어하고, 건성으로 드렸습니다. 결국 우리 가족 가정예배는 몇 번 하다가 끝나버리고 말았습니다. 익숙하지 않음과 게으름, TV 쇼 프로에 눈빛이 초롱초롱한 수평적인 믿음, 이 밖에도 내 자신과 우리 가족 안에 많은 문제가 있었습니다. 그냥 봤을 때는 문제인 줄 몰랐는데 교수님의 강의를 들으면서 그런 잘못들이 하나하나 밝혀졌습니다.

어젯밤 그 수많은 잘못들을 주님 앞에 고백했습니다. 검은 먹구름이 걷힌 듯, 축구시합에서 승리를 지켜보듯 기쁩니다. 세상에 태어나서 한 번도 받아 보지 못한 제대로 된 성교육을 받고, 이삭의 복을 받을 수 있었던 비결인 효도교육을 받고, 커서 어떤 엄마가 되고, 아내가 되고, 며느리가 되어야 할 것인가에 대한 교육을 받음으로써 저의 생각이 많이 바뀌었습니다.

교육은 반복이라는 교수님의 말씀을 기억하면서 현 교수님의 책을 읽고, 또 읽고, 정리하고, 생각하고, 감상문 쓰고, 기도하고, 성경 말씀을 공부하려고 합니다.

완전한 쉐마인이 되어 하나님의 일을 제대로 하길 원합니다. 섣부른 시작은 온전하시고 완전한 하나님의 일을 하는데 적합하지 않다고 생각합니다. 내가 우리 민족을 위해 일할 수 있도록 늘 기도하기를 원합니다. 또 다른 쉐마사역자를 위해서 기도하기를 원합니다. 무엇보다도 우리 가족을 위해 기도하고, 또 내 삶과 미래를 바꾸는 강의를 해주신 현 교수님을 위해서도 기도하기를 원합니다.

자녀들도 변합니다

운동을 핑계로 세상의 유행과 쾌락을 좇으며 살아온 삶

박예원(대구 열방교회, 고등학교 3학년)

이 세미나에 참석하게 해 주신 하나님께 감사드린다. 부모님의 강요로 오게 되어서 솔직히 기쁜 마음은 아니었다. 며칠 전부터 가기 싫다며 짜증을 내는 내게 아버지께서 물으셨다.

"네가 성공하기를 진정 원하는 사람이 학교 감독님, 코치님일까? 아빠, 엄마일까?" 변명조차도 필요 없었다. 선택의 여지가 없었다. 평소 세미나 수련회도 참석하기 싫어할 뿐더러 학교에서 여러 쓴 소리를 들으면서까지 내가 여기 와야 했나라는 생각들로 첫날은 그렇게 지나가 버렸다.

하지만 둘째 날은 달랐다. 워크숍 숙제를 통해 무언가가 가슴에 와 닿았기 때문이다. 강의 내용은 어려운 부분도 있어 이해하지 못할 때도 있었지만 뇌리 속에 하나가 박혔다. 수직문화, 수평문화를 토론하면서도 '내가 여기에 참석한 어느 학생들보다 수평문화에 물들어 살고 있구나.' '내가 운동을 핑계로 하나님을 멀리하고 세상의 유행과 쾌락을 좇아 살아 왔구나.' 지난날들을 생각하며 회개하고 울기도 했다.

처음엔 쉐마의 의미도 모르고 어떻게 훈련을 받아야 하는지 막막한 채 무작정 들었지만 이제는 현용수 교수님의 말씀 하나하나가 다 내게 하시는 말씀인 걸 알았다. 어떻게 적용하여 얼마만큼 변하느냐는 다 내게 달린 문제인 것 같다.

나는 지금까지 감독님, 코치님, 학교 선생님께 잘 보이고 싶고, 그저 세상의 부와 명예를 갖기 위해 하나님께서 원하시지 않는 삶으로 살았던 것 같아 죄송스러운 마음뿐이다. 하지만 이젠 다르다. 하나님의 기준으로 선과 악을 구분하여 오직 하나님께 잘 보이기 위한 수직문화의 삶을 살 것이다. 운동으로 삐뚤어질 수 있었던 나를 바로잡아 주신 부모님께 감사드린다.

아버지께서 내게 질문하셨듯이 내가 더 성공하기를 원하며 나를 더 사랑하시는 분은 부모님과 하나님이시다. 아버지가 원하시는 것이 바로 하나님 원하시는 게 아닐까 싶다. 앞으로의 삶을 기대하면서 살 것이다. 쉐마로 인해……

자녀들도 변합니다

말씀으로 받은 충격과 도전
박찬우(경산 한빛교회, 중학교 3학년)

이곳에 오게 된 것은 목사님이신 아버지 덕분이다. 처음에 아버지께서 쉐마목회자클리닉에 대해 설명해 주셨다. '쉐마, 그게 뭐지?' 라는 의문을 가졌지만 별로 중요치 않게 생각했는데, 이곳에 와서 비로소 '들어라' 라는 뜻을 가진 유대인의 율법교육이란 것을 알았다.

아버지의 설명을 귀담아 듣지는 않았고 교육 첫째 날에는 떠들고 장난치기에 바빴지만 둘째 날에 수평문화, 수직문화 그리고 13세 이전에 인성이나 예절 등의 모든 것이 결정된다는 말씀을 듣고 나는 큰 충격을 받았다.

내가 이때까지 살아온 세월은 비록 15년이지만 6학년까지 내가 생각하고 행동하고 생활해온 것을 되돌아보고 반성하는 시간을 갖게 되어 감사한다.

또 셋째 날과 오늘은 더 좋았다. 13세 이전을 강조하시면서 수직문화와 수평문화에 대한 예시를 많이 들어주시면서 난 그 말씀을 듣고 많은 도전을 받았다.

 수평문화에 물들게 하는 요인이 TV, 컴퓨터, 휴대전화 등 우리가 일상적으로 많이 쓰고 있는 물건들이었다. 그래서 나는 아예 휴대전화를 쓰지 말까 하는 생각과 함께 돌아가서 실천해 봐야겠다고 결심도 했다.

 앞으로는 매일 성경책을 읽고 다른 사람들이 체험한 지식을 채워주시는 하나님의 능력을 체험해 보고 싶다. 이제 나도 수평문화에 물든 나의 모습을 죽이고, 우리나라의 전통과 역사(고난의 역사)를 공부하며 우리나라의 것을 살리면서 수직문화로 돌아가고자 한다.

 내가 새 사람이 될 수 있게 해 주신 하나님과 현 교수님께 영광의 박수를 드린다.

독후감

《인성교육 노하우》를 읽고

- 이 책을 읽지 않았다면 장래에 노숙자가 될 뻔했다_장현실(초등 5학년)
- 컴퓨터를 하지 못하면 밥을 못 먹은 것처럼 괴로웠던 나의 변화_김평강(초등 6학년)
- 2~3초를 버티지 못하고 TV채널을 돌렸는데……_김기쁨(초등 6학년)
- 어긋난 자녀교육의 해법을 찾았다_안미숙(초등 2학년 학부모)
- 수평문화를 몰라 부끄러워하던 나의 모습이 오히려 부끄러웠다_조안남(교사)
- 잃어버린 꿈의 열쇠를 찾았다_이상욱 박사(목민리더스쿨 교장)

자녀들도 변합니다

이 책을 읽지 않았다면 장래에 노숙자가 될 뻔했다

장현실(부산 사상독서스쿨, 초등 5학년)

나는 아가피아스쿨에서 《인성교육 노하우》라는 책을 읽게 되었다. 조금 어려웠지만 재미있게 읽었다. 그 중에서 나에게 감동을 준 것은 수직문화와 수평문화였다.

수직문화는 유형 무형의 교육을 통해 대를 이어가면서 물려주는 인간의 정신적인 유산을 말한다. 이 유형 무형의 교육 내용은 인간의 정신적인 것, 사상적인 것, 그리고 고전적인 가치들을 말한다. 수평문화는 깊은 사상이 없는 표면에 나타난 문화이며, 이를 표면문화라고도 한다. 수직문화가 눈에 보이지 않는 인간의 정신적인 것에 가치를 부여하는 것이라면, 수평문화는 일시적이면서도 외형적이며 인간의 눈에 보여지고 만져지는 형이하학적인 가치들이다.

나는 이때까지 수평문화에 빠져 있었다. 왜냐하면 아무 생각도 하지 않고 텔레비전을 보고 컴퓨터 게임을 하곤 했다. 예전에는 학교 과제도 꾸준히 하고 부모님 말씀도 잘 들었다. 그리고 언니랑 싸우지 않고 나쁜 욕도 하지 않았다. 그런데 지금은 공부도 하지 않고 학교 갔다 오면 나도 모르게 텔레비전에 손이 간다. 연예인들이 나오는 프로그램을 보고 따라하면서 공부에는 점점 무관심하게 되었다. 욕도 하고 친구랑 싸우는 나의 모습들이 내가 봐도 너무 이상하기만 하다. 아가피아스쿨을 다니면서 조금 나아지는 것 같았는데 수평문화를 버리지 못하여 점점 아가피아 학습이 지루해졌다.

그런데 이 책을 읽고 이런 내가 너무나도 싫어졌다. '내가 어떻게 하면 수평문화를 버리고 수직문화를 이끌어 갈 수 있을까?' 라는 생각을 많이 해보았다. 그래서 텔레비전을 없애기로 결심했는데 아빠가 보시기 때문에 나 혼자만 텔레비전을 보지 않기로 했다. 하지만 욕하는 문제가 남아 있다. 그래서 언니에게 만약 내가 욕을 하면 한 대씩 때려달라고 했다.

나는 정말 문제가 큰 것 같다. 부모님을 실망시키고 싶지 않다. 앞으로는 수직문화를 만들어 가고, 생각하는 능력도 기르고, 욕도 하지 말고, 텔레비전도 보지 않는 사람이 되고 싶다. 지금은 너무나도 부족하지만 내가 수평문화를 하고 있다는 것을 알려 주신 현용수 교수님에게 감사드린다.

이 책을 읽지 않았더라면 아직도 내가 하는 헛된 행동이 잘못되었다고 생각하지 못 했을 것이다. 이렇게 계속 자란다면 아마 노숙자가 될지도 모른다. 지금부터라도 수직문화를 만들어가고 수직문화를 일상생활에서도 활용하는 내가 되도록 노력할 것이다. 하나님이 나의 모습을 지켜보신다는 것을 기억하면서 말이다.

자녀들도 변합니다

컴퓨터를 하지 못하면 밥을 못 먹은 것처럼 괴로웠던 나의 변화

김평강(부산 사상독서스쿨, 초등 6학년)

사상교회에서 열린 가을 말씀 축제 부흥회를 통해 현용수 교수님을 만나 수직문화와 유대인에 대해 알게 되었다. 그 중 수직문화에 대해 배우고 많은 감동을 받았다. 수직문화는 깊이 있는 문화로 눈에 보이지 않는 것으로 전통, 역사, 종교, 철학, 사상, 고전, 효도, 순종, 고난 등이다. 반대로 수평문화는 표면문화로 물질, 권력, 명예, 유행, 지식의 가치다. 수직문화는 인간을 깊이 생각하게 하고 인생의 의미를 찾는 문화다. 반면 수평문화는 깊은 생각을 하지 못하게 하는 인생의 재미를 찾는 문화다.

나는 이 책을 읽고 내가 수직문화보다는 수평문화에 빠져 있는 것을 발견했다. 만화, 드라마 등에서 나타나는 나쁜 문화를 보고 따라 했다. 또 컴퓨터 게임을 즐기면서 아가피아스쿨 과제 등 중요한 일을 빠뜨리기 시작했다. 컴퓨터를 하지 못하면 밥을 못 먹은 것처럼 괴로울 때도 있었다. 또 컴퓨터 게임이 깊은 생각을 하지 못하도록 나의 마음을 지배했다.

또 엄마 말씀에 순종하지 않고 꼬박꼬박 대들었다. 친구들이 엄마에게 불순종하는 것을 보고 나도 다 컸기 때문에 엄마한테 내 할 말을 하면서 대들어도 괜찮다고 생각했다. 힘든 일을 하기 싫은 것도 수평문화에 물들어서 그런 것 같다. 걱정이다. 계속 이러다간 수평문화에 더 물들 것 같다.

수평문화에 빠진 내가 수직문화로 변화하려면 첫 번째로 부모님께 효도해야 한다. 앞으로 엄마에게 대들지 않을 것이다. 두 번째로 성경말씀과 위인전 그리고 동화책을 많이 보고 뛰어난 위인들이나 훌륭한 내용을 생각하면서 수직문화로 변화하도록 노력할 것이다. 세 번째로 고난도 잘 견뎌 내야겠다. 나는 지금까지 어려운 일을 만나면 엄마한테 불평을 하고 화를 내고 하지 않으려고 고집을 부렸다. 도전하지 않으면 배우는 것이 없다고 하는데 그래서인지 난 살면서 얻은 것이 별로 없다. 지금부터라도 어려움이 오면 긍정적으로 생각하고 열심히 시도해야겠다.

내 친구 이삭이는 매일 부모님과 함께 새벽기도를 간다. 나도 이삭처럼 가끔씩이라도 엄마와 함께 새벽기도를 가야겠다. 이제 유대인처럼 말씀을 배우고 하루에 3번씩 기도하겠다. 그리고 하나님의 말씀을 읽고 암송하여 밥 먹듯이 먹을 것이다.

자녀들도 변합니다

2~3초를 버티지 못하고 TV채널을 돌렸는데……

김기쁨(인천 목민리더스쿨, 초등 6학년)

편집자 주: 인천 목민리더스쿨에는 비교독교인 학생들도 많이 있습니다. 그들도 이 책을 읽으면 변합니다.

왜 엄마가 내가 시험을 잘 치르지 못했는데도 혼을 내지 않으셨는지 알지 못했다. 하지만 이 책을 읽으면서 그 이유를 알게 되었다. 엄마는 시험점수도 중요하지만 그 과정이 더 중요하다고 생각하신 것 같다. 이 책에서도 과정이 중요하다고 나왔다. 과정만 중요한 것이 아니다. 아무리 공부를 잘한다고 해도 성품이 나쁘면 사회생활에 적응하지 못한다. 반면에 공부를 보통으로 하고 성품이 좋으면 사회생활에 잘 적응한다.

처음엔 나도 공부만 잘하려고 했다. 하지만 이 책을 읽다 보니 공부만 1등 하는 아이들이 끔찍한 일을 저질렀다. 바로 살인과 마약 등을 했다. 이 모든 사실이 바로 인성교육을 받지 못했기 때문이다. 엄마께서 왜 나를 공부에만 몰두하게 하지 않고 좋은 성품과 예절을 가르쳐 주시는지 알게 되었다. 그래서 엄마께서 왜 공부보다는 예절을 가르치는 대안학교에 보내 주시려고 하는지 알게 되었다.

나는 이 책에서 또 중요한 사실을 알게 되었다. 처음에는 몰랐지만 차츰차츰 알게 되었다. 양반이 예수님을 믿으면 양반 기독교인이 되고, 상놈이 예수님을 믿으면 상놈 기독교인이 된다. 결국 어릴 때부터 좋은 습관을 가져야 한다는 것이다.

요즘 아이들은 텔레비전을 많이 봐서 창의성과 깊게 생각하는 것을 상실했다고 한다. 2~3초에 한 번씩 텔레비전을 돌린다고 한다. 나도 2~3초를 못 버티고 채널을 돌린다. 아무리 고치려고 해도 잘 안 고쳐진다. 나도 예전보다는 무엇인가를 깊게 생각하지 않고 그냥 넘어간 적이 많아졌다. 그리고 나도 모르게 남에게 피해를 주는 일이 잦아진 것 같다. 너무 텔레비전을 많이 봐서 그런 것 같다. 그래서 이 책을 읽고서 습관을 바꾸겠다고 다짐을 했다.

첫째, 하루 3번 기도하기. 왜냐하면 나는 몇 년 전까지는 이 규칙을 잘 지켰는데 요즘에는 잘 되지 않기 때문이다. 둘째, 하루에 한번은 성경 한 구절씩 읽고 외우기. 나는 이 규칙을 지키고 싶은데 몸이 말을 듣지 않는다. 셋째, 방학 때는 새벽기도 가기, 처음에는 지겹고 힘들었는데 조금 하다 보니까 하나님의 말씀이 잘 알게 되어서 좋았다. 셋째 규칙은 빼고 2가지 규칙은 이번 주에 실천해 봐야겠다. 그래서 나도 인성교육이 잘되어 있는 미래를 향해 뛰는 사람이 되고 싶다. 쉽지는 않지만 한 가지 한 가지 실천해 나가면 나의 모습도 많이 달라질 것이다 미래를 기대하면서.

가정과 사회에 적용

어긋난 자녀교육의 해법을 찾았다

안미숙(초등 2학년 학부모)

이 세상 모든 부모들의 최대 관심사 중 하나는 자녀교육이라고 생각한다. 하지만 지금까지 내가 접한 자녀교육에 관한 책이나 정보는 '부모가 변해야 자녀가 변한다', '아이는 엄마하기에 달렸다' 와 같이 뚜렷한 방법 제시나 해결 방안 없이 현재의 교육을 비판하거나 부모의 자녀교육 부재 등의 결과에만 치중하여 잘잘못만을 가리고 원인분석이나 당위성만을 강조하여 무능한 부모인 나를 오히려 주눅 들게 하고 죄책감에 시달리게 했다.

그러다 만난 현용수 교수님이 쓰신 《인성교육의 노하우》와 《부모여 자녀를 제자 삼아라》는 메마른 인생의 사막 끝에서 만난 오아시스 같은 놀라운 발견이었다.

이전의 나의 자녀교육 방법과 사랑을 표현하는 방법이 잘못되었음을 이 책을 읽고 깨닫게 되었다. 아버지가 바쁘면 엄마가 대신해서 아버지의 역할을 해야 한다면서 아버지의 자리와 권위는 박탈한 채 아버지에게 좋은 아버지의 모습만을 보이기를 주문하고, 모든 가정의 대소사가 자녀 중심으로 짜이며 행해지는 생활이 자녀사랑이라고 생각했다.

교회만 열심히 다니고 하나님을 믿으면 저절로 훌륭한 사람이 된다며 아이들에게 성경공부를 시키지 않거나 배울 기회를 주지 않았으며, 가정예배를 소홀히 하며 안이하게 신앙생활을 했다. 우리의 전통 중에 불편을 주는 것은 없애야 한다며 전통을 무시한 채 가족들을 수평문화에 젖게 만들었다. 부모는 자식에게 무조건 베풀어야 한다며 부모님께 희생을 강요했다. 하나님이 원하시는 우리의 삶이 이렇지 않음을 알게 된 것이다.

말씀 축제와 책을 통해 많은 은혜를 받았다. 어떻게 하는 것이 자녀를 위한 교육이며 하나님의 자녀로 성장시켜 하나님의 나라를 확장하며 말씀을 전수하게 해야 하는지 조금은 알게 되었다. 자녀들을 성경 말씀대로 키우되, 아버지의 권위를 세워 가정의 중심이 되게 하며 전통을 중시 여겨 배우고 익히게 하며 예절바르고 양심이 바르게 하는 등 가정이 먼저 거룩한 성전이 되게 하는 것이다.

거룩한 성전에서 하나님의 말씀대로 배우며 지키며 부모님의 존중을 받고 자란 아이들은 세상의 빛과 소금의 역할을 완벽하게 해낼 것이다. 그리하여 하나님의 풍성한 축복을 받아 누릴 것을 믿는다. 이제 배운 대로 실천하여 이 세상에서 내게 맡겨진 두 아이를 기름진 옥토의 마음을 가진 하나님의 자녀로 키우며 영향력 있는 한국인으로 키워 낼 것이다.

가정과 사회에 적용

수평문화를 몰라 부끄러워하던 나의 모습이 오히려 부끄러웠다

조안남(광주 본원 아가피아스쿨 교사, 학부모)

유대인의 탁월함에 대해서는 참 많이 들어왔지만 구체적이지는 못했다. 이 책을 통해 유대인의 교육 부분, 특별히 인성교육에 대한 부분을 배울 수 있는 시간이어서 참 유익했다. 우리 사회가 인성교육을 강조하고 있지만 정작 그것이 무엇인지, 어떻게 하는 것인지에 대해서는 정의할 수 없었던 것이 사실이다. 이 책을 다 읽고 난 지금 내 머릿속에 인성교육에 대한 정립이 새롭게 이루어졌다.

아직 부모로서 아이들을 양육하고, 교육하는 부분에는 이르지 못했기에 이 책을 읽으며 나 자신을 먼저 많이 돌아보게 되었다. 지금의 내가 있기까지 어떤 교육을 받으며 자랐는지, 그리고 내가 받은 교육이 나를 어떻게 성장시켰고, 또 어떤 면에서 나를 자라지 못하게 했는지에 대해 생각해 볼 수 있는 시간이 되었다.

먼저 세대차이에 대해 생각해 보았다. 그 중에서도 음식에 대한 세대차이를 보면서 부모가 그렇게 만들어 가고 있다는 사실에 참 놀라웠다. 단순히 아이들의 식습관이 변해서, 환경 때문에 음식에 세대차이가 발생한다고 생각했었는데 그것이 아니었다. 부모가 어른들의 음식과 아이들의 음식을 분리시킴으로 인해 세대차이를 만들어 가고 있다는 사실이 참 충격이었다. 사실 나도 조카들을 밥 먹일 때 이런 세대차이를 만드는 장본인이었다. 특별히 이 부분이 어머니의 몫이라고 하니 내가 부모가 되어서 이런 잘못을 저지르지 않도록 신경 써야겠다.

나는 이 책에서 다루고 있는 수직문화와 수평문화가 참 생소하면서도 의미가 깊다는 사실을 발견할 수 있었다. 그리고 수직문화와 수평문화가 자신감에 미치는 영향을 살펴보면서 내 신앙의 부분도 살펴볼 수 있었다. 내가 성령으로 충만할 때에는 어떤 수평문화가 들어와도 나의 신앙은 끄떡하지 않았다. 하지만 내가 말씀으로 바로 서지 못하고, 나의 신앙생활이 바르지 못한 선을 걷고 있을 때에는 여지없이 수평문화에 무너져 죄를 일삼고 있는 내 모습을 흔히 볼 수 있었다. 이것이 수직문화와 수평문화에서 발생되었음을 새롭게 알게 되었다.

사실 나는 수평문화에 대해 많은 관심을 두고 있지 않았다. 하나님을 만나면서 더 많이 수직문화에 취하여 살아왔다고 볼 수 있다. 하지만 종종 수평문화를 몰라 무시당하고, 다른 사람들과 대화가 되지 않을 때는 수평문화를 잘 알지 못했던 내가 부끄러울 때가 있어서, 그 수평문화 속에 빠져들기 위해 노력했던 적도 있었다. 하지만 이 책을 읽고 나서 수평문화를 몰라 부끄러워했던 나의 모습이 오히려 부끄러워졌다. 앞으로는 수직문화를 더 강화시키고 수평문화를 차단하여 강한 내면적 자신감을 소유한 사람이 되고 싶다.

가정과 사회에 적용

잃어버린 꿈의 열쇠를 찾았다
이상욱 목사(목민리더스쿨 교장, 신약학 박사)

한민족의 흥망성쇠는 교육에 달려있다. 그 교육이 어떠한 목적을 가지고 얼마나 멀리 바라보느냐에 따라 그 나라 명운도 함께 함을 역사는 보여 준다. 신라의 화랑교육이 한반도를 하나로 만들고, 조선의 서당교육이 500여 년의 조선 역사를 이어갔듯이 교육은 말 그대로 백년지대계다.

그런데 오늘날 우리의 교육은 무엇을 향하고 있는가? 신라의 화랑은 불국을 꿈꾸며 국민을 하나로 모았고, 조선의 서당은 유교의 나라를 꿈꾸며 그 몫을 다했다면 과연 오늘 우리 교육은 어떤 나라를 꿈꾸고 있는가. 종교의 다원화로 인해 결국 무신론주의, 물질주의, 과학만능주의에 빠져 비전을 잃고 무원칙교육론에 빠져 방황하지않는가.

이제 우리는 이 방황의 늪에서 헤어 나올 비결을 간절히 원한다. 우리와 같은 처지지만, 아니 우리보다 더 못한 처지였지만 세계에 우뚝 서 호령하는 유대인을 보자. 그들은 바빌론 제국 속에서도, 페르시아

제국 속에서도, 천 년의 로마 제국 속에서도 소화되지 아니했다. 무엇이 그들로 하여금 그렇게 견디게 했는가. 현용수 박사는 《인성교육 노하우》에 그 비법을 담아 놓았다.

그 비법이 바로 교육을 통한 강력한 수직문화의 전수다. 한때 유행하며 휩쓸고 지나가는 수평문화와 달리 변질되지 않고 한 민족의 세대 간 격차를 줄이며 하나로 뭉치게 만드는 강력한 수직문화 교육시스템! 이러한 교육제도에서 우리는 희망을 건져 본다. 우리에게도 한때 동방예의지국이라는 찬사를 받을 만큼 강력한 수직교육제도가 있었다. 이제 다시 우리는 우리 고유의 문화를 오늘날 시대에 맞게 온고지신해야 한다.

이제 우리는 희망의 불꽃을 다시 피울 수 있게 되었다. 이 책을 읽고 새롭게 다짐하는 아이들을 보면서 잃어버렸던 꿈의 열쇠를 되찾았기 때문이다. 아이들의 빛나는 눈을 보면서 어떻게 우리 것을 새롭게 하여 탁월하게 만들어갈 것인가. 오늘도 목민리더스쿨은 즐거운 꿈을 꾼다.

부록2 국악 찬양

쉐마 3대 찬양

작사 : 현용수 　　　　　　　　　　　작곡 : 류형선

우리집 3대가 찬양드린다 이세상 부러움 그 무어냐
한교회 3대가 예배드린다 이세상 두려움 그 무어냐
한민족 대대로 경배드린다 이세상 만방의 빛이로다

우리집 3대가 예수님의 사랑을 전수한다 -
한교회 3대가 하나님의 복음을 전수한다 -
한민족 대대로 하나님의 말씀을 전수한다 -

할렐루야 (할렐루야) 할렐루야 (할렐루야)

얼씨구나 좋다 지화자-좋네 사랑이 전수된다
얼씨구나 좋다 지화자-좋네 복음이 전수된다
얼씨구나 좋다 지화자-좋네 말씀이 전수된다

참고자료 (References)

외국 자료

Abramov, Tehilla. (1988). *The Secret of Jewish Femininity*. Southfield, MI: Targum Press Inc.

Adahan, Miriam. (1995). *The Miriam Adahan Handbook: The Family Connection*. Southfield, MI: Targum Press Inc.

_____. (1994). *The Miriam Adahan Handbook: After the Chuppah*. Southfield, MI: Targum Press Inc.

_____. (1994). *The Miriam Adahan Handbook: Nobody's Perfect*. Southfield, MI: Targum Press Inc.

_____. (1988). *Raising Children to Care*. Jerusalem, Israel: Feldheim Publishers.

Aiken, Lisa. (1996). *Beyond bashert: A guide to enriching your marriage*. Northvale, NJ: Jason Aronson Inc.

Agron, David. (1992). *Soviet Jews: A Field God Has Plowed*. Fuller Theological Seminary School of World Mission, ThM Thesis. Pasadena, California.

Agus, J. B. (1941). *Modern Philosophies of Judaism*. New York, NY: Behrman's Jewish Book House.

Allis, O. T. (1982). *The Five Books of Moses*. Translated into Korean by Jung-Woo Kim. Seoul: Christian Literature Crusade.

Allport, G. W. (1946). Some Roots of Prejudice. *Journal of Psychology*, 22, 9-39.

_____. (1950). *The Individual and His Religion*. New York: Macmillan.

_____. (1954). *The Nature of the Prejudice*. Cambridge, MA: Addison-Wesley.

_____. (1959). Religion and prejudice. *Crane Review*, 2, 1-10.

_____. (1960). *Personality and Social Encounter*. Boston: Beacon.

_____. (1963). Behavioral Science, Religion, and Mental Health. *Journal of Religion and Health*, 2, 187-197.

_____. (1966a). The Religious Context of Prejudice. *Journal for the*

Scientific Study of Religion. 5, 447-457.

_____. (1968). *The Person in Psychology*. Boston: Beacon.

Allport, G. W. , & Ross, J. M. (1967). Personal Religious Orientation and Prejudice. *Journal of Personality and Social Psychology*, 5, 432-443.

Angoff, Charles. (1970). *American Jewish Literature*. New York, NY: Simon and Schuster.

Baeck, Leo. (1958). *Judaism and Christianity*. Philadelphia: Jewish Publication of America.

Barclay, William. (1959a). *Train Up A Child*. Philadelphia: Westminster Press.

_____. (1959b). *Educational Ideals in the Ancient World*. Grand Rapids, MI: Baker House.

Barker, K. (1985). *The NIV Study Bible*. Grand Rapids, MI: Zondervan.

Bavinck, Herman. (1988). *개혁주의 교의학*. 이승구 역, 서울: 기독교문서선교회.

_____. (1988). *개혁주의 신론*. 이승구 역, 서울: 기독교문서선교회.

Bedwell, et al. (1984). *Effective Teaching*. Springfield, IL: Charles C. Thomas.

Bennett, William J. (1993). *The Book of Virtues*. New York, NY: Simon & Schuster.

Benson, C. H. (1943). *History of Christian Education*. Chicago, IL: Moody Press.

Ben-Sasson, H. H. Editor. (1976). *A History of the Jewish People*. Cambridge, MA: Harvard University Press.

Berenbaum, Michael. (1993). *The World Must Know, The History of the Holocaust As Told in the United States Holocaust Memorial Museum*. Boston, MA: Little, Brown and Company.

Berkhof, Louis. (1971). *Systematic Theology*. London: Banner of truth.

_____. (1983). *Manual of Christian Doctrine*. Grand Rapid, MI: Eerdmans.

Bigge, Morris L. (1982). *Learning Theories for Teachers*. New York, NY: Harper & Row.

Birnbaum, Philip. (1991). *Encyclopedia of Jewish Concepts*. New York, NY: Hebrew Publishing Company.

Bloch, Avrohom Yechezkel. (   ). *Origin of Jewish Customs: The Jewish*

Child. Brooklyn, NY: Z. Berman Books.

Botterweck & Ringgren, ed. (1977). *Theological Dictionary of the Old Testament, Vol. 1.* Grand Rapids, MI: Eerdman Publishing Company.

Bower, G & Hillgard, E. R. (1981). *Theories of Learning.* Englewood Cliffs, NJ: Prentice-Hall.

Boyer, Barbara. Grossberg, *Peterson Sent to Jail.* Philadelphia Inquirer, July 10, 1998.

Branden, Nathaniel. (1985). *Honoring the Self: Self-Esteem and Personal Transformation.* New York, NY: Bantam.

_____. (1988). *How to Raise Your Self-Esteem.* New York, NY: Bantam.

_____. (1995). *Six Pillars of Self-Esteem.* New York, NY: Bantam.

Bridger, David. ed. (1962, 1976). *The New Jewish Encyclopadia.* West Orange, NJ: Behrman House, Inc.

Brown, Collin, ed. (1975). *The New International Dictionary of New Testament Theology, Vol. 1.* Grand Rapids, MI: Regency Reference Library, Zondervan.

Brown, Driver & Briggs. (1979). *The New Brown – Driver – Briggs – Genesis Hebrew and English Lexicon.* Peabody, Ma: Hendrickson Publishers.

Brown, Michael. (1989). *The American Gospel Enterprise.* Shippensburg, PA: Destiny Image Publishers.

_____. (1992). *Our Hands Are Stained with Blood.* Shippensburg, PA: Destiny Image Publishers.

_____. (1994). *Our Hands Are Stained with Blood.* Translated into Korean by Hansarang World Mission College Press. Seoul: Hansarang World Mission College Press.

_____. (1990). *How Saved Are We?* Shippensburg, PA: Destiny Image Publishers.

_____. (1991). *Power of God.* Shippensburg, PA: Destiny Image Publishers.

_____. (1993). *It's Time to Rock the Boat.* Shippensburg, PA: Destiny Image Publishers.

_____. (1995a). *Israel's Divine Healer.* Grand Rapids, MI: Zondervan Publishing House.

_____. (1995b). *High-Voltage Christianity.* Lafayette, LA: Huntington

House Publishers.

Bryant, Alton. Editor. (1967). *The New Compact Bible Dictionary*. Grand Rapids, MI: Zondervan.

Calvin, John. (1981). *Genesis, the Pentateuch, Vol. I*. Grand Rapid, MI: Baker Book House.

_____. (1981). *Exodus, the Pentateuch, Vol. II*. Grand Rapid, MI: Baker Book House.

_____. (1981). *Institutes of the Christian Religion*. Translated by Moon Jae Kim, Seoul: Haemoon-sa.

Canfield, Jack. (1993). *Chicken Soup for the Soul*. Deerfield Beach: Health Communications, Inc.

Chait, Baruch. (1992). *The 39 Avoth Melacha of Shabbath*. Jerusalem, Israel: Feldheim Publishers, Ltd.

Chung, Susan. (2001). *Educational Advices, in Christian Herald*. September 23, 2001. p. 9. LA, CA.

Cohen. (1992). *The Psalms. Revised by Rabbi Oratz*. New York, NY: The Soncino Press, Ltd.

Cohen, Abraham. (1983). *Everyman's Talmud*. Translated in Korean by Ung-Soon Won, Seoul: Macmillian

_____. (1995). *Everyman's Talmud*. New York, NY: Schocken Books.

Cohen, Simcha Bunim. (1993). *Children in Halachan*. Brooklyn, NY: Mesorah Publications, Ltd.

Coleman, William L. (1987). *Environments and Customs of Bible Times*. Seoul: Seoul books.

Commonweal(Magagine). (1981). April 24.

Complete Word Study Dictionary(The). (1992). *Complied and edited by Spiros Zodhiates*. Chattanooga, TN: AMG Publishers.

Cooper, James. (1986). *Class Room Teaching Skills*. Lexington, MA: D. C. Heath and Company.

Cross and Markus. (1999). The Cultural Constitution of Personality. *Handbook of Personality*. Edited by Pervin and John. pp. 378-396, New York, NY: The Guilford Press.

Daloz, Laurent A. (1986). *Effective Teaching and Mentoring*. San Francisco,

CA: Jossey-Bass.

Darmesteter, A. (1897). *The Talmud*. Philadephia: The Jewish Publication Society of America.

Debour, Rolang. (1992). *Social Customs in Old Testaments(I)*. Seoul: Kidok Jungmoon-sa.

_____. (1993). *Social Customs in Old Testaments(II)*. Seoul: Kidok Jungmoon-sa.

Derovan & Berliner. (1978). *The Passover Haggadah*. Los Angeles, CA: Jewish Community Enrichment Press.

Dewey, John. (1916). *Democracy and Education*. New York, NY: The Free Press.

_____. (1938). *Experience and Education*. New York, NY: Macmillian publishing Co.

Ditmont, Max I. (1979). *Jews, God and History(한국역: 이것이 유대인이다)*. Translated into Korean by Young Soo Kim, Seoul, Korea: 한국기독교문학연구 출판부.

Dobson, James. (1992). *Dare to Discipline*. Wheaton, IL: Tyndale House Publisher, inc.

Doerksen, V. D. (1965). *The Biblical Doctrine of Progressive Sanctification*. Unpublished ThM. Thesis of Talbot Seminary.

Donin, Hayim Halevy. (1972). *To Be A Jew: A Guide to Jewish Observance in Contemporary Life*. USA: Basic Books.

_____. (1977). *To Raise A Jewish Child: A Guide for Parents*. USA: Basic Books.

_____. (1980). *To Pray As A Jew: A Guide to the Prayer Book and the Synagogue Service*. USA: Basic Books.

Drazin, N. (1940). *History of Jewish Education*. Baltimore: The Johns Hopkins press.

Eavey, C. B. (1964). *History of Christian Education*. Chicago, IL: Moody.

Ebner, Eliezer. (1956). *Elementary Education in Ancient Israel*. New York: Bloch publishing Co.

Emma Gee. (1976). *Counter Point, Perspectives on Asian America*.

Encyclopedia Britannica, Macropaedia, Vol. 10. (1979). Chicago, IL: Encyclopedia Inc.

Encyclopaedia Britannica, Micropaedia, Vol. V. (1979). Chicago, IL: Encyclopedia Inc.

Encyclopaedia Britannica, Micropaedia, Vol. IX. (1979). Chicago, IL: Encyclopedia Inc.

Encyclopaedia of Judaica. (1993). Decennial Books 1983–1992. NY: Mc Millan.

Erikson, E. (1959). *Identity and the Life Cycle, Psychological Issues. Vol. 1.* New York: International University Press.

Erikson, E. (1959). *Dimensions of New Identity (1st Ed.).* New York: W. W. Norton & Co.

———. (1963). *Childhood and Society (2nd Ed.).* New York: W. W. Norton & Co.

———. (1968). *Identity Youth and Crisis.* New York: W. W. Norton & Co.

———. (1982). *The Life Cycle Completed.* London: W. W. Norton & Co.

Feldman, Emanuel. (1994). *On Judaism.* Brooklyn, NY: Shaar Press.

Feldman, Sharon. (1987). *The River the Kettle and the Bird.* Spring Valley, NY: Philip Feldheim Inc.

Fowler, J. W. (1981). *The Psychology of Human Development and the Quest for Meaning.* New York: Harper & Row, Publishers, Inc.

Friedman, Avraham Peretz. (1992). *Table for Two.* Southfield, MI: Targum Press Inc.

Fromm, Erich. (1989). *The Art of Loving.* NY: Harper & Row, Publishers.

Fuchs, Yitzchak Yaacov. (1985a). *Halichos Bas Yisrael, A Woman's Guide to Jewish Observance. Vol. 1.* Oak Park, MI: Targum Press.

———. (1985b). *Halichos Bas Yisrael, A Woman's Guide to Jewish Observance. Vol. 2.* Oak Park, MI: Targum Press.

Gangel, K & Benson, W. (1983). *Christian Education: It's History & Philosophy.* Chicago: Moody Press.

Geiger, K. (1963). *Further Insights Into Holiness.* Kansas City: Beacon Hill Press.

Goetz, Bracha. (1990). *The Happiness Book.* Lakewood, NJ: CIS Publishers and Distributors.

Gold, Avie. (1989). *Artscroll Youth Pirkei Avos.* Brooklyn, NY: Mesorah Publications Ltd.

Golding, Goldie. (1988). *Arrogant Ari*. Brooklyn, NY: Sefercraft, Inc.

Goleman, Daniel. (1995). *Emotional Intelligence*. New York, NY: Bantam Books.

Gollancz, S. H. (1924). *Pedagogies of the Talmud and That of Modern Times*. London: Oxford University press.

Gordon, M. M. (1964). *Assimilation in American Life*. New York, NY: Oxford University Press.

Greenbaum, Naftali. (1989). *Honor Your Father and Mother*. Bnei Brak, Israel: Mishor Publishing Co. , Ltd.

Grider, J. K. (1980). *Entire Sanctification: The Distinctive Doctrine of Wesleyanism*. Kansas City: Beacon Hill Press.

Guder, Eileen. (1982). *We are Never Alone*. Translated by Eujah Kwon, Seoul: Voice Publishing Company.

Han, Woo Keun. (1970). *The History of Korea*. Seoul: Eul-yoo Publishing Co.

Hauslin, Leslie. (1990). *The Amish: The Ending Spirit*. New York: Crescent Books/Random House.

Hefley, James. (1973). *How Great Christians Met Christ*. Chicago, IL: The Moody Bible Institute of Chicago.

Heller, A. M. (1965). *The Jew and His World*. New York, NY: Twayne Publishers, Inc.

Heller, Rebbetzin Tziporah. (1993). *More Precious Than Pearls*. Spring Valley, NY: Feldheim Publishers.

Hertz, Joseph H. (1945). *Sayings of the Fathers(Ethics of the Fathers)*. USA: Behrman House Inc.

Hirsch, Samson Raphael. (1988). *Collected Writings of Rabbi Samson Raphael Hirsch*. Jerusalem, Israel: Feldheim Publishers Ltd.

_____. (1989a). *Genesis, the Pentateuch, Vol. I*. Gateshead: Judaica Press Ltd.

_____. (1989b). *Exodus, the Pentateuch, Vol. II*. Gateshead: Judaica Press Ltd.

_____. (1989c). *Leviticus, the Pentateuch, Vol. III*. Gateshead: Judaica Press Ltd.

_____. (1989d). *Numbers, the Pentateuch, Vol. IV*. Gateshead: Judaica Press Ltd.

_____. (1989e). *Deuteronomy, the Pentateuch, Vol. V*. Gateshead: Judaica

Press Ltd.

_____. (1990). *The Pentateuch.* Edited by Ephraim Oratz, New York, NY: Judaica Press, Inc.

Holloman, H. W. (1989). *Highlights of the Spiritual Life(N. T).* Unpublished class syllabus of Talbot School of Theology.

Holocaust(The). (   ), Yad Vashem, Jerusalem: W. Turnowasky & Son Ltd.

Holy Bible. (NIV, KJV). (1985).

The Jewish Bible. TANAKH, The Holy Scriptures by JPS, 1985.

Hook, S. (1950). *John Dewey.* New York, NY: Barnes & Noble, Inc.

Hurh & Kim. (1984). *Korean Immigrants in America.* Cranbury, NJ: Associated University.

Hyun, Yong Soo. (1990). *The Relationship between Cultural Assimilation Models, Religiosity, and Spiritual Well-Being Among Korean-American College Students and Young Adults in Korean Churches in Southern California.* Doctoral dissertation(Ph.D.), Biola University, Talbot School of Theology, La Mirada CA. Ann Arbor: University Microfilms International.

_____. (1993). *Culture and Religious Education.* Seoul: Qumran.

_____. (1993). *Jewish Education Seminar Note.* Los Angeles, CA: SCEI.

_____. (1993). *Jewish Education Seminar Cassette Tapes.* Los Angeles, CA: SCEI.

Ives, Robert. (1991). *Shabbat and Festivals Shiron.* Beverly Hills, CA: The Medi Press.

Jacobs, Louis. (1984). *The Book of Jewish Belief.* New York, NY: Behrman House, Inc.

_____. (1987). *The Book of Jewish Practice.* West Orange, NJ: Behrman House, Inc.

Jensen, I. R. (1981a). *Genesis: A Self-Study Guide.* Translated into Korean by In-Chan Jung. Seoul: Agape Publishing House

_____. (1981b). *Exodus: A Self-Study Guide.* Translated into Korean by In-Chan Jung. Seoul: Agape Publishing House.

Josephus. (1987). *Wars of Jews, VII.* Translated by Jichan Kim, Seoul, Korea: Word of Life Press.

Joyce, B & Weil, M. (1986). *Models of Teaching*. Englewood Cliffs, NJ: Prentice-Hall.

Kaplan, Aryeh. (1983). *If You Were God*. New York, NY: Olivestone Print Communications, Inc.

Kaufman, Y. The Lawyers Unite. (Sept. 1985). *Moment* 10, 8. 45-46.

Keil & Delitzsch. (1989a). *Genesis, the Pentateuch, Vol. I*. Grand Rapid, MI: Hendrickson.

_____. (1989b). *Exodus, the Pentateuch, Vol. II*. Grand Rapid, MI: Hendrickson.

Kling, Simcha. (1987). *Embracing Judaism*. New York, NY: The Rabbinical Assembly.

Koh, Yong Soo. (1994). *A Theology of Christian Education as Encounter*. Seoul: Presbyterian Theological Seminary Press.

Kohlberg, L. (1981). *Essays on Moral Development: The Philosophy of Moral Development*. (Vol. 1). New York: Harper & Row.

_____. (1984). *Essays on Moral Development: The Psychology of Moral Development*. (Vol. 2). New York: Harper & Row.

Kolatch, Alfred J. (1981). The Jewish Book of Why. Middle Village, NY: Jonathan David Publishers, Inc.

_____. (1985). *The Second Jewish Book of Why*. Middle Village, NY: Jonathan David Publishers, Inc.

_____. (1988). *This Is the Torah*. Middle Village, NY: Jonathan David Publishers, Inc.

Korea Times(The), (Los Angeles Edition), (1989). *Korean-American Population Increase*. May 26.

Kosmin, Barry. (1990). *Exploring and Understanding the Findings of the 1990 National Jewish Population Survey*. Unpublished research paper in University of Judaism. Los Angeles: CA.

Kuyper, A. (1956). *The Work of the Holy Spirit. trans*. Henri De Vries, Grand Rapids: Wm. B. Eerdmans Publishing Company.

LaHaye, Beverly. (1978). *The Spirit Controlled Woman*. Translated by Eun-Soon Yang. Seoul: Word of Life Press.

Lamm, Maurice. (1969). *The Jewish Way in Death and Mourning*. New York: Jonathan David Publishers.

_____. (1980). *The Jewish Way in Love and Marriage*. Middle Village, NY: Jonathan David Publishers, Inc.

_____. (1991). *Becoming a Jew*. Middle Village, NY: Jonathan David Publishers, Inc.

_____. (1993). *Living Torah in America*. West Orange, NJ: Behrman House, Inc.

Lampel, Zvi. trans. (1975). *Maimonides' Introduction to the Talmud*. New York, NY: Judaica Press.

Lange, J. p. (1979). *The Book of Genesis I & II*. Translated into Korean by Jin-Hong Kim. Seoul: Packhap.

Lapin, Daniel. (2001). *Buried Treasure*. Sisters. OR: Multnomah Publishers, Inc.

_____. (2002). *Thou Shall Prosper(Ten Commandments for Making Money)*. Hoboken, NJ: John Wiley & Sons, Inc.

_____. (2004). *선한 부자를 위한 10계명[원제: Thou Shall Prosper(Ten Commandments for Making Money]*. Translated into Korean by Jae Hong Kim. Seoul: Siat Publishing Co.

Lee, Nam-Jong. (1992). *Christ in the Pentateuch*. Seoul: Saesoon Press.

Lee, Sang-Keun. (1989). *Genesis, the Lee's Commentary*. Seoul: Sungdung-sa.

_____. (1989). *Exodus, the Lee's Commentary*. Seoul: Sungdung-sa.

Lee, Sung Eun. (1985). *Conflict Resolution Styles of Korean-American College Student*. Ann Arbor, MI: University Microfilms International, A Bell & Howell Information Company.

Leedy, p. D. (1980). *Practical Research*. New York, NY: Mcmillan.

Leri, Sonie B. & Kaplan, Sylvia R. (1978). *Guide for the Jewish Homemaker*. New York, NY: Schocken Books.

Leupold, H. C. (1942). *Exposition of Genesis. Vol. I*. Grand Rapids: Baker.

_____. (1974). *Exposition of the Psalms*. Grand Rapids: Baker.

Levinson et al. , (1978). *The Season's of Man's Life*. New York, NY: Alfred A. Knopf.

Lipson, Eric-Peter. (1986). *Passover Haggadah*. USA: Thomas Nelson, Inc.

Los Angeles Times. *Annual Income, Americans vs. Jews*. April 13, 1988. p. 14.

_____. *Police Link Slain Honor Student to Theft Scheme*. 1993, January 6,

A1, 13.

_____. *Slaying of Honors Student Detailed*. 1994, April 8, A3.

_____. *2 Rabbis Accused of Molesting Girl*. 15. 1995, June 2, B1.

_____. *Hostage Drama in Moscow*. 1995, Oct. 15, A1, 4.

Lowman, Joseph. (1984). *Mastering the Techniques of Teaching*. San Francisco, CA: Jossey-Bass.

Luther, Martin. (1962). *On the Jews and Their Lies*. trans. Martin H. Bertram, in Martin Luther's Works, 47:268-72(1543). Philadelphia, Pa: Muhlenberg.

Luzzatto, Moshe Chaim. (1989). *The Ways of Reason*. Jerusalem, Israel: Feldheim Publishers Ltd.

MacArthur, John. (2001). *Successful Christian Parenting*. Translated into Korean by Ma Young Rae, Seoul: Timothy Publishing House.

Maertin, Doris & Boeck, Karin. (1996). *E.Q. Munchen*. Translated into Korean by Myong Hee Hong. Germany: Wilhelm Heyne, Veriag Gmbtt & Co.

Matzner-Bekerman, Shoshana. (1984). *The Jewish Child: Halakhic Perspectives*. New York, NY: KTAV Publishing House, Inc.

McGavran, Donald. (1980). *Understanding Church Growth*. Grand Rapid, MI: Zondervan.

Meier, Paul. (1988). *Christian Child-Rearing and Personality Development*. Translated into Korean by Jeoung Hee-Young. Seoul: Chongshin College Press.

Miller, Basil. (1943). *John Wesley*. Grand Rapid, MI: Zondervan Publishing House.

Miller Yisroel. (1984). *Guardian of Eden*. Spring Valley, NY: Feldheim Publishers.

Milwaukee Journal Sentinal. July 7, 1998.

Moment, No. 10, 8, 1985.

_____. January and February 1988.

_____. No. 9, 1988.

Morris, V. C. & Pai, Y. (1976). *Philosophy and American School*. Boston: Houghton Miffin.

Munk, Meir. (1989). *Sparing the Rod*. Brooklyn, NY: Mishor Publishing Co., Ltd.

Murray, Charles. (2007). *Jewish Genius.* Commentary, April, 2007, p. 30.

Narramore, Clyde M. (1979). *A Woman's World.* Grand Rapids, MI: Zondervan Publishing House.

Neath, Ian. (1998). *Human Memory.* Pacific Grove, CA: Brooks/Cole Publishing Co.

The New Compact Bible Dictionary. (1967). Editor; Alton Bryant. Grand Rapids, MI: Zondervan.

The New International Dictionary of New Testament Theology Vol. 1. Edited by Collin Brown, 1975, Grand Rapids, MI; Regency Reference Library, Zondervan.

Nye, Joseph Jr. (1990). *Bound to Lead: The Changing Nature of America Power.* Translated in Korean by No-Woong Park. (21세기 미국파워). Seoul: The Korea Economic Daily.

Orlowek, Rabbi Noach. (1993). *My Child, My Disciple.* Nanuet, NY: Feldheim Publishers.

Oxford Advanced Learner's Dictionary of Current English as Hornby(혼비영영한사전). (1987). 서울: 범문사.

The Outlook, Rabbi's Aide Gets 22 Months in Prison. 1996, Jan. 20. B1.

Payne, J. B. (1954). *An Outline of Hebrew History.* Grand Rapid, MI: Baker Book House.

Pervin and John. ed. (1999). *Handbook of Personality.* New York, NY: The Guilford Press.

Piaget, Jean. (1972). *Biology and Knowledge.* Chicago, IL: The University of Chicago Press and Edinburgh: Edinburgh University Press.

Pilkington, C. M. (1995). *Judaism.* Lincolnwood, Il: NTC Publishing Group.

Paloutzian, R. F., & Ellison, C. W. (1982). *Loneliness, Spiritual Well-Being and Quality of Life. In L. A. Peplau and D. Perlman (Eds). Loneliness: A Sourcebook of Current Theory,* Research and Therapy. New York: Wiley Interscience.

Hiebert, Paul G. (1985). *The Missiological Implications of an Epistemological Shift. Theological Students Fellowship.* 8(5): 12-18.

Radcliffe, Robert J. Bloom's Taxonomy-Cognitive Domain Levels of Critical Thinking. *Peabody Journal of Education,* 3/70.

Radcliffe, Sarah Chana. (1988). *Aizer K'negdo: The Jewish Woman's Guide to Happiness in Marriage*. Southfield, MI: Targum Press Inc.

Radcliffe, Sarah Chana. (1989). *The Delicate Balance*. Southfield, MI: Targun Press Inc.

Rashi. (1996). *The Metsudah Chumash. vol. V*. Hoboken, NJ: KTAV Publishing House.

Ratner, J. (1928). *The Philosophy of John Dewey*. New York, NY: Henry Holt and Co.

Rausch, David A. (1990). *A Legacy of Hate: They Christians Must Not Forget the Holocaust*. Grand Rapids: Baker.

Reuben, Steven Carr. (1992). *Raising Jewish Children In A Contemporary World*. Rocklin, CA: Prima Publishing.

Sanders, E. P. (1995). *Paul, the Law, and the Jewish People*. Translated by Jin-Young Kim, Seoul: Christian Digest.

Scherman, Nosson. (1992). *The Complete ArtScroll Siddur*. NY: Mesorah Publication, Ltd.

Scherman, Nosson & Zlotowitz, Meir. Editors (1994). *The Chumash*. Brooklyn, NY: Mesorah.

Schlessinger, B. & Schlessinger, J. (1986). *The Who's Who of Nobel Prize Winners*. Oryx Press.

Seitz, Ruth. (1991). *Amish Ways*. Harrisburg, PA: RB Books.

_____. (1989). *Pennsylvania's Historic Places*. Intercourse, PA: Good Books.

Seymour Sy Brody, Art Seiden(Illustrator), (1996). *Jewish Heroes and Heroines of America: 150 True Stories of American Jewish Heroism*. New York, NY: Lifetime Books.

Shapiro, Michael. (1995). *The Jewish 100*. Secaucus, NJ: Carol Publishing Group.

Shilo, Ruth. (1993). *Raise A Child As A Jew*. Translated and edited by Hyun-Soo Kim, Gae-Sook Bang. Seoul: Minjisa.

Singer, Shmuel. (1991). *A Parent's Guide to Teaching*. Hoboken, NJ: Ktav Publishing House, Inc.

Skinner, B. F. (1969). *Contingencies of Reinforcement*. Meredith.

Solomon, Victor M. (1992). *Jewish Life Style*. Translated into Korean by

Myung-ja Kim, Seoul: Jong-ro Books.

Stalnaker, Cecil. (1977). *The Examination and Implications of Hebrew Children's Education Through A. D. 70.* A Unpublished ThM Thesis, Biola University, Talbot School of Theology.

Stevenson, William. (1977). *90 minutes at Entebbe Airport.* Translated into Korean by Yoon Whan Jang. Seoul: Yulwhadang.

Swift, Fletcher H. (1919). *Education in Acient Israel from Earliest Times to 70 A. D.* The Open Court Publishing Company.

Talmud. Babylonian Edition.

_____. Jerusalem Edition.

TANAKH. The Jewish Bible. The Holy Scriptures by JPS, 1985.

Telushkin, Joseph. (1991). *Jewish Literacy.* New York, NY: William Morrow and Company, Inc.

_____. (1994). *Jewish Wisdom.* New York, NY: William Morrow and Company, Inc.

Theological Dictionary of the Old Testament Vol. 1. Edited by Botterweck & Ringgren, 1977, Grand Rapids, MI: Eerdman Publishing Company.

Thurow, Lester. (1985). *The Zero Sum Solution: "Is America a Global Power in Decline?"* Boston Globe, 20 March 1988, p. A22. New York, NY: Simon & Schuster.

Tillich, Paul. (1950). *Der Protestantismus: Prinzip und Wirklichkeit.* Stuttgart: Evangelisches Verlagswerk.

Times. *Armed & Dangerous.* April 27, 1998.

Tokayer, Marvin. (1979). 탈무드. 서울: 태종출판사. 김상기 역.

_____. (1989a). 짤막한 탈무드. 서울: 기독태인문화사. 김상구 역.

_____. (1989b). 유대인의 처세술. 서울: 민성사. 신기선 역.

_____. (1989c). 탈무드의 도전. 서울: 태종출판사. 지방훈 역.

_____. (2007). 탈무드 1. 서울: 동아일보.

_____. (2007). 탈무드 2(부제: 랍비가 해석한 모세오경). 현용수 편역. 서울: 동아일보.

_____. (2008). 탈무드 3(부제: 탈무드의 처세술). 현용수 편역. 서울: 동아일보.

_____. (2008). 탈무드 4(부제: 탈무드의 생명). 현용수 편역. 서울: 동아일보.

_____. (2009). 탈무드 5(부제: 유대인의 격언). 현용수 편역. 서울: 동아일보.

Touger, Malka. (1988a). *Sefer HaMitzvot Vol. 1*. New York, NY: Moznaim Publishing Corporation.

_____. (1988b). *Sefer HaMitzvot Vol. 2*. New York, NY: Moznaim Publishing Corporation.

Tournier, Paul. (1997). *The Gift of Feeling*. 서울: 한국기독학생회출판부(IVP).

Towns, Elmer. L. Editor. (1984). *A History of Religious Education*. Translated into Korean by Young-Kum Lim. Seoul: The Presbyterian Church of Korea, Department of Education.

Toynbee, Arnold J. (1958a). *A Study of History*. New York, NY: Oxford University Press.

_____. (1958b). *A Study of History*. New York, NY: Oxford University Press.

Twerski, Abraham J. (1992). *Living Each Week*. Brooklyn, NY: Mesorah Publications, Ltd.

Twerski, Abraham & Schwartz, Ursula. (1996). *Positive Parenting: Developing Your Child's Potential*. Brooklyn, NY: Mesorah Publications, Ltd.

Unger, M. F. (1957). *Unger's Bible Dictionary*. Chicago: Moody Press.

Unterman, Isaac. (1973). *The Talmud*. New York, NY: Bloch Publishing Company.

Vilnay, Zev. (1984). *Israel Guide*. Jerusalem: Daf-Chen.

Vine, W. E. (1985). *An Expository Dictionary of Biblical Words*. Nashville: Thomas Nelson Publishers.

Wagschal, S. (1988). *Successful Chinuch*. Jerusalem, Israel: Feldheim Publishers Ltd.

Walder, Chaim. (1992). *Kids Speak Children Talk About Themselves*. Jerusalem, Israel: Feldheim Publishers.

Walker,. et al. (1985). *A History of the Christian Church*. New York, NY: Charles Scribner Sons.

Washington Post. *Dole Plan on Shutdown*. 1996, Jan. 3.

_____. *Malaysia Prime Minister Warns Jews' Influence*. October 16, 2003.

Webster New Twentieth Century Dictionary. (2nd ed.). (1983). New York, NY: Simon & Schuster.

Widiger, Verheul and Brink. (1999). *Personality and Psychopathology*.

Handbook of Personality. Edited by Pervin and John. pp. 347-366, New York, NY: The Guilford Press.

Wilson, Marvin R. (1993). *Our Father Abraham, Jewish Roots of the Christian Faith.* Grand Rapid, MI: William B. Eerdmans Publishing Company.

World Book Encyclopedia Vol. 2. (1986). Chicago, IL: Field Enterprises Educational Corp.

World Book Encyclopedia Vol. 11. (1986). Chicago, IL: Field Enterprises Educational Corp.

Young, R. (1982). *Young's Analytical Concordance to the Bible.* Nashville: Thomas Nelson.

Zlotowitz, Meir. (1989). *Pirkei Avos Ethic of the Fathers.* Brooklyn, NY: Mesorah Publications, Ltd.

Zuck, Roy B. (1963). *The Holy Spirit in Your Teaching.* Scripture Press.

인터넷 자료

Languages of USA. (2002) www.ethnologue.com, sil publications.
Helping Developing Nations. (2003). http://www.whitehouse.gov
국제결혼 10% 시대, 외국 신부들이 울고 있다. (2007).
    http://ref.daum.net/item/11144568. 2007년 6월 27일

한국 자료

김충남, 건국과 이승만. 조선일보, 2008년 7월 24일.
뉴스21, 외국인 주민 1년새 35% 증가…인구 1.5% 차지. 2007년 8월 2일.
동아대국어사전. (1983). 서울: 동아출판사.
동아 메이트 국어사전. (2002). 서울: 두산 동아.
동아일보. 한국 유학생 5만 명 돌파… 중국 이어 세계 3위. 2003년 11월 5일.
_____. *2006년 외국인 인력정책, 인류애-국익 조화를.* 2006년 6월 9일.
데지마 유로. (1988). 유대인의 사고방식. 고계영, 이시준 역, 도서출판 남성.
미주 복음신문. 메아리 칼럼 연재. 1994년 12월 11일.

미주 크리스천 신문. *세계 속 한인의 어제와 오늘을 조명한다.* 1995년 10월 7일.
박미영. 아이 기르기를 즐기는 이스라엘식 육아법을 아세요? 라벨르(labelle), 1995년 8월호, pp. 381-393.
_____. (1995). *유대인 부모는 이렇게 가르친다.* 서울: 생각하는 백성.
박우희. 현대교육의 문제점. 중앙일보, 1994년 10월 14일.
박윤선. (1980). *성경주석, 창세기 출애굽기.* 서울: 영음사.
_____. (1980). *성경주석, 레위기 민수기 신명기.* 서울: 영음사.
박태수(Thomas Park, MD). (1994). *미국은 과연 어디로 가고 있는가?* 서울: 하나의 학사
박형룡. (1988). *박형룡 박사 저작전집 I. 서론, 교의신학.* 서울: 한국기독교교육연구소.
박희민. (1996). '*IQ는 아버지 EQ는 어머니 몫이다.*' 서평에서. 1997년 10월 26일.
변태섭. (1994). *한국사 통론.* 서울: 도서출판 삼영사.
성경: (1984). *현대인의 성경.* 생명의 말씀사.
성경: (1956). *한글판 개혁.* 대한성서공회.
솔로몬, 마크. (2005) *옷을 팔아 책을 사라.* 서울: 쉐마.
연합뉴스. 동북아 균형자론은 한·미동맹 기반. 2005년 5월 12일.
_____. '한국 디지털 혁명, 세계에 두 번째 선물'. 2005년 5월 19일.
_____. 초중고 조기유학 출국 3만명 육박 '최다'. 2007년 9월 26일.
_____. *(대한민국 60년) 세계 10위로 도약한 증시.* 2008년, 7월 27일.
유의영. *2세의 눈에 비친 1세의 모습.* 한국일보, 1991년 9월 8일. 미주판
윤종호. 망국 백성의 슬픈 노래. 크리스천 포스트, 1995년 8월 12일.
이기백. (1983). *한국사 신론.* 서울: 일조각.
이상근. (1990). *갈. 히브리 주석(8).* 서울: 성등사.
_____. (1989). *창세기 주석.* 서울: 성등사.
_____. (1990). *출애굽기 주석.* 서울: 성등사.
_____. (1990). *레위기 주석(상).* 서울: 성등사.
_____. (1994). *잠언·전도·아가서 주석.* 서울: 성등사.
이야기 신한국사. (1994). 신한국사연구회, 서울: 태을출판사.
이원기. 세계 속 한국 새 패러다임 모색 필요해. 크리스천 투데이, 2003년 6월 11일.
이원설. 한국인의 병리 현상. 총신목회신학원 특강, 1995년 1월 9-20일, 서울: 한강호텔.

일요신문. 사랑 못 받으면 세포 손상. 1997년 11월 8일, p. 8.
전인철. 책읽기 운동이 생활로 바뀌어야. 크리스쳔 신문, 1995년 8월 19일. USA.
정수잔. 엄마 옛날 얘기해 주세요. 크리스쳔 헤럴드, 2001년 9월 23일.
정훈택. (1993). 열매로 알리라. 서울: 총신대학 출판부.
조선일보. 이혼시 편부 부양 증가. 1996년 11월 19일, p. 32.
_____. 유엔 "한국 인종차별 없애라". 2007년 8월 20일.
_____. 140개 신생국 중 유일한 제도개혁 성공 국가 기록. 2008년 7월 24일.
중앙일보. 서강대 신입생 조사. 1995년 3월 24일.
_____. 박석태 전 제일은행 상무 자살. 1995년 4월 29일.
_____. 1천만 명이 전과자였다니. 1995년, 8월 14일.
_____. 20대 흑인 40%가 전과자. 1996년 2월 13일. 미주판.
_____. 미국의 정직도 이젠 옛말. 1996년 2월 24일. 미주판.
_____. '한 유대인 어머니,' 전서영 칼럼. 1996년 4월 29일. 미주판.
_____. 여성 46%, 남성 28% 종교 집회 참석. 1996년 5월 9일.
_____. 세대차 세계 최고. 1996년 10월 4일.
_____. 한인 2세 여성 66.5%, 타인종과 결혼. 1997년 2월 14일.
_____. 먼저 용서하니 기쁨이 충만. 1998년 2월 13일, 미주판.
_____. 나이 들수록 남자 뇌 여자보다 더 축소. 1998년 2월 13일, 미주판.
_____. 전 세계 한국어 사용 인구 7500만 명. 2000년 7월 24일.
_____. 68%가 성씨와 본관을 모른다. 2000년 8월 17일.
_____. 한국문화 홍보는 한국인들의 몫. 2001년 10월 29일, 미주판.
_____. 해외 출생 한인 중 34만 100명 시민권 취득. 2002년 2월 6일, 미주판.
_____. 2001년 국내외 유학생 통계. 2002년 5월 1일.
_____. 초·중·고 '나홀로 유학' 1만 명. 2004년 1월 1일.
_____. 해외동포 663만 8338명, 2005년 9월 9일.
_____. 한인 혼혈 입양 출신 김군자씨 '친부모 얼굴 한번만이라도'. 2005년 12월 14일, 미주판.
_____. 시론 5%의 오류와 95%의 공헌. 현용수. 2005년 12월 21일.
_____. 김태촌씨 '신앙으로 회개' 위선이었나. 2007년 2월 7일.
_____. 세계 한인 네트워크, 원-원의 지혜로 2007년 10월 8일.
_____. 1948년…해방 후 5년의 선택이 대한민국 운명 갈랐다. 2008년 7월 19일.

최찬영. 이민 목회와 21세기 기독교 선교의 방향. 크리스천 헤럴드, 1995년 9월 29일. USA.
피종진, 한국 교회의 미래. 나성영락교회 대예배 설교에서 발췌. 1995년 2월 26일.
크리스천 저널. 3·1 운동과 기독교. 1995년 2월 23일. 미주판.
크리스천 투데이. 인본주의 교육의 특징. 1998년 2월 20일.
_____. 영어권 목회 2001년 말 242개 교회. 2001년 12월 12일.
_____. 북한 주민 최다 300만 명이 굶어 죽어. 2003년 7월 3일.
_____. 이스라엘 유대인 44% "종교와 무관". 2006년 5월 10일.
크리스천 포스트. Single Mother의 문제들. H헨리 홍. 1993년 2월 16일.
크리스천 헤럴드. 장로 교단이 집계한 교세 현황. 1995년 9월 29일. USA.
_____. 수잔 정. 엄마 옛날 얘기해 주세요. 2001년 9월 23일.
하야시 다케히코(林建彦). (1989). 남북한 현대사. 서울: 삼민사.
한국일보. 흑인 20대 초반 절반이 갱. 1992년 5월 22일, 미주판.
_____. 섹스 미디어 범람 가장 큰 요인. 1993년 3월 23일, 미주판.
_____. 남녀 성격 유전적으로 다르다. 1993년 5월 11일, 미주판.
_____. 친부모와 사는 미성년자, 백인 56.4, 흑인 25.9%. 1994년 8월 30일, 미주판.
_____. 무엇이 한국적인가. 1997년 1월 27일.
한국인만 잘 모르는 한글의 우수성. 대한민국 독도사랑회 전체 메일에서, 2005년 5월 21일.
한승홍. (1991). 한국신학 사상의 흐름. 서울: 한국신학사상 연구원.
현용수. (1993, 2007). 문화와 종교교육. 서울: 쉐마.
_____. (2007). 문화와 종교교육. 서울: 쉐마.
_____. (1996, 1999, 2005). IQ는 아버지 EQ는 어머니 몫이다. 제1권, 서울: 쉐마.
_____. (1996, 1999, 2005). IQ는 아버지 EQ는 어머니 몫이다. 제2권, 서울: 쉐마.
_____. (1996, 1999, 2005). IQ는 아버지 EQ는 어머니 몫이다. 제3권, 서울: 쉐마.
_____. (2002, 2005). 부모여 자녀를 제자 삼아라. 제1권, 서울: 쉐마.
_____. (2002, 2005). 부모여 자녀를 제자 삼아라. 제2권, 서울: 쉐마.
_____. (2006). 잃어버린 지상명령 쉐마. 제1권, 서울: 쉐마.
_____. (2006). 잃어버린 지상명령 쉐마. 제2권, 서울: 쉐마.
_____. (2006). 유대인 아버지의 4차원 영재교육(아버지 신학). 제1권, 서울: 동아일보.

_____. (2007). 자녀들아, 돈은 이렇게 벌고 이렇게 써라: 유대인 아버지의 경제교육(아버지 신학). 제2권, 서울: 동아일보.

_____. (2007). 쉐마교육을 아십니까? 서울: 쉐마.

혼비 영영한 사전(Oxford Advanced Learner's Dictionary of Current English as Hornby). (1987). 서울: 범문사.

홍인규. (1994). 바울은 율법을 잘못 전하고 있는가. 목회와 신학. 12월호. 통권 66호. pp. 287-301. 서울: 두란노서원.

홍일식. (1996). 한국인에게 무엇이 있는가. 서울: 정신세계사.

이 책에 사용한 사진의 출처

Canon Institute 조한용 선생 제공 ⓒ , 미국 Los Angeles, CA. Tel. (213) 382-9229 USA(각 사진에 출처가 표기돼 있음).

Shema Education Institute, ⓒ Yong-Soo Hyun, 3446 Barry Ave Los Angeles, CA 90066 USA. (각 사진에 출처가 표기 되어 있음)

Solomon, Victor M. ⓒ (1992). Secret of Jewish Survival. Translated into Korean by Myung-ja Kim, Seoul: Jong-ro Books(각 사진에 출처가 표기돼 있음).

Wiesenthal Center Museum of Tolerance, ⓒ Jim Mendenhall, 9786 West Pico Blvd. , Los Angeles, CA USA. 90035-4792 Tel. (310)553-8403 제공 (각 사진에 출처가 표기돼 있음)

Yad Vashem, P.O. Box 3477, Jerusalem, Israel. Tel. 751611 (각 사진에 출처가 표기돼 있음)

교육학 교과서(고등학교, 서울시 교육감 인정): 교학사(1998).

참고 사항

1. 이 책에 사용된 사진의 불법 복사 및 사용을 금합니다.
2. 만약 독자가 이 책에 포함된 사진을 사용하기를 원할 때에는 반드시 사진작가의 허가를 받아야 합니다.
3. 이 책의 저자 이외의 사진은 저자가 권한을 갖고 있지 않으므로 위의 주소로 직접 연락하시기 바랍니다.

교육 혁명이 시작되었습니다!
- 가정교육 · 교회교육 · 교회성장 위기의 대안 -

자녀교육 + 교회성장 고민하지요?

Q1: 왜 현대 교육은 점점 발달하는 데 인성은 점점 더 파괴되는가?
Q2: 왜 자녀들이 부모와 코드가 맞지 않아 갈등을 빚는가?
Q3: 왜 대학을 졸업하면 10%만 교회에 남는가? 교회학교의 90% 실패 원인은?
Q4: 왜 해외 교포 자녀들이 남은 10%라도 부모교회를 섬기지 않는가?
Q5: 왜 현대인에게 전도하기가 힘든가?

근본 대안은 유대인의 인성교육과 쉐마교육에 있습니다

- 어떻게 유대인은 위의 문제를 4,000년간 지혜롭게 해결하고 세계를 지배하고 있는가?
- 어떻게 유대인은 아브라함 때부터 현재까지 세대차이 없이 자손 대대로 말씀을 전수하는데 성공했는가?

■ 쉐마교육연구원은 무슨 일을 하나?

1. 2세 종교교육 방향제시
혼돈 속에 있는 2세 종교교육의 방향을 성경적이고 과학적인 연구에 의해 옳은 방향으로 제시해 준다.

2. 성경적 기독교교육 재정립
유대인의 자녀교육과 기존 기독교교육 자료를 중심으로 백년대계를 세울 수 있도록 한국인에 맞는 기독교교육 방법을 재정립한다.

3. 한국인에 맞는 기독교교육 자료(내용) 개발
현 한국 및 전 세계 한국인 디아스포라를 위해 한국인의 자녀교육에 맞는 기독교교육 내용을 개발한다.

4. 해외 및 기독교교육 문제 연구
시대와 각 지역 문화의 변화에 대처하기 위해 계속 연구하고 대안을 제시한다.

5. 교회교육 지도자 연수교육
각 지교회에 새로운 교회교육 지도자를 양성 보충하며 기존 지도자의 필요를 충족시켜준다.

6. 청소년 선도 교육 실시
효과적인 청소년 교육 프로그램을 개발하여 선도교육을 실시한다.

7. 효과적 성서 연구 및 보급
성경을 교육학적으로 보다 깊이 연구하고 효과적인 전달 방법을 개발하여 이를 보급한다.

8. 세계 선교 교육
본 연구원의 교육 이념과 자료가 세계 선교로 이어지게 한다.

■ '쉐마지도자클리닉'이란 무엇인가?

쉐마교육연구원은 세계 최초로 현용수 교수에 의해 설립된, 인간의 인성과 성경적 쉐마교육을 가르치는 인성교육 전문 교육기관이다. 본 연구원에서 가르치는 핵심 교육의 내용 역시 현 교수가 하나님이 주신 지혜로 계발한 것들이며, 거의 모두가 세계 최초로 소개된 인성교육의 원리와 실제를 함께 가르치는 성경적 지혜교육이다. 본 연구원은 바른 인성교육 원리와 쉐마교육신학으로 가정교육·교회교육·교회성장 위기의 대안을 제시해 준다.

쉐마교육연구원에서 주관하는 '쉐마지도자클리닉'은 전체 3학기로 구성되어 있다. 1주 집중 강의로 3차에 걸쳐 제1학기는 '유대인을 모델로 한 인성교육 노하우', 제2학기는 '유대인의 쉐마교육'이 국내에서 진행된다. 제3학기는 '유대인의 인성 및 쉐마교육 미국 Field Trip'으로 미국에서 진행되며 현용수 교수의 강의는 물론 LA에 소재한 유대인 박물관, 정통파 유대인 회당 및 안식일 가정 절기 견학 등 그들의 성경적 삶의 현장을 견학하고, 정통파 유대인 랍비의 강의, 서기관 랍비의 양피지 토라 필사 현장 체험을 한 후 현지에서 졸업식으로 마친다.

3학기를 모두 마친 이수자에게는 졸업 후 쉐마를 가르칠 수 있는 'Teacher's Certificate'를 수여하여 자신이 섬기는 곳에서 쉐마교육을 가르칠 수 있도록 도와준다.

■ 누가 참석해야 하는가?

- 기존 교육에 한계를 느끼고 자녀교육과 교회학교 문제로 고민하시는 분.
- 한국 민족의 후대 교육을 고민하며 그 대안을 간절히 찾고자 하시는 분.
- 하나님의 말씀을 자손에게 물려줄 수 있는 비밀을 알고자 하시는 분.
- 유대인의 효도교육의 비밀과 천재교육+EQ교육의 방법을 알고자 하는 분.

미국 : 3446 Barry Ave. Los Angeles, California 90066 USA
　　　쉐마교육연구원 (310) 397-0067
한국 : 02)3662-6567, 070-4216-6567, Fax. 02)2659-6567
　　　www.shemaiqeq.org　shemaiqeq@naver.com

IQ · EQ 박사 현용수의
유대인 자녀교육 총서

	인성교육론 시리즈	쉐마교육론 시리즈	탈무드 시리즈
1	인성교육론 + 쉐마교육론의 총론: IQ는 아버지 EQ는 어머니 몫이다 (쉐마) 전3권		탈무드 1 : 탈무드의 지혜 (원저 마빈 토카아어, 편저 현용수, 동아일보사)
2	현용수의 인성교육 노하우 1 - 인성교육이란 무엇인가 - (동아일보)	부모여, 자녀를 제자삼아라 (쉐마) 전2권 - 유대인 자녀교육이 필요한 이유 -	탈무드 2 : 탈무드와 모세오경 (이하 동)
3	현용수의 인성교육 노하우 2 - 인성교육의 본질과 원리 - (동아일보)	잃어버린 구약의 지상명령 쉐마 (쉐마) 전3권 - 교육신학의 본질 -	탈무드 3 : 탈무드의 처세술 (이하 동)
4	현용수의 인성교육 노하우 3 - 인성교육과 EQ + 예절 교육 - (동아일보)	유대인 아버지의 4차원 영재교육 (동아일보) - 아버지 신학 -	탈무드 4 : 탈무드의 생명력 (이하 동)
5	현용수의 인성교육 노하우 4 - 다문화 속 인성 · 국가관 - (동아일보)	자녀들아, 돈은 이렇게 벌고 이렇게 써라 (쉐마) - 경제 신학 -	탈무드 5 : 탈무드 잠언집 (이하 동)
6	문화와 종교교육 (쉐마) - 박사 학위 논문을 편집한 책 -	자녀의 효도교육 이렇게 시켜라 (쉐마) 전3권 - 효 신학 -	탈무드 6 : 탈무드의 웃음 (이하 동)
7	IQ · EQ박사 현용수의 쉐마교육 개척기 (쉐마) - 자서전 -	신앙명가 이렇게 시켜라 (쉐마) 전2권 - 가정 신학 -	옷을 팔아 책을 사라 (원저 빅터 솔로몬, 편저 현용수, 쉐마)
8	가정해체로 인한 인성교육 실종 대재앙을 막는 길 (쉐마) - 논문 -	성경이 말하는 남과 여 한 몸의 비밀 (쉐마) - 부부 · 성 신학 -	
9		성경이 말하는 어머니의 EQ 교육 (쉐마) 전2권 - 어머니신학 -	
10		한국형 주일가정식탁예배 예식서, 순서지 (쉐마) - 가정예배 -	
11		하나님의 독수리 자녀교육 (쉐마) - 고난교육신학 1 -	
12		유대인의 고난의 역사교육 (쉐마) - 고난교육신학 2 -	

이런 순서로 읽으세요 (전 36권)

인성교육론과 쉐마교육론

- 전체 유대인 자녀교육에 대한 개론을 알려면
  - 《IQ는 아버지 EQ는 어머니 몫이다》 (전3권)
- 유대인을 모델로 한 인성교육의 원리를 이해하려면
  - 《현용수의 인성교육 노하우》 (전4권)
- 인성교육론이 나오게 된 학문적 배경을 이해하려면
  - 《문화와 종교교육》 (현용수의 박사 학위 논문)
  - 《IQ·EQ 박사 현용수의 쉐마교육 개척기》 (현용수 박사의 자서전)
- 왜 기독교교육에 유대인의 선민교육이 필요한지를 알려면
  - 《부모여 자녀를 제자 삼아라》 (전2권)
- 쉐마교육론(교육신학)이 나오게 된 성경의 기본 원리를 알려면
  - 《잃어버린 구약의 지상명령 쉐마》 (전3권)
    (쉐마와 자녀신학이 포함됨)
- 가정 해체와 인성교육과의 관계를 알려면
  - 《가정 해체로 인한 인성교육 실종 대재앙을 막는 길》

각 쉐마교육론을 더 깊이 연구하려면 다음 책들을 읽으세요

- 아버지 신학 《유대인 아버지의 4차원 영재교육》
- 경제 신학 《자녀들아, 돈은 이렇게 벌고 이렇게 써라》
- 효 신학 《자녀의 효도교육 이렇게 시켜라》 (전3권)
- 가정 신학 《신앙명가 이렇게 세워라》 (전2권)
- 부부·성 신학 《성경이 말하는 남과 여 한 몸의 비밀》
- 어머니 신학 《성경이 말하는 어머니의 EQ 교육》 (전2권)
- 가정예배 《한국형 주일가정식탁예배 예식서》 (별책부록: 순서지)
- 고난교육신학 1 《하나님의 독수리 자녀교육》
- 고난교육신학 2 《유대인의 고난의 역사교육》

앞으로 더 많은 교육 교재가 발간될 예정입니다. 계속 기도해 주세요.